현대 일본의 분권개혁과 민관협동

SNU일본연구총서 09

현대 일본의 분권개혁과 민관협동

초판 1쇄 인쇄 2016년 10월 15일
초판 1쇄 발행 2016년 10월 20일

지은이 이정환
펴낸곳 서울대학교출판문화원
펴낸이 성낙인

책임편집 신선규
디자인 최선아

출판등록 제15-3호
주소 (08826) 서울 관악구 관악로 1
대표전화 02-880-5252 **팩스** 02-888-4148
마케팅팀(주문상담) 02-889-4424, 02-880-7995
이메일 snubook@snu.ac.kr
홈페이지 www.snupress.com

ISBN 978-89-521-1785-4 94340
978-89-521-1086-2 (세트)

SNU일본연구총서
09

현대 일본의 분권개혁과 민관협동

이정환 지음

서울대학교출판문화원

Decentralization Reforms and Public-Private Partnership in Contemporary Japan

Lee, Jung Hwan

Seoul National University Press

머리말

전후 일본의 지방경제정책에서 중심이 되어 온 핵심 정책이념은 '균형발전'이었다. 하지만 1990년대 이후 '균형발전' 대신에 '분권과 공생'이 지방경제정책의 중심에 자리 잡게 되었다. 개념적으로 '균형발전'과 '분권과 공생'은 상보적 관계 혹은 대립적 관계를 직접적으로 구축하지는 않는다. '분권과 공생'을 통해 지역 간 '균형발전'은 논리적으로 가능할 수 있고, 이러한 주장은 일본뿐만 아니라 많은 국가들의 정책그룹 내에서 통용된다. 하지만, '분권과 공생'에 입각한 구체적 정책프로그램들이 '균형발전'의 가치를 저해할 가능성도 다분히 존재한다. 본 연구는 2000년대 일본에서 '분권과 공생'에 입각한 민관협동형 지방경제정책 프로그램들이 '균형발전'의 정책가치에 어떠한 영향을 주었는지를 살펴보고 이를 통해 공생과 민관협동의 관념이 가지는 이데올로기적 성격을 드러내는 것을 목적으로 하고 있다.

민관협동(Public-Private Partnership)은 최근 일본의 경제 · 사회 분야 정책관련 문헌에 가장 빈번하게 등장하는 단어 중 하나이다. 민관협동 개념은 관 주도형 정책거버넌스를 민간이 정책 결정과 집행에 좀 더 적극적으로 참여하는 정책거버넌스로 변화시켜야 한다는 거버넌스 구조의 변화 필요성에 대한 주장의 상징처럼 사용되고 있다. 정책거버넌스를 민관협동형 모델로 변화시켜야 한다는 주장은 정책내용에 대한 상이한 입장을 가지는 정책그룹들 모두에서 폭넓게 수용되고 있다. 하지만, 민관협동 개념 자체에 대한 넓은 규범적 동의와는 별개로, 민관협동형 거버넌스를 주도하는 민간 부분이 누구이냐에 대해서는 상이한 해석이 존재한다. 민관협동을 대기업 중심의 민간 기업들에게 좀 더 용이한 경제활동 여건을 제공하기 위한 시장개혁의 거버넌스 구조로 생각하는 자들과 지역사회에서 사회공동체의 주체적 역할을 좀 더 강조하는 공동체 참여의 거버넌스 구조로 생각하는 자들 사이에 간극이 존재한다. 본 연구는 2000년대 현대 일본의 분권개혁 과정에 동반되어 새롭게 도입된 민관협동형 지방경제정책 프로그램들의 집행 과정에서 시장개혁 모델과 공동체 참여 모델이 일본사회에 어떻게 전개되어 왔고, 그 과정에서 일본 정부가 상이한 성격의 두 모델을 어떻게 지방경제정책 변화과정 속에 유기적으로 통합하려 했는지를 살펴보고자 한다.

지역 간 균형발전이라는 가치 아래에서 국가주도적 지역 재분배 메커니즘을 유지하기 위해 일본 정부는 지방경제정책에서 규제와 보호를 유지해 왔다. 하지만 1990년대 이후 정책거버넌스 측면에서의 탈중앙집권과 정책내용 측면에서의 탈균형발전을 지향해 왔다. 이러한 변화의 흐름은 2000년대에 들어 지방도시개발정책, 지방산업정책, 지방공공시설관리정책 등에서 여러 프로그램들을 통해 구체화되었다. 그리고 이러한 새로운 지방경제정책 프로그램들은 민관협동의 개념으로 포괄되고 포장되었다. 하지만, 이들 민관협동형 프로그램들은 실제 내용적으로 시장개혁 모델과 공동체 참여 모델로 구분되고, 그 양자 사이의 상이한 내용적 성격은 대도시권과 지방도시권에 다른 함의를 지닌다. 본 연구는 현대 일본에서 시장개혁 모델과 공동체 참여 모델이 가지는 갈등구조를 중앙정부가 민관협동 패러다임 속에서 어떻게 통합하려 했는지와 그 과정에서 일본의 국가주도적 지방정책의 제도적 유산이 어떻게 기능했는지를 드러내고자 한다. 지난 20여 년간의 장기불황 속에서 일본의 제도변화를 추구하는 담론은 신자유주의적 개혁을 주장하는 논의와 시민사회의 역할 강화를 주장하는 논의로 대변된다. 두 흐름이 삐걱거리면서도 맞물려 하나의 국가 기획 속에 포섭되어 전개되고 있는 사례가 지방경제정책의 민관협동형 프로그램의 도입과 집행이다. 강력한 국가주도의 유산을 지닌 일본에서 구조개혁론과 시민사회론이 어떻게 만나고 갈등하는지를 살펴봄으로써, 본 연구는 유사한 국가주도의 유산을 지닌 한국의 향후 제도변화에도 함의를 가질 수 있다고 본다.

이 책은 저자의 박사학위 논문 "Beyond National Uniformity: Diverging Local Economic Governance under Japan's Decentralization Reforms"(University of California Berkely, Political Science, 2010)의 번역물이며, 이 책의 일부는 "고이즈미 정권하의 지역개발정책개혁의 이중구조"(『한국정치학회보』 제45집 제1호), "민관협동의 양면적 발전"(『일본학보』 제87집), "대외적 투자유치 대 내재적 네트워크 강화"(『국제 · 지역연구』 제20권 제3호)로 발표된 적이 있다.

6년이 흘렀지만, 2000년대 현대 일본의 지방경제정책의 변화와 그것의 일본 정치경제에의 함의를 살펴보는 것은 여전히 의미가 있다고 판단하여 원래 내용 그대로 번역출판하기로 결심하였다. 현재도 일본의 지방경제정책에서는 민관협동을 중심으로 다양한 프로그램들이 전개되고 있기 때문에, 일본 지방경제정책에서 민관협동형 정책거버넌스의 초기 제도도입 과정의 연구로서 이 책은 의미를 가질 것이다. 2010년 이후 일본의 지방경제정책에서의 변화에 대해서는 추가적인 연구로 지속적으로 업데이트하고자 한다. 한편, 독자의 이해를 돕기 위해 원래 학위논문에 없었던 추가 설명들을 주석으로 추가하였음을 밝힌다.

이 책의 출판은 서울대학교 일본연구소의 지원을 받아 진행되었다. 박철희 교수님을 비롯한 여러 교수님들께 감사의 말씀을 전한다. 더불어 필자에게 연구와 교육의 기회를 제공해 주신 국민대학교 국제학부와 일본학연구소의 이원덕 교수님을 비롯한 여러 교수님들께도 감사드린다. 또한 출판과정에서 꼼꼼하고 친절한 도움을 준 서울대학교출판문화원의 여러분께도 감사의 말씀을 전한다.

2016년 10월

저자

차례

제3장 탈균형발전 분권개혁과 민관협동 거버넌스 전환의 배경

제4장 지방도시개발정책 거버넌스의 분화

제6장 지방공공시설관리정책 거버넌스의 분화

제7장 지방화된 민관협동하에서의 국가, 시장, 사회

〈표 차례〉

〈그림 차례〉

제1장

분권개혁과 지방경제정책 거버넌스

지난 20여 년간 일본 정부는 지방경제정책 분야에서 민관협동 원칙에 기반을 둔 분권개혁을 시도해 왔다. 균형발전이라는 원칙 아래 국가주도적 지방경제 시스템을 운용해 온 일본은 좀 더 자발적인 지방경제 성장을 목표로 국가 주도의 전국적인 재분배 체제에서 새로운 형태의 지방경제정책 거버넌스로 이행하고자 하였다. 이 새로운 지방경제정책 거버넌스는 정책과정에서 민간기업과 지방공동체 같은 민간 행위자의 개입을 늘리는 것을 특징으로 한다. 특히 2000년대에 들어 일본 정부는 지방도시개발정책과 지방산업정책, 공공시설관리정책 분야에서 민관협동 거버넌스를 중심으로 하는 프로그램들을 다수 도입하였다. 이러한 민관협동형 지방경제진흥 프로그램들은 일본에서 중앙집권적 균형발전원칙에 입각한 지역 재분배 시스템의 대안으로 각광받았다.

하지만 민관협동형 지방경제진흥 프로그램들은 일본의 각 지역에 도입되고 적용되는 과정에서 매우 상이한 유형으로 분화되었다. 대도시권에서는 시장개혁 모델에 입각한 프로그램들이 주로 자리 잡은 반면에, 지방도시권에 안착한 지방경제정책 프로그램들은 공동체 참여 모델의 성격을 강하게 띠고 있다. 물론 시장개혁 모델과 공동체 참여 모델 모두 중앙집권적이고 국가주도적 성격에서 벗어나 각 지방 단위에서 민관협동 거버넌스에 입각해 지방경제정책을 추진하여 이를 통해 성장을 추구하자는 공통점이 있다. 하지만 두 모델은 주요 민간파트너나 핵심전략, 중요자원에서 다른 점이 많다. 즉, 2000년대 일본의 지방경제성장 전략은 대기업과 지방사회공동체가 새로운 지방경제 프로그램을 실행하는 데 어느 정도의 핵심 역할을 수행하는지에 따라 지역별로 뚜렷한 편차를 보였다.

지방자치단체(이하 '지자체'로 약칭함)가 외부로부터 기업체를 유치해 성장을 추구하는 시장개혁 모델은 특정 지방에 연고가 없는 대기업에 의한 민간투자를 유인하는 구조를 만들어 낸다. 따라서 시장개혁 모델은 대기업의 자유로운 활동을 더 쉽게 해주는 규제완화를 위한 시장개혁에 기반을 둔다. 2000년대에 들어 시장 모델은 도시재생 프로젝트[1]와 구조개혁특구,[2] PFI(Private Financial Initiative)[3] 같은 새로운 협동 프로그램으로 도쿄, 오사카, 나고야 같은 주요 대도시를 장악했다.

반면, 지자체가 지방의 조직화된 자원을 동원해 성장을 추구하는 공동체 참여 모델은 지자체와 지방경제 엘리트, 지방사회 엘리트의 내재적인 연계망 구조를 강화하려 했다. 따라서 공동체 모델의 요체는 지방경제정책에서 지방경제 엘리트 그룹과 지방사회 엘리트 그룹의 참여를 늘려 지방에서의 조정 작업을 강화하는 것이다. 2000년대에 들어 공동체 모델은 지방도시권에서 중심시가지활성화계획,[4] 산업클러스터 계획,[5] 지정관리자제도[6] 등의 새로운 프로그램으로 정착했다.

새로운 지방경제 거버넌스를 형성할 때 대도시권과 그 외 지방도시권에서 지역적 편차가 생기는 이유는 무엇일까? 이 책은 이 편차를 경쟁적 혹은 보호적이라는 이중의 지방경제구조와 균형발전정책의 전후(戰後)체제에

---

1 도시재생 프로젝트는 2001년에 시작된 일본의 지역개발에서의 규제완화 정책이다. 자세한 내용은 4장을 참조.

2 구조개혁특구는 2002년 고이즈미 정권 시기에 도입된 정책으로 지역별로 특화된 규제완화 정책이다. 자세한 내용은 5장을 참조.

3 PFI는 민간자본을 공공시설 건설과 관리에 동원하는 정책으로 1999년에 입법화되었다. 자세한 내용은 6장을 참조.

4 중심시가지활성화계획은 1998년에 시작된 지방도시 중심시가지 상업지구 재개발 지원 프로그램이다. 자세한 내용은 4장을 참조.

5 산업클러스터 계획은 경제산업성이 2001년에 도입한 광범위 지역에서의 산업네트워크 지원 프로그램이다. 자세한 내용은 5장을 참조.

6 지정관리자제도는 공공시설 관리를 민간에 개방하는 제도개혁으로 2003년에 시작되었다. 자세한 내용은 6장을 참조.

찬성하거나 반대하는 정치경제연합의 분화, 다시 말해 시장개혁 강화에 찬성하는 연합과 균형발전정책을 유지하려 하는 연합이라는 개념을 동원해 설명하고자 한다.

우선, 새로운 지방 프로그램에 대한 지방의 선택지는 중앙정부에 의한 전국적 차원에서의 지방경제시스템이라는 정치적 선택의 영향을 받았다. 1990년대에는 시장개혁을 촉진하려는 신자유주의적 정치인과 대기업 간의 연합과, 균형발전원칙을 유지하려는 전통적이고 보수적이며 중앙-지역 연계를 가진 정치인들과 지방 상공인을 중심으로 하는 지방공동체 간의 연합이 서로 충돌하는 일이 증가했다. 전후체제의 해체를 원하는 시장개혁연합은 선진화된 분야에서는 규제를 완화하고, 낙후된 분야에 대한 보호는 줄일 것을 강조했다. 반면, 전후체제의 유지를 바라는 균형발전연합은 규제와 보호의 패키지에 처음부터 집착하는 모습이었다. 고이즈미 준이치로(小泉純一郎) 총리 집권하의 국가 정치에서 시장개혁연합이 균형발전연합에게 승리하자, 지역적 재분배 체제는 작동을 멈추었다. 그 대신에 지역 재분배 체제의 대안으로 시장개혁과 지방공동체의 참여가 도입되었다.

둘째, 지방들이 분권개혁하에서 자발적인 지방경제성장 전략이라는 동일한 조건에 맞닥뜨렸을 때, 각 지방의 선택은 각자의 경제 구조에 의해 제약을 받거나 기회를 얻었다. 20세기에 발전한 산업의 이중성은 경쟁력 있는 지역과 보호받는 지역 간의 경제적 이중성을 만들었다. 이들 지방의 서로 다른 경제 구조는 민간투자를 유치함에서도 차이를 드러낸다. 대도시권의 지역은 기술 기반의 산업집적과 많은 인구를 갖춘 경쟁력 있는 지방경제구조였기 때문에 민간투자를 유치하는 데도 경쟁력이 있었고, 주요 지방경제성장 전략으로 공동체 모델보다는 시장 모델에 호의적이었다. 반면 지방도시권의 보호지역은 사양 산업과 적은 인구 때문에 민간투자를 유치하는 데 경쟁력이 약했고, 그래서 시장 모델보다는 공동체 모델에 더 호의적이었다.

시장 모델과 공동체 모델 간의 지역적 편차는 전후 고도경제성장의 촉진과 사회적 조화 유지라는 두 가지 목적을 조화시킨 일본식 방법의 근본을 뒤흔드는 도전이었다. 일본은 산업 정책과 재분배 정책이라는 두 지지대 위에서 경제성장과 사회적 조정 간의 균형을 유지해 왔다. 이 시스템에서는 중앙집권화된 지방경제정책이 균형발전을 고려함과 아울러 사회적 통합의 파수꾼 역할을 하였다. 전후에는 발전된 분야와 낙후된 분야 간의 이중 경제구조가 발전했지만 자유민주당(이하 '자민당'으로 약칭함)의 보수 정치인과 중앙관료들은 균형발전원칙 아래에서 상이한 이해관계들을 조정해 왔다. 발전된 분야에 대한 규제와 낙후 분야에 대한 보호의 결합은 지방경제정책 분야에서 전후체제를 구성했다. 하지만 민관협동을 통한 새로운 지방경제 거버넌스로 전환하면서 대기업과 지방공동체를 한데 묶는 일본식 방법은 어려움을 겪기 시작했다. 대기업과 지방공동체를 한데 묶는 중앙 메커니즘의 약화는 분권개혁이 일어나는 동안 서로 다른 지역적 기반이 노출되는 것을 가속화했다.

이 책은 새로운 지방경제 거버넌스에 대한 실험이 어떻게 대기업과 지방공동체의 조화라는 일본식 방법을 해체시켰고, 시장 모델과 공동체 모델 간의 지역적 편차에서 나타나는 정치적 함의는 무엇인지에 대해 검토할 것이다. 비교(정치학)적 관점에서, 시장 모델과 공동체 모델 간의 대립과 지역적 편차가 일본에서만 나타난 것은 아니다. 많은 서구 민주주의 국가와 개발도상국들은 글로벌화된 세계 경제와 시장친화적 · 공동체친화적 지적 사조라는 맥락에서 협동의 유형으로 지방경제 거버넌스의 형식을 바꿔 왔다 (Andrews and Vries 2007, 424-451). 일본처럼 대기업과 지방공동체의 협동으로 지방 시스템을 재구성하는 일은 다른 많은 국가에서도 어려운 일이었다. 따라서 지방경제 거버넌스의 새로운 형식을 찾는 일본식 방법은 분권이라는 세계적 경향에 대한 사례분석으로도 주목할 만하다.

1. 분권, 거버넌스, 협동

민관협동에 기반한 새로운 지방경제 거버넌스의 추구가 일본에서만 나타난 현상은 아니었다. 거버넌스와 협동 개념의 등장은 분권개혁 과정에서 세계적으로 나타난 현상이었다. 일본은 선진국 중에서는 후발주자였다.

분권은 1970년대와 80년대에 세계적으로 유행했다. 20세기 중반, 중앙정부의 영향력과 개입 범위가 모든 정책 분야에서 증가했었다. 하지만 1970년대와 80년대에 이르러 세계화가 진행되면서 몇몇 선진국은 중앙정부의 개입을 줄이는 방향으로 이동하기 시작했다. 같은 시기, 개발도상국에서의 경제성장의 중심 전략이 중앙정부에 의한 계획과 개입에서 통화침투이론(trickle-down theories)[7]으로 옮겨 갔다. 분권개혁은 정책 분야에 대한 중앙정부의 개입에 대한 회의와 축소의 흐름 속에서 대두되었다(Cheema and Rondinelli 2007, 2-3).

분권개혁의 첫 번째 물결은 위계적인 정부 구조와 관료제의 탈중앙화(deconcentration), 이양(devolution), 위임(delegation) 등에 집중됐다(Rondinelli 1981, 133-145). '탈중앙화'는 국가 부처의 지방청을 설립하고 지방청의 의사결정에 권위를 부여하는 방법으로, 중앙 부처의 행정 책임을 지방과 지역의 행정적 단계로 이관하는 것을 목표로 했다. '이양'은 지방정부에 서비스와 사회기반시설을 제공하고, 지방 정책을 입안하고 실행할 수 있는 권력과 책임, 자원을

7 대기업의 경제성장이 중소기업과 소비자에게 흘러가는 낙수효과를 낳기 때문에 대기업의 경제성장 지원을 경제정책의 중심으로 해야 한다는 경제이론이다.

공급하는 방식으로 지방정부를 강화하는 방법이다. 또 '위임'을 통해서, 중앙정부는 특정한 기능을 수행하는 관리운영권을 반(半) 자율적 혹은 준국영 단체, 국영 기업, 공공기관으로 이관했다. 분권개혁의 첫 번째 물결은 지방정부의 역할 강화를 통해 공공서비스의 질을 제고하는 목표 속에서 유행하였다. 하지만 분권개혁의 첫 번째 물결 단계에서는 정책 영역에서 공공기관의 우월적 위상이 유지되었다.

하지만 중앙계획적 경제의 쇠퇴와 국제 무역 · 투자의 성장 속도가 가속화되면서 1980년대 중반 이후 분권개혁의 특징이 바뀌기 시작했다. 지방정책 분야에서 행위자 다양화에 대한 아이디어와 함께 분권개혁의 두 번째 물결이 시작된 것이다. 1990년대 일부 선진국에서 공론화된 신공공관리(New Public Management, NPM)[8] 논쟁과 시민사회 논쟁에서 정부가 효율적인 (공공)서비스 제공자가 아닐 수 있다는 점이 제기되었다(Hood 1991, 3-19). 정부는 공공서비스를 직접 제공하기보다는 안내자[오스본과 개블러의 말에 따르면 '노가 아닌 보는 사람(seer rather than row)'], 즉 가이드가 되어야 한다는 것이었다(Osborne and Gaebler 1992). 따라서 정부는 공공기관보다 민간기업이나 시민사회단체가 더 효율적이고 효과적으로 수행할 수 있는 활동에 대해 규제를 완화하고 민영화함으로써 민간영역이 스스로 문제를 해결하도록 압박해야 한다는 것이다.

이러한 새로운 접근법은 1990년대에 등장한 거버넌스에 대한 개념과 결합했다. 거버넌스는 정부기관이 직접 공공서비스를 제공하기보다는 중앙 · 지방정부와 민간영역(민간기업과 시민사회단체)이 서로 상호작용하면서 공공선을 창출하는 제도와 과정을 만들어 내는 것으로 이해할 수 있다

8 공공서비스 제공에서 민간기업의 역할 증가와 경쟁원리의 도입을 통해, 공공서비스의 효율성을 증진시키자는 주장이다.

(Rhodes 2007, 1246-1247). 거버넌스라는 개념은 정책 결정을 정부의 영역이라기보다는 정부와 기업체, 사회단체 간의 협동적인 공간으로 간주한다(Newman 2005, 1-16).

분권개혁의 두 번째 물결은 거버넌스 개념의 등장에 내포돼 있다. 두 번째 물결 속에서 분권의 내용은 정부 내 권력과 권위, 책임을 중앙에서 지역으로 이관시키는 것뿐만 아니라, 공공정책을 결정하는 데 민간영역과 함께 권위와 자원을 공유하는 것을 포함했다. 이러한 접근방식에서 분권은 민간영역의 역할을 확장하는 개혁의 수단이다. 거버넌스 개념을 지지하는 측에서는 분권개혁이 위계적 관료제의 경직성에 균열을 내고, 지방관료나 민간영역이 복잡하고 시간을 소모하는 절차를 겪는 것을 막도록 도와주는 한편, 정책 결정의 속도를 높여 준다고 주장한다. 이러한 맥락에서, 분권개혁의 두 번째 물결은 거버넌스 개념에 영감을 얻은 지방협동 프로그램을 도입하는 데 집중했다. 공공기관과 민간영역 간의 효과적인 협동은 분권개혁의 두 번째 물결에서 핵심이었다.

분권개혁의 두 번째 물결의 제1원칙인 민관협동은 완전히 새로운 것이 아니었다. 모든 정치적 제도는 사회와 일정 정도의 관계를 유지해야 했고, 모든 정부 모델은 특정한 국가-사회의 상호작용 모델 속에 내재돼 있었다. 그러므로 민관협동은 많은 나라에서 역사가 오래된 것이었다(Kooiman 1993, 1-8). 하지만 1980년대 이후 거버넌스 발상하의 민관협동은 정책결정자들 사이에서 확실히 인기를 끌게 되었다(Bailey 1994, 292-306). 거버넌스 개념의 지원을 받는 분권개혁의 두 번째 물결 속에서, 민관협동은 정부가 주도하는 정책을 비판하고 새로운 협동 프로그램을 강화하는 이상적인 슬로건이 되었다.

2. 현대 일본 분권개혁의 첫 번째 · 두 번째 물결

일본에서 분권개혁의 발전은 분권개혁에 대한 세계적인 경향과 유사했다. 일본에서 분권개혁은 다른 선진국보다 늦게 시작됐지만, 역시 두 단계로 구분될 수 있다. 첫 번째 물결은 제도적 변화를 동반한, 중앙에서 지역으로 하달되는 권력의 이양이었고, 두 번째 물결은 민관협동 원칙에 따른 새로운 지방경제 프로그램의 도입이었다.

1980년대 이후 일본에서 중앙정부가 통제하는 지방경제정책은 격렬한 공격에 직면했다. 전후 중앙관료와 정치인들이 주도한 국가적 계획은 모든 지역에 국가적 기준을 제공했고, 이는 낙후 지역에 대한 공공투자를 보장했다. 물론 고도성장기에도 지방정부 차원의 자율적 정책과정의 사례는 많았다(Muramatsu, Iqbal and Kume 2001, 제1장). 전후 일본에서 지방정부의 활발한 움직임이 포착되는 이유는 지방정부가 교육이나 환경, 복지 업무와 같은 비경제정책 분야에서 광범위한 역할을 수행한 데서 찾아볼 수 있다. 하지만 거의 모든 정책이 중앙관료가 정한 정책 방향에 따른 것이었다. 결국 지방정부의 활동은 자발적인 정책 활동이라기보다 더 많은 돈을 끌어오기 위해 국가정치인과 중앙관료들에게 로비(lobbying)하는 것으로 비쳐졌다(Samuels 1983, 83-122; Muramatsu 1986, 306-327). 국가적 가이드라인 때문에 모든 지역은 표준화된 정책 기제에 기반한 유사한 정책 단위를 가지고 있었다. 전후의 중앙체제에 의한 지방정책은 국가 차원에서 성공적으로 균형 잡힌 재분배를 보장했다. 하지만 많은 연구자들은 1980년대 이후 지방정책 영역에서 일본 중앙행정의 역할과 기능에 대해 의문을 제기해 왔다. 그들은 전체적인 정치경제체제의 경직성과 막대한 중앙 · 지방정부의 예산 적자가 지방정책 영역에 대한 중앙정부의 과도한 개입과 지나친 공공투자에서 비롯됐다고 주장했다

(田中一昭 2008). 지방정책 영역에서 구조개혁의 요구는 1980년대 이후 거세졌다. 이에 따라 1980년대에 진행된 제2차 임시행정개혁추진심의회(第2次臨時行政改革推進審議会)에서는 수많은 아이디어와 논쟁이 제기됐다.

하지만 권력 이양을 위한 제도 변화에 초점을 맞춘 일본의 첫 번째 분권개혁의 물결은 정치적인 변동과 함께 시작되었다. 자민당이 50년 만에 정권을 잃은 1993년 이후, 분권은 일본의 정치권에서 뜨거운 화두였다. 1990년대 중반은 일본에서 지방의 새로운 시대로 일컬어진다. 1995년 분권의 실질적인 개혁을 위한 지방분권추진위원회(地方分権推進委員会)가 구성되었다. 이 위원회의 주요 임무는 중앙정부와 지방정부 사이의 행정역할에 대한 구체적인 개혁안을 제공하는 것이었는데, 근본적인 목표는 중앙 · 지방정부의 법적 관계를 위계적 관계에서 대등한 것으로 바꾸는 것이었다(地方分権推進委員会 1996a). 수많은 행정제도의 변화는 이러한 핵심 목표하에 도입되었다.

지방분권추진위원회의 추천에 기반해 2000년에 입법된 지방분권일괄법(地方分権一括法)은 지방정부를 중앙정부의 부속기관으로 작동하게 했던 기관위임사무(機関委任事務)[9]를 철폐했다. 다시 말해 중앙 · 지방정부의 역할을 명확히 하고, 중앙에서 현과 시정촌으로 내려가는 다양한 행정사무의 권한을 이양했다(Yagi 2004, 14).

2000년대에 들어 현과 시정촌 지자체로 권력을 이양하기 위한 제도적인 변화는 지방 세제 시스템의 영역에서 이어졌다. 지방의 재정 자율성 향상을 목표로 한 삼위일체개혁(三位一体改革)[10]은 2002년 이후 고이즈미 내각의 핵심 개혁과제였다. 고이즈미 내각은 중앙정부의 재정 권한을 축소하는 한

9 기관위임사무는 중앙정부로부터 지자체의 장에게 위임된 사무를 말한다.

10 삼위일체개혁은 지방재정개혁의 통칭으로, 국고보조금의 폐지와 삭감, 지방교부세의 축소와 개혁, 그리고 세원이양이라는 세 개혁의 통합적 추진을 말한다.

표 1-1. 지역경제정책의 영역별 분화된 성장전략

구분	시장 모델	공동체 모델
	대도시권 집중	지방도시권 집중
도시개발정책	도시재생 프로젝트	중심시가지활성화계획
지방산업정책	구조개혁특구 공업재배치촉진법 폐지	산업클러스터 계획
공공시설관리정책	PFI(Private Finance Initiative)	지정관리자제도

편, 중앙정부에서 지방정부로 내려가는 보조금과 이양세를 삭감하고 일부 세원은 지방정부로 이양함으로써 지방정부의 재정 자율성을 확대하고자 했다(林宜嗣 2006, 22-26).

두 번째 분권개혁의 물결은 고이즈미 정권하에서 지방경제정책에 여러 가지 새로운 지방협동 프로그램을 도입하는 것으로 나타났다. 중앙정부는 지방경제성장을 증진하기 위해 지방경제정책의 영역에 새로운 프로그램을 도입해 왔다. 이 프로그램들은 민관협동 원칙 아래 대기업과 지방공동체 같은 민간영역의 참여를 증진시키는 것이 목표였다. 지방의 도시개발정책으로는 도시재생 프로젝트와 중심시가지활성화계획이 제시되었고, 지방산업정책에서는 구조개혁특구 같은 규제완화 프로그램과 산업클러스터 계획과 같은 참여 지향적 프로그램이 공존했다. PFI와 지정관리자제도는 공공시설관리업무에서 민간영역의 참여를 강화하는 도구로 작동했다.

전후 중앙관료들과 정치인들은 이 세 개의 정책 영역 모두에서 국가 차원의 규제와 보호 메커니즘을 제공했다. 하지만 2000년대 일본 정부는 각 정책 분야에서 민간영역이 스스로 계획하고 실행할 수 있도록 이들의 참여를 요구하는 새로운 프로그램을 제공했다. 이에 따라 지방의 민관협동은 2000년대 일본의 분권개혁에서 핵심적인 원칙이 되었다.

새로운 협동 프로그램의 도입에서 가장 중요했던 측면은 각 정책 분야마다 서로 다른 전략이 있었다는 점이다. 시장개혁 전략은 대기업의 투자를 유치하려 했던 도시재생 프로젝트와 구조개혁특구, PFI에서 공통적으로 나타났다. 반대로, 내생적인 네트워크를 강화하기 위한 전략은 지방 상공업 자원을 동원하려 했던 중심시가지활성화계획과 산업클러스터 계획, 지정관리자 제도에서 발견할 수 있다.

3. 성장 거버넌스로서의 두 가지 지역경제전략: 시장 모델과 공동체 모델

민관협동은 경제성장을 촉진하기 위해서뿐만 아니라 행정 효율성과 민주적 조정과 같은 가치를 위한 원칙이기도 하다. 하지만 일본에서 일어난 분권개혁의 두 번째 물결 속에서 경제성장이 더 핵심적인 목표였다. 일본 지도자들이 지방경제정책 분야에 새로운 협동 프로그램을 도입하면서 지방경제의 성장을 촉진하려 한 이래, 성장(progrowth) 거버넌스는 지방 거버넌스의 여러 유형 중에서도 가장 지배적인 모델이 되었다. 그리고 일본의 분권개혁에서 성장 거버넌스를 위한 전략은 시장 모델과 공동체 모델로 분화되었다.

피에르는 지방 거버넌스를 관리 거버넌스, 조합 거버넌스(corporatist governance), 성장 거버넌스, 복지 거버넌스의 네 가지로 유형화하고 있다(Pierre 1999, 372-396). 지방 거버넌스는 지자체와 민간영역이 관계를 맺는 형태에 관한 것으로, 지방 거버넌스에는 다양한 가치, 규범, 목표, 핵심 민간파트너, 핵심 기구의 체계를 반영하는 서로 다른 형태가 존재할 수 있다. 이는 지방 거버넌스가 국가, 지자체, 민간기업, 지방사회 간의 관계에 연관된 정치적 · 경제적 · 사회적 · 역사적 요소들의 총합에 기반을 두고 있음을 의미한다. 지방 거버넌스의 유형들은 각기 다른 정책 대상, 주요 참여자, 민관협동의 성격, 지방에서 지배적인 정책 프로그램의 핵심 도구들로부터 도출된다.

관리 거버넌스는 신공공관리(NPM) 이론과 밀접한 연관성이 있다. 기본적으로 지방정부는 자유주의적 민주정권 아래에서 공공서비스를 제공하는 동시에 지방 단위에서의 민주주의 참여의 장을 제공하는 두 가지 기능을 가진다(Pierre 1999). 하지만 1980년대 이래 서비스 제공자로서의 역할을 강조하는 전문가들은 지방 서비스를 공급하기 위한 효율적인 제도와 과정을 우선에 두었다. 신공공관리 이론은 지방 거버넌스의 효율 중심적 관점으로 잘 알려져 있다. 신공공관리 이론은 효과적인 지방 거버넌스를 창출하기 위한 임무주도(mission-driven), 결과 지향(result-oriented), 고객 주도(customer-driven) 전략으로 정부가 불가피하게 변화할 수밖에 없는 것에 주목한다. 이러한 접근법에서는 지방 거버넌스에서 효율성이 최고 우선사항이다(Cheema and Rondinelli 2007, 7). 관리 거버넌스는 공공서비스의 생산과 제공에 시장 메커니즘을 도입하고, 주요 평가 기준으로 경제적 효율성을 강조함으로써 공공기관과 민간영역 간의 구별을 흐리게 한다. 따라서 관리 거버넌스는 정치적 개입보다 전문적 관리를 더 강조한다.

조합 거버넌스는 지방정부의 지방정치 과정과 정책 과정에서 민간그룹과 그들의 이해관계를 포함하는 정치적 · 민주적 시스템으로 설명된다. 합의된 조정은 조합 거버넌스의 가장 눈에 띄는 특징이다. 조합 거버넌스에서는 지방의 상공인들과 사회지도자들이 지역사회의 이해관계를 조직적으로 대표하여 지방정부의 정책 조정 과정에 참여한다(Brannan, John, and Stoker 2007, 1-7). 일반적으로 조합 거버넌스는 유럽 복지국가의 정책과정에서 현저하게 나타나는 형태이다. 조합주의는 고도의 정치적 참여와 강한 자발적 결사, 복지국가의 포괄적인 서비스 제공 등으로부터 발달한 전통이다. 하지만 조합 거버넌스가 일본에서도 생소한 것은 아니다. 공공기관과 위임대표 간의 합의된 과정을 통한 협조는 전후의 국가 정책 메커니즘에서도 광범위하게 목격되었다.

테드 거와 데스먼드 킹은 선진 자본주의에서 개인적 · 집단적 생존을 유지하기 위해 정부의 재정지원에 매우 의존적인 지방을 복지도시(welfare cities)로 명명했다(Gurr and King 1987, 7-42). 특정 지역에서 지방 거버넌스의 모델로서 복지 거버넌스가 국가적 복지 시스템과 긴밀히 연관되어 있지 않더라도, 재분배는 국가적 복지 시스템과 지방 복지 거버넌스 모두의 핵심 정책 목표이다. 복지 거버넌스는 복지 거버넌스를 채택한 지방들이 민간기업을 유치해야 한다는 강요를 덜 받는 조건에서 중앙정부로부터 더 많은 재분배를 획득하는 지방의 정치경제 구조로 간주된다. 따라서 복지 거버넌스의 주요 참여자들은 중앙과 지방의 정치인과 관료들이다. 이 모델은 어쨌든 민관협동과 관련돼 있다. 많은 나라에서, 재분배를 위한 중앙과 지방의 정치적 연계는 이익유도정치(pork-barrel politics)[11]와 서로 밀접히 연관돼 있다. 중앙과 지방 정치인들은 자신의 선거구에 공공투자를 유치함으로써 정치적 지지를 획득하려 한다. 공공투자는 지방 시민을 고객으로 동원하는 방법이다. 따라서 지역주민들에게 합리적인 것으로 받아들여지는 재분배는 핵심 정책 목표이다. 이 모델은 복지국가체제가 먼저 발전한 선진국의 정치 환경에서 유래했지만 소위 복지 거버넌스를 위한 이익유도정치와 온정주의는 서구 선진국에서부터 개발도상국에 이르기까지 광범위하게 존재해 왔다. 일본에서 이 모

11 이익유도정치란 특정 분야와 지역에서의 정치적 이익을 확보하기 위해 선별적 혜택을 제공하는 정치를 의미한다.

델은 자민당과 중앙관료들이 주도한 지역적 재분배 메커니즘에 내재돼 있었다. 이는 전후 일본의 촌락 지역에서 보수적 정치 연계의 한 축이었다.

성장 거버넌스는 지방경제를 발전시키기 위한 공공과 민간 활동의 타협이기 때문에 그 핵심 정책 목표는 명백히 지방경제성장이다. 이 모델은 세계화된 시장 경제의 흐름 아래 지방 거버넌스의 가장 친숙한 명제가 됐다. 지방정부의 재원이 대부분 국가로부터 나오는 나라에서조차도 민간기업은 일자리를 제공하고 이는 지역의 소득세를 증가시키기 마련이다. 모든 행위자가 직간접적으로 지방경제에 연관돼 있지만 성장 거버넌스는 명백하게 엘리트적인 거버넌스 모델이다. 민간기업은 지방 정치지도자들에게 해당 지방의 경제성장을 위한 핵심이다.

하지만 성장 거버넌스가 지방경제를 부흥시키기 위해 단일 전략만을 갖고 있는 것은 아니다. 지방경제 성장을 위한 민관협동의 성격은 클래런스 스톤의 말에 따르면 도시 레짐 하에서의 정치적 선택에 내재돼 있다. 스톤은 지방경제정책에서의 민관협동을 지방정부와 지방 상공인 사이의 '비공식적이지만 상대적으로 안정적인 관계'인 도시 레짐으로 묘사했다. 도시 레짐 하에서 지방 정치 · 경제 엘리트 그룹 간에 타결된 지방경제 메커니즘에 대한 합의는 '참여자들 간 관계의 본질인 통치 연합과 그들이 연합에 끌고 들어오는 자원의 영향을 받는 명백한 정책 의제'를 형성한다(Stone 1989, 7). 따라서 지방 생산 시스템과 이와 연계를 맺는 정치적 연합의 각기 다른 성격들은 도시 레짐을 위한 각기 다른 지배적 연합과 정책 의제를 만들어 내고, 이는 곧 지방경제성장에서 다른 전략이 된다. 성장 거버넌스의 파편적 모델들은 지방경제성장 전략의 지방적 다양성을 이해하는 데 도움을 준다.

2000년 이후 일본의 지방경제성장을 위한 분화된 전략들은 시장 모델과 공동체 모델을 통해 설명할 수 있다. 외부 투자를 유치하기 위한 시장개혁과 연관돼 있는 시장 모델은 본질적으로 대기업과 협력한다. 반대로, 기존의 경제 자원을 육성하려는 공동체 모델은 상대적으로 중소 규모의 지방 밀착형 상공업 그룹들과 본질적으로 협력한다.

시장 모델의 가장 구별되는 특성은 지자체들이 민간투자를 유치함으로써 성장을 추구한다는 것이다. 시장 모델에서 지자체는 기존의 지방 업체(비즈니스)를 특별대우하지 않는다. 대신, 기업의 소재지와 관계없이 민간투자에 인센티브를 부여하는 구조를 만든다. 인센티브는 대기업에게 더 크다. 따라서 시장 모델은 특정 지역과 연고가 없더라도 대기업에 더 호의적이다. 지자체와 민간기업 간 관계의 본질은 투자와 인센티브의 상호교환이다. 지자체는 민간기업에 보조금이나 세금 혜택과 같은 특혜를 제공한다. 이러한 시장 모델은 신자유주의적 경향과도 결부되어 있다. 세계화된 국제 경제 속에서 수많은 지자체들은 민간투자를 유치하기 위해 시장 모델을 채택하고 있다.

이와는 반대로, 공동체 모델의 가장 큰 특징은 지자체들이 기존의 지방 비즈니스 네트워크를 동원함으로써 지방경제 환경을 강화하려고 노력한다는 점이다. 이 모델에서도 지자체가 민간자본의 투자유치를 위한 노력을 기울이지만, 지배적인 전략은 지방의 토착 기업체들과 지방 시민사회 네트워크를 발전시키고 강화하는 일이다. 이런 지방 네트워크는 지방 상공업이 겪는 문제를 해결하고, 지방경제 발전을 위한 전략적 방침을 발전시키는 데 목적이 있다. 공동체 모델은 지역의 토착 민간 사회세력에 기반하고 있기 때문에 이 모델의 핵심전략은 지방 상공업과 지방사회의 엘리트 그룹이 지방의 정책과정에 참여하는 제도적이고 공식화된 방법을 만드는 데 있다. 따라서 공동체 모델에서 민관협동의 본질은 지방의 정치 · 사회 엘리트 그룹 간의 조정된 합의의 성격을 띠는데, 이는 조합 거버넌스와 유사하다. 공동체 모델의 성공 여부는 특정 지역에서 지방의(또 국가의) 사회적 관계가 어떤 전통적 특성을 띠느냐에 달려 있다. 특정 지역의 지자체와 사회세력의 관계가 상호협조적인 관계를 지속적으로 발전시켜 왔다면 공동체 모델에 입각한 새로운 성장 거버넌스의 정착은 좀 더 수월할 수 있다.

일본이 분권개혁 과정에서 새로운 지방경제 거버넌스를 찾을 때, 성장 거버넌스는 다른 지방 거버넌스 유형들보다 더 주목을 받았다. 물론 현대 일본에는 관리·조합·복지 거버넌스를 대표하는 현상이 모두 존재한다. 첫째, 일본의 지자체 중 많은 곳은 시장화 테스트(Marketization Test)와 컨트랙팅 아웃(Contracting Out)[12]과 같은 프로그램을 통해서 공공서비스 제공 기능을 외주화하기 위해 노력하고 있다. 게다가 PFI와 지정관리자제도에는 관리 거버넌스의 특징도 있다. 하지만 이 두 개의 프로그램은 모두 지방경제 성장을 촉진하기 위한 방법이었고 그래서 성장지향적 거버넌스의 수단이기도 했다. 둘째, 조합 거버넌스는 성장지향적 거버넌스의 공동체 모델과 깊이 결합돼 있다. 조합 거버넌스는 과정 지향적이고, 성장 거버넌스는 결과 지향적이기 때문에 두 개의 거버넌스가 동시에 일어나는 일은 드문 일이 아니다. 협력과 심의 참여 같은 조합 거버넌스의 핵심 장치들은 성장 거버넌스를 채택한 공동체 모델의 장치로도 작동했다. 마지막으로, 테드 거와 데스먼드 킹의 복지 거버넌스는 전후 일본의 지역적 재분배 메커니즘에서 발견되기도 했지만, 최근에는 더 이상 일본 지방들의 선택지가 되기 어려워졌다. 오히려 중앙정부는 재분배 메커니즘에서 벗어나 더욱 지방화된 성장전략으로 이끄는 새로운 프로그램들을 도입하였다.

지역 경제정책 분야에서 중앙관료와 국가정치인들, 그리고 일부 지방

12 시장화 테스트와 컨트랙팅 아웃은 일본 지방개혁에서 과거에 지자체에 의해 이루어지던 서비스를 민간에 이양하는 개혁프로그램들이다.

표 1-2. 지방 거버넌스의 네 가지 유형

	관리 거버넌스	조합 거버넌스	복지 거버넌스	성장 거버넌스	
				시장 모델	공동체 모델
정책 목표	효율	협조	재분배	성장	성장
핵심 참여자	전문가	지역사회지도층	정치인	대기업	지방상공업공동체
민관관계의 양상	경쟁적	조정적	정치적	상호적	상호적
핵심 도구	계약	네트워크	공공투자	민간투자유치	네트워크

지도자들에 의해 도입된, 확연하게 새로운 협동 프로그램은 성장 거버넌스의 시장 모델과 공동체 모델로 분류된다. 2000년대에 추진된 도시재생 프로젝트와 구조개혁특구, PFI는 시장 모델의 사례로 분류될 수 있다. 반대로 중심시가지활성화계획이나 산업클러스터 계획, 지정관리자제도는 공동체 모델의 사례가 된다.

4. 다양한 협동 프로그램의 지역적 분화

대기업과 지방공동체라는 각기 다른 민간 파트너를 가진 분화된 성장 전략들은 2000년 이후 일본의 지방도시개발정책, 지방산업정책, 공공시설관리 개혁정책의 각 분야에서 지역적으로 분화되는 양상을 보였다. 시장 모델의 새로운 협동 프로그램은 대도시권에서 우세했지만, 공동체 모델의 새로운 협동 프로그램은 주요 대도시 외 지방도시권의 낙후지역에서 더 우세했다.

협동 프로그램의 지방적 분화는 제4장에서 구체적으로 설명할 지방도시개발정책에서 가장 뚜렷하게 나타난다. 도시재생 프로젝트는 선진산업도시지역, 특히 도쿄(東京)나 오사카(大阪), 나고야(名古屋) 같은 대도시권에서 더 많이 발견된다. 이들 지역에서는 경제적 효율성을 이유로 구상업·거주지역의 대규모 도시재개발이 이루어졌다. 한편, 중심시가지활성화계획은 도야마(富山)나 아오모리(青森) 같은 중간 규모의 지방도시에서 시행됐다. 2000년대에 들어 이런 중간 규모의 지방도시들은 교외 지역을 개발하기보다는 지역상업공동체가 참여한 가운데 구시가지 구역을 재개발하려 했다.

지방산업정책에서 지역적 분화는 제5장에서 구체적으로 설명할 국가 차원의 산업 집적(accumulation)에서 지방의 위치에 기반하고 있다. 외생적인 비즈니스를 유치하는 것 역시 전후 제조업이 고도로 발전한 대도시권에서는 효과가 있었다. 하지만 전국적으로는 내재적인 비즈니스 네트워크를 장려하는 것이 일반적인 현상이었고 지방도시권은 내재적인 비즈니스를 유지하는 것을 더 중요시하였다. 2000년대에 들어 지방도시권은 내재적인 산업에 더 집중하는 쪽으로 선회했다.

하지만 이런 분화된 양상들이 제6장에서 설명할 공공시설 관리 개혁에서는 선명하게 나타나지 않는다. PFI와 지정관리자제도는 지리적 위치와 관계없이 광범위하게 수행되었다. 전국적으로 진행되던 PFI 프로젝트는 특히 대도시권에서 더 우세했는데, 그것은 PFI에 더 적합한 대규모 시설을 더 많이 보유하고 있었기 때문이었다. 시설 규모가 중요했기 때문에 PFI 프로젝트는 지방도시권에서는 프로젝트 규모가 광범위한 몇몇 지역에서만 그 사례가 발견된다. 반대로 지정관리자제도는 지역적 분화가 있었다기보다 전국적으로 행해졌는데, 여기서는 공공시설 관리를 맡은 지방공동체그룹과 전문 관리업체가 서로 경쟁했다. 시장 모델이 PFI를 통해 대도시권에서 우세했던 반면, 지정관리자제도에서는 공동체 모델과 관리 거버넌스가 공존했다.

5. 무엇이 두 개의 전략 분화를 야기했나?

왜 대도시권에서는 시장 모델에 의한 협동 프로그램이 우세했고, 지방도시권에서는 공동체 모델에 의한 협동 프로그램이 우세했나? 필자는 시장 모델과 공동체 모델 간에 지방경제성장 전략이 분화되는 것을 설명하기 위해 두 개의 독립변수를 제안한다. 하나는 경쟁과 보호라는 이중 지방경제구조이고, 다른 하나는 균형발전원칙이라는 전후의 정치경제체제에 찬성하거나 반대하는 정치경제적 연합(시장개혁을 강화하려 한 연합과 균형발전을 유지하려 한 연합)의 분화이다.

지방의 선택은 그들의 경제구조에 의해 제약받거나 기회를 부여받았다. 경쟁지역과 보호지역은 지방경제정책 분야에서 새로운 프로그램을 수행할 민간투자를 유치할 수 있는 각기 다른 특징을 갖고 있었다. 이러한 이중적 지방경제구조에 대해 다음과 같은 두 개의 가설을 세울 수 있다.

가설 1-1: 특정 지방이 이미 기술 기반의 제조업과 산업 집적, 많은 인구를 갖춘 구조라면(경쟁지역), 이 지방은 공동체 모델보다는 시장 모델이 더 유리할 것이다.

가설 1-2: 특정 지방이 이미 퇴락하고 있는 산업과 적은 인구를 갖춘 구조라면(보호지역), 이 지방은 시장 모델보다는 공동체 모델이 더 유리할 것이다.

일본은 역사적 산업발전(단계)에서 지방경제구조의 이중성을 보였다. 일본의 고도성장과정은 '국제지향적(outer-focused)' 분야와 '국내지향적(inner- focused)' 분야 간에 산업의 이중성을 만들었다(Ozawa 2003, 519-526). 전후에는 선택적인 산업 정책이 비교우위를 만들어 내기 위해 적극적으로 실행됐다. 이에 따라 1950년대와 60년대에는 철강, 조선, 중장비와 같은 자본 집약적 산업이 중심이었다가 1970년대와 80년대에는 자동차, 컴퓨터와 기타 전자산업 같은 기술 집약적 산업을 중심으로 정책이 실행되었다(伊藤正昭 2000, 57-86). 이들 산업들은 대기업 중심으로 발달하였으며, 세계시장에서 경쟁력을 확보하였다. 반면에 수많은 내수 위주 산업들은 세계시장에서 유리되며 국내지향적으로 발전하였다. 국내지향적 섹터에는 농업과 도소매업, 통신업, 운수, 은행, 금융, 보험, 건설, 부동산, 식음료업 등이 포함돼 있었다. 이 섹터에서는 고도성장에 직면해 소득 격차를 보정하고, 안정적인 고용환경을 유지하기 위해 보호와 국가보조금이 강화되었다(Calder 1988, 156-230).

이러한 산업구조의 이중성은 지방경제의 이중구조를 창출했다. 국제지향적 섹터는 대도시권에서 번성했고, 지방도시권에서는 주로 국내지향적 섹터가 자리 잡았다. 1960년대부터 1970년대 초반까지 지방경제의 이중성을 변화시키기 위해 여러 정책이 실행되었지만 이러한 이중성은 쉽게 없어지지 않았다. 이와 관련하여 제3장에서 구체적으로 알아볼 것이다.

분권개혁하에서 이미 기술 집약적 제조업과 산업 집적, 많은 인구를 갖춘 지방구조의 대도시권 경쟁지역은 시장 모델 협동 프로그램을 수월하게 수행할 수 있었다. 국제지향적 섹터의 대기업과 거대 도매업 그룹은 기존의 산업 기지와 많은 인구에 근접하다는 이점 때문에 이들 지역에 투자할 준비가 되어 있었다(가설 1-1). 하지만 경쟁지역에 비해 대기업에 대한 인센티브에 대해 압박을 덜 받는 지방도시권의 보호지역은 기존의 산업을 유지하고, 시가지의 소매업자들이나 소규모 건설업을 보호하는 데 주력했다(가설 1-2). 이렇게 지방경제의 이중성은 지방들에 기회를 주기도, 제약을 가하기도 했다.

다른 한편으로는, 국가정치인과 중앙관료들이 서로 다른 경제적 이해관계들 사이에서 대결적 혹은 협력적 지방경제정책의 선택지를 제공하기도

했다. 균형발전원칙이라는 전후 정치경제체제하에서 지역 재분배 체제가 나타났고, 이는 자민당과 중앙관료의 정치적 협력에 의해 강화되었다. 민관협동을 위한 분권개혁에서, 서로 연계되어 있지 않은 정치-경제 연합(시장개혁을 위한 연합과 균형발전을 위한 연합)은 다양한 지방경제성장 전략을 만들어 내는 데 정치적인 요소가 되었다. 국가적 정치-경제 연합에 대해서는 다음 세 가지 가설이 가능하다.

가설 2-1: 중앙 정치에서 균형발전연합이 우세하다면, 전후의 정치경제체제는 지방경제정책의 핵심 원칙으로 남을 것이다.

가설 2-2: 중앙 정치에서 시장개혁을 위한 연합이 우세하다면, 경쟁지역에서는 규제는 약해지고 대기업에 의한 민간투자가 촉진될 것이다. (시장 모델)

가설 2-3: 중앙 정치에서 시장개혁에 찬성하는 연합이 우세하다면, 보호지역에 대한 재분배 정책의 대안으로 지방경제정책과정에서 지방 비즈니스 네트워크와 민간영역의 참여가 강조될 것이다. (공동체 모델)

2000년대에 들어 신자유주의적 정치인과 대기업 등 시장개혁에 찬성하는 연합과 전통적이고 보수적이며 중앙-지방 연계에 기반을 둔 정치인, 지방 상공업 그룹, 낙후된 지역의 지방 리더십 등 균형발전에 찬성하는 연합 간의 대결이 증가하는 양상을 보였다. 대기업과 지방공동체들은 분권개혁에 대해서 다른 비전을 가지고 있었다. 기존의 국가주도적 지방정책 메커니즘의 '통제된' 성격에서 벗어날 필요가 있다는 것은 인정하더라도, '균형'이라는 성격에 대해 다른 자세를 취했던 것이다.

시장개혁에 대한 요구는 대기업과 대도시권의 지방지도자, 신자유주의적 국가정치인들 사이에서 강화되었다. 대기업은 장기경제침체의 상황에서 균형발전원칙을 벗어나고자 했다. 2000년대에 들어 게이단렌(日本経済団体連合会)은 구조개혁 없이는 성장도 없을 것이라고 주장했다(Keidanren 2000). 게이단렌은 대기업이 주로 거점으로 삼은 대도시권과 그 주변 지역에서 민간투자를 제약하는 규제를 폐지하고 도시개발과 공공시설 관리에서는 규제완화를 원했다. 대도시권의 지도자들은 민간투자에 대한 규제 완화를 원했다. 도쿄와 오사카는 민간의 도시(도심)개발프로젝트와 새로운 산업투자에서 규제를 폐지해 달라고 지속적으로 요구했다. 고이즈미 내각은 대기업 편이었다. 정책 결정의 핵심 기구인 경제재정자문회의(経済財政諮問会議)[13]는 신자유주의적 국가정치인과 대기업이 서로 협력하는 장이 되었다(内山融 2007, 36-46).

반대로, 지방도시권의 정치지도자들과 지방상공업공동체는 지방경제정책 분야에서 균형발전원칙을 고수하기를 여전히 원하고 있었다. 일본의 거의 모든 지방지도자들은 막대한 재정적자 문제와 중앙화된 정책 메커니즘의 경직성을 알고 있었지만, 그렇다고 균형발전원칙을 깨트리는 것은 원하지 않았다. 대다수의 지방지도자들에게 균형발전은 지방경제를 도와주는 공공투자의 재정적 자원을 유지하는 것을 의미했다. 일부 개혁적 지방지도자들은 공공투자 의존형 구조에서 벗어나기를 원했지만, 이들조차 자신들에게 배부되던 예산의 삭감 없이 자율적인 지방정책으로 이전할 수 있기를 원했다. 대도시권보다 작고 경쟁력이 떨어지는 지방도시권의 시장 행위자인 지방상공업공동체 역시 균형발전원칙하에 보호가 유지되기를 바랐다. 게다가 자민당 내에서 국내지향적 섹터를 대변하는 '보호주의자' 정치인들은 지역 재분배 정책을 계속 지지했다.

---

13 경제재정자문회의는 경제재정정책에 관한 중요사항을 조사·심의하는 목적으로 2001년 내각부에 설치되었고, 고이즈미 정권하에서 구조개혁의 정책무대로 활용되었다.

2000년대 초반, 시장개혁연합이 균형발전연합에 대해 승리를 거두자, 지역 재분배 정책은 지방경제정책 분야에서 그 핵심적 지위를 상실했다. 가설 2-1은 이 상황에서 가능하지 않았다. 대신 중앙정부는 더 지방화된 협동 프로그램을 소개했다. 시장 모델과 연관된 새로운 협동 프로그램은 시장개혁연합이 바랐던 것이어서 경쟁지역에 더 적합했다. 대도시권은 대기업의 민간투자를 유치하는 데 경쟁력이 더 있었기 때문에, 시장 모델에 입각한 수많은 협동 프로그램들은 지역에 대한 규제를 철폐하겠다는 목적으로 시장개혁연합의 지원 속에 이들 지역에 안착할 수 있었다(가설 2-2).

그러나 시장개혁연합의 승리는 보호지역에서 몇 가지 문제점을 야기했다. 보호지역은 전후 정치경제체제에서 민간투자의 혜택을 받지 못했고, 대도시권보다 민간투자를 유치하는 데 경쟁력이 떨어졌다. 이런 상황에서 이러한 지역에 참여를 증가시킬 수 있는 명시적 혹은 함축적인 제도적 틀을 지방공동체가 이미 가지고 있었기 때문에 공동체 모델이 대안이 될 수 있었다(가설 2-3). 20세기에 잘 구축된 지방 상공업 조직은 2000년대에 들어 참여를 강화할 수 있는 명시적인 지방공동체그룹이 되었다. 지방도시권에서는 지방상공회의소 같은 지방 상공업 조직이 공동체 모델에서 믿을 만한 파트너가 될 수 있었다. 중앙관료들은 지방에 시장 모델과 함께 공동체 모델에 대한 선택권을 부여했다. 대도시권의 시장 모델이 균형발전연합의 중요한 참여자인 지방상공업공동체를 약화시킨다는 것을 인식한 중앙관료들은 지방상공업공동체를 동원하는 공동체 모델의 범주 안에서 보호지역에서 새로운 프로그램들을 현명하게 만들어 냈다.

대도시권과 지방도시권이 새로운 지방경제성장 전략을 받아들이면서 분화되었던(다른 경로를 밟았던) 결정적인 이유는 경쟁지역과 보호지역에 각각 효과적인 성장전략이 공존하기 어려웠기 때문이었다. 경쟁지역에서 성장은 규제와 보호라는 전후 정치경제체제로부터의 이탈을 요구했다. 하지만 보호지역의 성장을 위해서는 전후 정치경제체제인 균형발전원칙을 유지하는 것이 필요했다. 경쟁지역의 시장 모델이 전후 정치경제체제에 적대적이었다면, 공동체 모델은 전후 정치경제체제하의 보호지역에서 보호를 대체하는 대안이 되었다.

6. 국가주도적 균형발전에서 분화된 지방협동

일본은 20세기 후반 고도성장과 부의 분배까지 동시에 이뤄낸 국가로 유명하다. 전후 일본에서 정치는 시장과 지방사회를 묶어 주는 역할을 수행했다. 일본의 지도자들은 지역적 격차에 굉장히 민감했으며, 규제와 보호의 결합을 통해 이를 극복하고자 했다. 전후의 국가정치인들과 중앙관료들은 산업분야별 균형과 지역적 균형이라는 기준에 따라 부를 재분배하고자 하였다(寺西重郎 2003, 265-280; Calder 1988, 274-311).

일본의 지도자들은 정책 네트워크와 관료적 지도, 섹터 간 조정과 섹터 내의 조정을 통해 낙후 산업과 내수 위주 산업을 보호하려고 노력했다(寺西重郎 2003, 265-271). 각 산업 분야에서 비즈니스, 국가 관료, 족(族)의원[14] 간의 정책 네트워크는 모든 산업 분야에서 비경쟁적이고 조화로운 발전을 보증했다. 산업섹터의 균형은 산업집적의 지역적 다양성 안에서 균형발전을 보증하는 유용한 도구로 작용했다. 책임지고 있는 업무 안에서 각 섹터와 연결돼 있는

14 족(族)의원은 정치인들 중 특화된 정책분야에서 오랫동안 관여하면서 그 분야에의 특수이익을 대변하는 목소리를 내게 된 이들을 의미한다.

중앙관료들은 각 산업 영역의 실제적 대표자(pseudo-representatives) 역할을 했다. 수많은 학자들이 국가 리더십의 조정 역할을 일본 정치의 특성으로 지적해 왔다. 누가 조정 시스템을 이끌었는가에 대해서는 다양한 관점이 있지만, 이노구치 다카시의 '관료주도 대중포함 다원주의', 사토 세이자부로와 마쓰자키 데쓰히사의 '채널 다원주의(channeled pluralism)', 무라마쓰 미치오와 엘리스 크라우스의 '패턴 다원주의(patterned pluralism)', 아오키 마사히코의 '관료적 다원주의', 오타케 히데오의 '조합주의', 펨펠(T. J. Pempel)의 '노동 없는 조합주의'는 고도성장기에 국가적 리더십이 어떻게 섹터 간 이해관계를 조정했는지 보여준다(猪口孝 1983; 佐藤誠三郎 · 松崎哲久 1986; Muramatsu and Krauss 1987; Aoki 1988; 大嶽秀夫 1999; Pempel and Tsunekawa 1979).[15]

여기에 켄트 칼더가 주장했듯이, 일본의 국가리더십은 지방의 이해관계를 보수적인 정권의 지지 기반으로 포섭하려고 했다(Calder 1988, 274-311). 자민당과 중앙관료들은 정치적 조정 시스템의 중심에 서 있었다. 전후 일본에서 균형발전은 재분배 정책의 가장 중요한 원칙이었다(Dewit and Steinmo 2002, 159-178). 하지만 진정한 균형발전체제는 1970년대 다나카 가쿠에이(田中角栄) 내각이 들어서고 나서야 실현되었다. 전후 일본에서 정치인들은 균형발전원칙에 대해서 오랫동안 토론해 왔던 것이다.

1950년대 후반부터 지역 발전을 위한 국가적 계획은 정치적 논쟁과 대립을 일으킨 중요한 주제 중 하나였고, 이러한 정치적 논쟁과 대립은 자민당과

15 정책과정에서 관료지배론을 뛰어넘어, 정치인과 사회세력의 정책과정에의 역할 증가와 그 속에서의 관료로 대표되는 정부 역할의 변화에 대해서 1980년대 이후 다양한 논의가 등장하였고, 이들의 공통점은 일본에서 사회세력이 정치인을 통해 자신들의 이익을 정책과정에 반영하는 통로를 확보하였으며, 이를 통해 서구적 다원주의와는 상이하지만, 상당한 수준의 다원주의적 정책과정이 확립되었다는 관점이다.

야당 간에 일어났다기보다는 주로 자민당과 국가 관료 간에 일어났다(藤井信幸 2004, 157-160). 최근 다시 뜨거운 화제가 된 지역 격차에 대한 강한 관심은 1950년대에 시작된 고도성장기에도 존재했고, 수많은 자민당 정치인들은 균형적인 지역 발전을 위해 국가 계획에 정치적 압력을 가했다. 하지만 일본의 대기업과 경제 관료들은 1950년대와 60년대 동안 고도로 산업화된 지역과 그 주변에 민간투자를 집중시키기를 원했다.

1960년대 초반, 제1차 전국총합개발계획(全国総合開発計画)은 지역발전 전략을 둘러싼 두 반대 세력 간의 대결과 타협의 산물이었다. 이케다 하야토(池田勇人)와 그의 자문그룹들은 후쿠오카(福岡)에서 오사카, 나고야, 도쿄를 잇는 고도로 산업화된 넓은 지역을 일컫는 태평양연안벨트에 집중적인 공공투자를 감행하는 것을 강력하게 지지했다. 1950년대 후반 통상산업성 장관으로서 소득배증계획(所得倍増計画)을 주창했던 이케다는 대기업의 번성이 그의 야심 찬 생각을 실현해 주고, 산업화된 지역에 집중된 공공투자의 효력이 민간기업의 성장을 촉진시킬 것으로 믿었다(藤井信幸 2004, 234-238). 산업화된 지역에서의 허약한 기반시설을 우려하고 이에 대한 대기업 그룹의 필요성을 이해하고 있었던 통상산업성은 경제적 효율성을 위해 공공투자를 집중시키는 것을 강하게 옹호했다.

하지만 자민당 안에서는 지역적으로 균형적인 공공투자를 시행해야 한다는 강한 정치적 압력도 있었다. 미야자와 기이치(宮沢喜一)와 경제기획청은 1960년대 초반에 이런 정책을 실현시키는 역할을 맡았다. 경제기획청은 제1차 전국총합개발계획에서 신산업도시(新産業都市)를 지정할 때, 산업화 자체를 전국적으로 확산시키기 위해 태평양연안벨트를 제외하려고 노력했다. 이에 따라 제1차 전국총합개발계획이 정착되는 과정에서 통상산업성과 경제기획청은 심각하게 대립할 수밖에 없었다. 통상산업성은 태평양연안벨트 안에

공업정비특별지역(工業整備特別地域) 계획을 세우는 것으로 경제기획청에 응수했다. 결과적으로 두 개의 계획을 모두 채택한 제1차 전국총합개발계획은 집중적인 성장과 균형적인 성장 중 어느 쪽을 우선하느냐를 놓고 두 개의 다른 지향점 간의 타협의 결과였다(藤井信幸 2004, 240-245).

다나카는 균형발전원칙이라는 전후 정치경제체제를 확립하는 데 상징적인 인물이었다. 그는 산업화된 지역에 투자를 집중시키기보다는 전국적으로 균형 잡힌 공공정책을 선호했다(早野透 2012, 160-161). 1972년 6월에 출판된 그의 책 『일본열도개조론(日本列島改造論)』은 광범위하고 강력한 흥미를 유발했다. 이 책은 그가 사토 에이사쿠(佐藤栄作) 내각에서 통상산업성 대신을 맡고 있던 시기에 내놓은 것으로서 경제적 격차를 완화하기 위한 산업 재배치 아이디어는 그가 1960년대 후반 자민당의 간사장을 맡은 이래 변한 적이 없었다. 다나카가 이끄는 가운데 1968년 자민당은 그의 주장을 담은 도시계획대강(都市計画大綱)을 공식화했다(土山希美枝 2007, 제3장).

1950년대 후반과 1960년대 초반, 태평양연안벨트에 공공투자를 집중하는 것에 동조했던 대기업 그룹과 통상산업성은 1960년대 후반부터 지역개발전략에서 변화된 자세를 취했다. 게이단렌은 1960년대 초반의 입장과는 반대로 산업을 시골지방으로 확산시킬 필요성에 대해 언급했다. 게다가 1960년대 집중화 전략을 고수했던 통상산업성은 1971~72년 다나카의 영향 아래 전국적으로 균형 잡힌 사회 발전을 위한 산업 확산을 강조하는 쪽으로 입장을 바꾸었다(伊藤正昭 2000, 70-72). 지역발전이라는 정책 경향은 다나카 내각 아래에서 확실히 이루어졌다. 낙후된 지역에 대한 보호와 발전된 지역에 대한 규제와 함께 전국적인 공공투자의 증가는 균형발전이라는 전후 정치경제체제가 되었다. 공공투자의 증가는 1970년대에 더 확연해졌다. 1970년대에 걸쳐 국내총생산(GDP) 대비 정부의 예산 규모가 증가한 것이다. 복지 예산이 눈에 띄게 증가하지는 않았기 때문에, 증가된 예산 중 큰 비율은 전국적으로 사회기반시설을 제공하기 위한 공공사업에 투자되었고, 이는 일본에게 '토건 국가'라는 꼬리표를 부여했다(McCormack 2001, 32-38). 이렇게 균형발전이라는 전후 정치경제체제는 1970년대 다나카의 집권하에서 이룩된 것이었다.

균형발전이라는 전후 정치경제체제는 1990년대에 들어서면서 난관에 부딪혔고, 2000년대 고이즈미 내각에서 효력을 다했다. 이는 전후 대기업과 지방공동체를 묶어 주던 정치적 협력 시스템이 작동을 멈춘 것을 의미한다. 고이즈미 내각은 국가가 주도하는 균형발전원칙에서 탈피하려 했다. 규제와 보호의 결합체인 균형개발의 규범 위에 성립된 전후 정치경제체제는 지방의 파트너십(협동)을 강화하는 것으로 대체되었다. 지방경제정책 분야에서 새로운 협동 프로그램은 균형발전 대신 지방 파트너십의 새로운 모델을 구축하기 위해 작동했다. 하지만 이 프로그램들은 시장 모델과 공동체 모델 사이에서 지방 파트너십의 지역적 편차를 만들어 냈다.

분권개혁 아래에서 새로운 지방 거버넌스를 찾는 일은 국가주도적 정책 메커니즘을 벗어나려는 시도였다. 하지만 일본 사례에서는, 새로운 지방경제 거버넌스를 구축할 때 대기업과 지방공동체 사이에 긴장감이 있었다. 일본의 사례는 대기업을 위한 시장개혁이 지역 격차를 심화시킨다는 것을 잘 보여주는데, 그것은 대기업들이 경쟁지역에 투자할 유인을 더 많이 가지기 때문이다.

한편 공공투자와 민간투자를 유치하기 힘든 보호지역은 지방공동체를 동원하는 방법으로 공동체 모델에 더 집중했다. 공동체 모델은 공고한 사회적 네트워크의 영향을 받았다.

일본의 지도자들이 중앙화된 지방체제에서 벗어나려고 노력했지만, 중앙정부는 여전히 새로운 지방경제 거버넌스를 구축할 때 그랜드 마스터였다.

국가정치지도자들이 대기업을 위한 시장 모델 안에서 새로운 길을 열었던 반면, 중앙관료들은 지방공동체를 동원하기 위한 새로운 지방 프로그램을 계속 제공하고 있었다. 하지만 2007년과 2009년 자민당의 선거 패배는 대도시권에 대한 시장 모델하의 정부 지원에 대하여 보호지역 주민들이 가졌던 인내심이 한계를 넘어선 것을 의미했다.

제2장

현대 일본에서의 분권개혁 전개

이 장에서는 현대 일본에서 분권개혁의 첫 번째 물결과 두 번째 물결에 대해서 설명하려 한다. 일본 지도자들은 행정 시스템에서는 1990년대에, 지방 조세 시스템에서는 2000년대 초반에 중앙정부로부터 현과 시정촌 지자체로 권한을 이양하는 제도적 변화를 만들어 냈다. 2000년대에는 지방경제정책 분야에서 민관협동 원칙에 입각한 새로운 프로그램을 도입하였다.

제도적 변화라는 원칙하에 분권개혁의 첫 번째 물결은 '중앙에서 지방으로' 움직였다. 분권개혁은 현대 일본의 지방자치제도에서 메이지유신과 미군정의 개혁에 이어 세 번째 대전환으로 간주되었다(地方分権推進委員会 1996a). 일본 지도자들은 1990년대 후반부터 중앙과 지방 정부 사이의 행정 시스템을 바꾸기 위해 법 제정에 나섰다. 또 2000년대 초반에는 고이즈미 준이치로(小泉純一郎)의 강력한 리더십 아래, 지방 조세 시스템을 바꾸는 삼위일체개혁이 잇따랐다.

분권개혁은 2000년대 지방경제정책 분야에 협동 프로그램이 도입되면서 두 번째 물결로 접어들었다. '정부로부터 사회로'의 변화를 목적으로 한 새로운 협동 프로그램은 새로운 지방 거버넌스 구축을 견인하는 힘이었다. 지방도시개발정책, 지방산업정책, 공공시설 관리 개혁과 같은 지방경제정책 분야에서 대기업과 지방공동체를 파트너로 하는 새로운 지방협동 프로그램이 도입되었다. 일본의 지방들은 새로운 협동 프로그램의 실행과 함께 그들만의 지방경제 거버넌스를 구축하고자 했다.

1. 제도적 변화: 분권개혁의 첫 번째 물결

현대 일본에서 중앙정부는 기관위임사무와 국가보조금, 세금 재분배 시스템을 통해 지자체를 통제해 왔다. 1980년대부터 현과 시정촌 지자체에 권한을 이양하는 것에 대한 논쟁이 계속되기는 했지만, 행정 시스템과 지방세제 시스템에서의 제도적 변화는 정치적 변화와 함께 실현되었다. 지방분권추진위원회(地方分権推進委員会)에서의 오랜 논의 끝에, 2000년 지방분권일괄법(地方分権一括法)의 입법화는 기관위임사무를 부분적으로 철폐했다. 또 2000년대 고이즈미 내각은 재정 감축과 분권화라는 목표를 이루기 위해 중앙정부에 대한 지방정부의 재정 의존구조를 삼위일체개혁(三位一体改革)을 통해 와해시키려 했다. 두 가지의 제도적 변화는 중앙정치인과 중앙관료, 지방지도자 간의 대결이 조정되면서 구체적인 개혁 계획이 되었다. 따라서 지방분권일괄법과 삼위일체개혁은 급격한 변환이라기보다는 점진적인 변화에 가까웠다.

1) 분권개혁의 정치적 배경

국가주도적(중앙집권적) 지방 행정 · 경제 정책에 대한 비판론은 일본이 거품경제 붕괴로부터 시작된 장기경제침체와 싸우던 1990년대 초반부터 활발해졌다. 모든 정책과정에서의 국가관료지배는 이러한 비판론의 주요 대상이 되었다. 미야모토 겐이치와 같은 일부 연구자들은 시대에 뒤떨어진 국가주도적 일본 시스템이야말로 중앙관료들이 지방 관청과 정책 전반을 통제할 수 있게 하는 핵심 경로이기 때문에, 분권이 이를 변화시키는 시초이자 가장 중요한 진전이 되어야 한다고 주장했다(宮本憲一 2005, 186-193). 게다가 전후 설득력을 가졌던 국가 기준은 경직성과 재정 낭비의 문제가 있는 것으로 평가받게 되었다. 지방 관청이 그 지역에 맞는 정책을 선택하고, 재정 관리의 책임까지 부여받는 분권화는 국가주도 시스템을 혁파하는 데 필수적인 개혁으로 주장되었다(北山俊哉 2006, 37-38).

일본 지도자들은 1980년대 이후 계속된 자문위원회의에서 중앙-지방의 행정 관계를 어떻게 재편성할지를 놓고 토론해 왔다. 제2차 임시행정조사회(第2次臨時行政調査会)[1]와 이어진 세 차례의 임시행정개혁추진심의회(臨時行政改革推進審議会)[2]에서 중앙-지방 관계에 대한 행정 개혁은 핵심 의제 중 하나였다. 모든 위원회는 일본의 국가주도적 중앙-지방 시스템을 극복하기 위한 시범 프로젝트(pilot project)를 제안했다. 네 차례에 걸쳐 열렸던 위원회 중 마지막으로 열린 제3차 임시행정개혁추진심의회는 1992년 자율적 지위와 특별보조금을 두는 특별조치를 통해 지방 정책 시행에서 좀 더 독립적이고 책임질 수 있는 시범 지방정부를 제안했다(西尾勝 1999, 53). 시범 지방정부에 대한 아이디어는 일반적으로 적용되기보다 특정 지역에서 분권개혁의 출발로 시도되었는데, 전면적 전환은 시간을 많이 소요한다는 이유 때문이었다.

국가 정치 분야에서 중앙-지방 관계의 행정개혁에 대한 자각이 증가한 1990년대 초반, 새로운 지방지도자들에게서 자율적인 지방시스템을 강하게 주장하는 목소리도 나타났다. 이 시기에 등장한 독립적인 새로운 지방지도자들은 1970년대 진보적인 전임자들과는 다른 대(對)정당관계를 구축했다. 그들은 또 중앙정부에 대해서도 관료 경력을 가진 지방지도자들과 달리 목소리를 높였다. 고치(高知)의 하시모토 다이지로(橋本大二郎), 도쿄의 아오시마 유키오(青島幸男), 미야기(宮城)의 아사노 시로(浅野史郎), 나가노(長野)의 다나카 야스오(田中康夫) 등 독립적인 지사들이 1990년대에 대거 선출되었다. 그들은 좀 더 자율적인 지방 정책 활동의 필요성에 대해 중앙 정치인과 관료들에게 목소리를 높였고, 매니페스토 운동(공약실천운동)처럼 신선한 정치적

1 제2차 임시행정조사회는 도코 도시오(土光敏夫)를 의장으로 1981년 출범하여 2년 동안 활동하였다. 나카소네 야스히로(中曽根康弘) 내각의 행정개혁에 대한 큰 그림을 제공하였다.

2 임시행정개혁추진심의회는 1983년부터 1993년까지 세 차례 구성되었다.

아이디어를 도입했다. 이렇게 독립적이면서도 개혁지향적인 지방지도자들은 지방정책의 시행에서 지방의 자율성을 높여 달라고 요구했다(浅野史郎·北川正恭·橋本大二郎 2002; 田中成之 2004).

제도적 변화에 대한 인식이 증가하는 상황에서, 중앙-지방 관계의 일반 행정 시스템을 이전하기 위한 시도는 중앙의 정치적 변화와 함께 실현되었다. 1993년 자민당의 장기 집권 체제가 붕괴되고 들어선 비자민당 연립내각[3]은 분권개혁의 첫 번째 물결에 새로운 힘을 불어넣었다. 1993년의 연립내각은 분권개혁의 아이디어를 적극적으로 채택했다. 자민당 장기 집권 체제의 붕괴가 분권개혁의 시작을 가져온 것이다.

연립내각의 총리였던 호소카와 모리히로(細川護熙)는 제3차 임시행정개혁추진심의회의 위원이었다. 1993년 10월 제3차 임시행정개혁추진심의회가 미래 행정개혁의 두 가지 기본원칙으로 분권화와 규제완화를 제안하자 호소카와와 그 연립내각은 그 가치를 적극적으로 받아들였다. 1994년 2월 각의에서 행정개혁의 미래에 관한 기본원칙을 결정하면서, 호소카와 내각은 중앙-지방 관계의 제도적 변화를 위한 토대를 제공했다. 그것은 지방 정책 실행에서 지자체에 좀 더 독립적인 법적 지위와 자율적인 공간을 부여하는 것이었다. 호소카와 집권 1년과 하타 쓰토무(羽田孜)의 집권 2개월을 이은 사회당과 자민당, 신당사키가케(新党さきがけ)의 이례적인 연립내각 또한 이 정책 방향을 승계했다(西尾勝 1999, 54-55). 무라야마 도미이치(村山富市) 내각은 1994년 12월 지방분권촉진에 관한 기본원칙을 승인했고, 이 원칙에 입각한 법안이 1995년 5월 의회를 통과했다. 1993년에서 1995년에 걸친 정치적 격변기에 분권개혁에 찬성하거나 반대하는 내용의 정책 차별성을 찾기란

3 공산당도 연립내각 구성에서 제외되었기 때문에 비자민비공산 연립내각이다.

쉽지 않았다. 거의 모든 정치 그룹들이 일본이 중앙-지방 시스템에서 변화해야 한다는 데 동의한 것이다.

분권개혁에 대한 광범위한 각성은 호소카와처럼 지방행정 경험이 있는 새로운 정치지도자들의 상징적 이미지를 심화시켰다. 호소카와는 지사직 경험이 있는 첫 번째 총리였다. 그는 1983년부터 1991년까지 구마모토(熊本)의 지사로 일했다. 호소카와 내각의 관방장관인 다케무라 마사요시(竹村正義)도 시가(滋賀) 현의 전 지사였다. 제도적 변화를 위한 특정 계획을 준비하는 기본원칙과 조직을 발전시키는 기초 단계에서, '지방'에 대한 그들의 이미지는 새로운 시대의 출현을 알리는 데 도움이 되었다. 하지만, (이들 외에도) 모든 정치적 그룹이 분권개혁의 필요성에 동의했다. (내각의) 결정이나 법안은 기본 아이디어만 담고 있었고 일본 지도자들 사이에는 이에 대한 광범위한 합의가 존재했는데, 이들은 일본의 국가주도적 중앙-지방 관계에 대한 문제점을 인식하고 있었다. 이 아이디어가 지방분권추진위원회하에서 구체적인 계획으로 나타났을 때 논쟁과 저항, 분쟁이 시작되었다.

2) 지방분권추진위원회

중앙-지방 시스템을 제도적으로 변화시키기 위한 특별위원회인 지방분권추진위원회는 1995년 7월 내각이 지방분권추진법(地方分權推進法)을 제정한 뒤 6년 기한으로 총리 관저 산하에 조직되었다. 지방분권추진위원회가 특정 제안을 만드는 과정에서 지자체의 자율성 증가 폭과 중앙관료의 영향력 감소 폭에 변동이 있었다.

지방분권추진위원회는 의장과 부의장을 포함해 7명으로 구성되었다. 무라야마 내각은 규제완화의 필요성을 강하게 주장하던 다이헤요(太平洋) 시멘트 회사의 컨설턴트 모로이 겐(諸井虔)을 의장으로, 민주사회당 자문을 지낸 정치학자 호리에 후카시(堀江湛) 교수를 부의장으로 지명했다. 지방분권추진위원회의 나머지 회원 5명은 후쿠오카(福岡) 전 시장 구와하라 게이치(桑原敬一), 가나가와(神奈川) 현의 전 지사인 나가스 가즈지(長洲一二), 국제기독대학의 니시오 마사루(西尾勝) 교수, 도쿄가정대학의 히구치 게이코(樋口恵子) 교수, 미야기 현의 전 지사 야마모토 소이치로(山本壮一郎) 등 교수거나 전직 지자체장이었다. 모든 회원은 정부개혁과 분권화를 지지하고 있었다(地方分権推進委員会 1996a). 지방분권추진위원회에는 지역개발과 삶의 질 개선을 위한 두 개의 부속 위원회와, 행정 문제, 국가보조금과 세입, 지방행정 시스템을 다루는 세 개의 워킹그룹이 있었다. 6년간 245차례의 회의를 열었는데, 그 가운데 여러 번에 걸쳐 중앙관료와 지방 공무원, 교수, 기업가 들이 참여하여 토론하는 시간을 가졌다(地方分権推進委員会 1996a). 지방분권추진위원회는 기관위임사무 제도와 지방재정 시스템을 포함한 전반적인 중앙-지방 시스템을 자세히 조사했다.

지방분권추진위원회는 처음부터 지방행정 단위의 재조직(미국의 주 제도의 도입)이나 지방행정권을 시민에게 이전하는 것 같은 과격한 변화를 시행하려고 하지는 않았다. 이 위원회는 중앙관료들과 지방 관청 사이의 관계를 재조정하는 정도로 제안을 제한했다(西尾勝 1999, 85-86).

지방분권추진위원회는 제안을 발전시키는 과정에서 중앙관료와 지방관료, 지방지도자를 비롯한 많은 전문가들과 협의했다. 위원회는 당초에는 중앙관료와 지방 관청 간의 관계에서 좀 더 강도 높은 변화를 제안하려고 했다. 위원회는 중간보고서에서 기관위임사무의 전면적 철폐와 지방 재정 자율성의 도입을 제안했다. 하지만 중앙관료들과의 계속된 토론 끝에, 결국에는 좀 더 점진적인 자세를 취하게 되었다. 위원회의 최종 제안에서는 지방 재정 시스템은 포함하지 않고, 중앙관료들에게 지방 관청에 영향력을 유지할 수 있는 여지를 주었다.

중앙관료들은 중앙-지방 시스템의 제도적 변화 과정에서 자신들의 영향력이 약화되는 것을 줄이기 위해 고심했다. 대장성은 지방 재정 시스템을 변화시키는 데 강하게 반발했고, 이에 따라 지방 재정 시스템은 지방분권추진위원회의 의제에서 누락되고 말았다. 이는 2000년대 초반 고이즈미 내각하의 삼위일체개혁에서 중요한 의제가 되었다.

게다가 다른 중앙관료들도 기관위임사무제도를 철폐하는 것을 자신들의 영향력이 약화되는 것으로 간주했다. 기관위임사무는 국가 관료의 하위 기관으로서 지방 관청이 행정을 펼치는 것을 포함했다. 이 시스템의 역사적 배경은 전통 촌락 단위의 지도자였던 촌장, 시장을 메이지 시대에 국가 행정 시스템으로 통합한 것이었다(北山俊哉 2006, 39). 미국 점령기 이전의 현 단위에서는 현의 지사가 중앙정부에 의해 관료로 임명되었기 때문에 기관위임사무가 존재하지 않았다. 현의 지사가 임명직에서 선출직으로 법적 지위가 바뀌었던 점령기 개혁은 기관위임사무제도가 확대되는 전환점이었다. 중앙관료들은 지방정부에 대한 통제권이 약화될까 우려했고, 지방 관청의 자치능력을 불신했다. 그들은 기관위임사무제도를 현 단위까지 확대했다(宮本憲一 2005, 115-126). 기관위임사무는 1990년대 후반의 제도 변화 전까지는 시 업무의 30~40%, 현 업무의 70~80%를 차지했다. 기관위임사무의 수는 1960년대와 1970년대 산업발전과 지역 계획에 대한 행정적 필요에 따라 크게 증가했다. 지방분권추진위원회가 업무를 시작한 1995년에는 561개에 이르렀다(青木栄一 2006, 125).

지방분권추진위원회는 기관위임사무제도의 가장 심각한 문제로 지방행정에 대한 공적 책임이 부족한 것을 지적했다(地方分権推進委員会 1996b). 지방의 최고지도자는 기관위임 사무에 대한 재량권이 없었고, 지방의회도 위임 사무 실행을 감독할 권한이 없었다. 중앙관료들이 모든 행정 분야에서 지방 관청을 통제할 수 있었다. 각 성(부서)이 지방 관청과의 협의 없이도 모든 지방에서 그 정책이 실행되는 것을 감독하고 통제할 수 있었을 때, 지방 공무원들이 관련 정책 섹터에서 중앙 관료들에게 거의 종속돼 있었다. 지방분권추진위원회는 이러한 지방행정의 종속이 그 지방의 특색에 맞는 자발적인 지방 정책의 시행을 방해한다고 지적했다. 기관위임사무제도는 경직된 국가 주도적 지방행정 시스템의 상징으로 간주되었다(青木栄一 2006, 122-123).

니시오 마사루는 기관위임사무제도의 전면적 폐지를 주장한 지방분권추진위원회의 원래 제안에 대해 중앙관료들이 저항한 것을 '공격적 설명'으로 간주했다(西尾勝 1999, 92-97). 중앙관료들은 그들이 자신들의 정책 영역에서 지방행정을 통제하는 것이 얼마나 중요한지 구성원들에게 설명하기 위해 돌진했다. 그들은 또 위원회 회원들을 압박하기 위해 족의원(농업성과 건설성의 경우)과 민간기업 영역(보건성의 경우)을 활용하기도 했다. 많은 중앙 부처들은 기관위임 사무의 폐지를 통해 지자체에 대한 그들의 권한이 이양되는 것을 그들과 자치성(후에 총무성) 간의 권력 다툼으로 간주했다(西尾勝 1999, 94). 자치성이 지방행정을 광범위하게 감독했기 때문에 다른 부처들은 각자의 특정 정책 영역에서 권한과 영향력을 잃은 뒤에도 자치성만은 지자체에 대한 영향력을 유지할 수 있을 것으로 생각했다. 게다가 중간보고서의 내용이 논의된 당시에 중앙관료들은 관련 중앙 부처들을 합병하는 것을 목표로 행정 개혁에 직면하고 있기도 했다.[4] 이에 따라 중앙 부처들은 그들의 정책

[4] 중앙성청 재편 개혁은 2001년 실행되었다. 이를 통해 1부 22성청이 1부 12성청으로 개편되었다.

주도권을 잃는 것에 대해 민감하게 받아들였다.

기관위임사무제도에 대한 지방분권추진위원회의 강력한 제안은 중앙 관료들과의 협의 과정에서 약화되었고, 결국 기관위임사무를 전면적으로 철폐하자는 제안에서 후퇴할 수밖에 없었다. 지방분권추진위원회는 대신에 기관위임사무의 축소를 제안했고, 이에 따라 최종 제안에서는 전면 폐지 대신 기관위임사무의 60%를 폐지하는 내용이 채택됐다.

지방분권추진위원회가 지방 조세제도를 건드리지도, 기관위임사무를 전면적으로 철폐하지도 못했기 때문에, 위원회는 최종 보고서에서 자신들의 활동이 끝나지 않았다고 표현했다(地方分権推進委員会 2001). 지방분권추진위원회의 온건한 제안은 후에 지방분권일괄법의 입법화로 실현됐다.

3) 지방분권일괄법

지방분권추진위원회의 제안과 함께, 내각은 1998년 5월 지방분권일괄법을 승인하고, 관련 법안의 개정을 포함한 법안을 준비했다. 이 법안은 내각에서 1999년 5월에 결정됐고, 같은 해 7월 의회에서 통과, 2000년 4월부터 발효되는 것으로 발표됐다.

지방분권일괄법의 가장 중요한 특징은 중앙정부와 지방 관청 간의 법적 관계를 기관위임사무의 재조정을 통해 재정리한 것이다. 지방분권일괄법에서는 기관위임사무가 지방행정 기능(지방자치 사무)과 법적 수탁 사무로 재조직됐다. 지방정부는 지방자치 사무에서 자율성을 가지고 있었던 동시에, 법적 수탁 사무는 중앙정부의 실행 기관 자격으로 시행했다. 따라서 기관위임사무가 지방자치 사무로 전환되는 것은 중앙정부로부터 지자체로 권력이 이양되는 것을 의미했다.

지방분권일괄법에 따라 기관위임사무 가운데 60%인 298개가 지방자치사무가 되었고, 40%인 263개는 법적 수탁 사무로 남아있었다. 지방자치 사무를 다루면서 지방정부는 그들만의 정책을 만들고 시행할 수 있었고, 지방의회는 이 범주 안에서 집행 방법을 심사할 수 있었다. 지방자치 사무는 도시계획, 토지 구획 정리, 병원과 약국 및 식당에 대한 허가권 발급 등을 광범위하게 관할했다. 법적 수탁 사무에는 복지제도나 국도 관리 같은 국가적 고려가 필요한 일들이 포함됐다. 중앙관료들은 법적 수탁 사무의 범주에서 지방관청에 대한 통제권을 유지했다. 법적 수탁 사무에서 중앙정부의 개입은 명령이라기보다는 자문이어야만 했지만, 이 범주 안에서 중앙정부의 권력은 실제 정책 집행에까지 영향을 미쳤다(北山俊哉 2006, 38-39).

하지만 지방분권일괄법의 입법화는 일본의 중앙-지방 시스템에서 중요한 진전이었다. 지방분권일괄법 이후 지자체는 기관위임사무의 절반에 가까운 정책 집행을 통제할 수 있었다. 중앙-지방 관계의 행정제도에서 제도 변화는 온건한 것이었지만, 이는 전후 중앙관료들이 전적으로 통제해 오던 많은 정책 영역에서 지방이 그들의 정책을 선택할 수 있는 여지를 제공했다. 제도 변화의 조건하에서, 2000년대 중앙관료들에 의해 도입된 새로운 지방협동계획은 지방에는 지시가 아닌 선택지로 주어졌다.

4) 삼위일체개혁

지방분권추진위원회가 대장성(후에 재무성)의 반대 때문에 제안에 넣지 못했던 지방재정 시스템 개혁은 2000년대 초반 고이즈미가 총리에 취임하면서 추진되기 시작했다. 지방재정 시스템에서 세원 이양, 지방교부세와 국가보조금의 개혁으로 구성되는 삼위일체개혁은 지방분권일괄법 이후 분권화를 위한 제도변화의 두 번째 단계로 간주되었다. 삼위일체개혁은 2001년 이후 논의돼 온 재정 삭감과 재정 분권이라는 두 가지 목표를 겨냥한 것이었다. 이 개혁은 고이즈미 내각의 강력한 정치적 주도 아래, 2004년에 구체적인 모습이 결정됐고, 2006년까지 실행되었다. 그리고 2007년 그 첫 번째 단계가 완성되었다.

재정 삭감에 중점을 둔 지방재정 시스템 개혁에 대한 논의가 2001년에 시작되었지만, 이 논의는 2002년에 들어서 재정 삭감과 재정 분권 사이의 균형 잡힌 계획으로 변모한다. 경제재정자문회의(経済財政諮問会議)는 삼위일체개혁을 논의하는 핵심기구였다. 자문회의는 일차적으로 막대한 재정 적자 문제에 대한 해결책으로 지방재정 시스템 개혁에 접근했다. 2001년 '경제재정운영과 구조개혁에 관한 기본방침[経済財政運営と構造改革に関する基本方針, 약칭 골대의 방침(骨太の方針)으로 불림]'에서 경제재정자문회의의 기본 방향은 지방 재정 지출의 삭감과 재정 상태 재조정에 지급되는 국가보조금을 삭감하는 것이었다(Doi 2004, 6-7). 재무성은 경제재정자문회의가 지방 재정 지출과 국가보조금을 삭감하는 데 핵심적인 역할을 담당했다.

재정 건전성을 위한 재정 삭감은 1990년대 이후 일본 지도자들에게 큰 관심사였다. 일본의 재정 적자는 1970년대 이후 계속 증가해 2001년에는 GDP의 136%에 다다랐다.[5] 이는 당시 다른 OECD 회원국 평균이 GDP 대비 40%였던 것과 비교하면 악명이 높은 것이었다(出井信夫 2008, 332-333). 대규모 재정 적자는 장기경기침체에서 벗어나기 위한 공공투자에서 비롯되었다. 경기를 활성화하기 위해 공공사업에 국가보조금을 적극적으로 투입함으로써 대규모 재정 적자에 직면한 것이다. 재정 삭감 계획은 2000년대에 새

5 일본의 국가부채는 이후 지속적으로 증가하여 2015년 기준 GDP 대비 230%가 되었다.

로운 것이 아니었다. 1990년대 후반, 하시모토 류타로(橋本竜太郎) 내각은 재정 구조개혁을 주도했지만 실패했다. 고이즈미 내각이 2001년 구성돼 구조개혁을 강력하게 추진하자 재정 삭감 방안이 핵심 의제로 재등장했다. 이런 상황에서 삼위일체개혁의 첫 번째 강조점은 재정 삭감이었다.

하지만 재정 분권과 재정 삭감의 결합으로서 삼위일체개혁은 2002년 6월에 결정된 2002년 기본방침(골대의 방침)의 개혁 의제로 등장했다(経済財政諮問会議 2001). 총무성은 2001년 초 지방분권추진위원회를 계승한 지방분권개혁추진회의(地方分権改革推進会議)에서 논의됐던 재정 분권 논의를 이끌었다. 하지만 지방분권개혁추진회의는 재정 분권화에 대한 간명한 계획을 제공하지 못했고, 재정 삭감에 중점을 더 두고 있던 재무성에 정책의 주도권을 빼앗겼다. 대신 총무성은 소위 가타야마 계획과 함께 지방 세금 개혁을 위해 경제재정자문회의에서 논의한 재정 분권을 주요 정책 방침으로 선택했다. 총무성의 장관이었던 가타야마 도라노스케(片山虎之助)는 2002년 5월 경제재정자문회의에서 지방교부세를 지방으로 이전하고, 국가보조금을 삭감하는 것을 결합한 방안을 제시했다.

재무성과 다른 부처의 중앙관료들은 가타야마 계획에 반대했다. 재무성은 세금을 지방으로 이전할 만한 재정 여력이 충분치 않다고 주장하면서 지방교부세 이전에 반대했다. 재무성은 중앙정부와 모든 지자체의 지출에 대한 통제권을 잃기를 바라지 않았다. 프로젝트 특화 기반에 부여된 국가보조금과 연계돼 있던 많은 부처들도 그들의 정책 분야에서 권한을 잃기를 바라지 않았다. 하지만 총무성의 가타야마 안은 2002년 골대의 방침에 반영되었다. 고이즈미의 리더십은 이 계획을 실행하는 데 중심역할을 했다. 경제재정자문회의에서 고이즈미의 정치적 선택은 재정 분권과 재정 삭감의 결합인 삼위일체개혁의 경로를 만들어 냈다.[6]

삼위일체개혁이 2002년 기본방침에서 언급됐지만, 재무성과 다른 부처들은 이 계획이 2003년도에 반영되는 것에 여전히 부정적인 입장이었다. 대신, 2003년 삼위일체개혁이 진전되는 데 큰 역할을 한 것은 지방들이었다. 지방지도자들과 의회로 구성된 지방6단체[7]는 2003년 5월 지방교부세의 이전을 요구하는 공동 결의안을 제출하면서 중앙정부에 압력을 가했다(出井信夫 2008, 93). 중앙정부와의 논의 과정에서, 지방지도자들은 재정 자율성을 좀 더 확보하는 대가로 지방에 올 예정이었던 재원을 일부 삭감하는 것을 수용하는 데 동의했다. 고이즈미 내각은 2003년 기본방침에서 지방의 요구를 수용했는데, 2004년부터 2006년까지 4조 엔에 해당하는 세금을 지방으로 이전할 것을 명시했다. 이는 삭감된 국가보조금과 같은 액수였다. 하지만 2004 회계연도에는 세금 이양 규모가 삭감된 국가보조금과 맞아떨어지지 않았고, 지방의 불만도 커져 갔다(川瀬光義 2007, 12-20). 총무성은 아소 플랜[8]을 제안하며 재무성과 다른 부처에 대응했는데, 아소 플랜은 국가보조금 삭감 이전에 먼저 세금을 이양한다는 내용과 세금 이양에 대한 좀 더 구체적인 방법론을 담고 있었다. 재무성은 이 계획에 거세게 반대했지만 고이즈미는 또다시 총무성의 계획을 수용했다.

삼위일체개혁은 2004에서 2006 회계연도까지 4.7조 엔에 달하는 국가보조금 삭감과 3조 엔에 달하는 세금 이양을 만들어 냈다. 삭감된 국가보조

---

6 경제재정자문회의에서 고이즈미의 영향력은 경제재정자문회의의 운영을 담당했던 경제재정정책담당대신을 2001년부터 2005년까지 다케나카 헤이조(竹中平蔵)가 담당하면서 확보될 수 있었다.

7 지방6단체는 전국지사회, 전국시장회, 전국정촌회, 전국도도부현의회의장회, 전국시의회의장회, 전국정촌의회의장회를 일컫는다.

8 총무성의 지방세개혁안을 의미하며, 명칭은 2003년에서 2005년까지 총무대신을 맡았던 아소 다로(麻生太郎)의 이름에서 따왔다.

금 4.7조 엔 중에 3조 엔은 세금 이양과 연계돼 있었고, 7천억 엔은 세금 재배치로 재분류되었다. 또 1조 엔은 완전히 삭감되었다. 국가보조금 삭감을 둘러싸고 중앙정부와 지방정부는 몇 차례 충돌했다. 중앙부처는 그들의 정책 분야에서 국가보조금이 삭감되는 것을 원치 않았기에 이에 강하게 반대했다. 그 한 예로 문부성은 의무교육을 위한 국가보조금이 지방정부의 예산으로 이전되는 것을 막으려 했고, 후생성은 복지예산에 대한 통제권을 유지하기 위해 노력했다. 국가보조금 중에서 공공투자와 관련된 삭감이 제일 컸다. 교육과 복지부분에서 국가보조금의 감소는 대부분 지방으로의 세금 이전과 연계되었던 반면, 공공투자에 투입되는 국가보조금 중 60%는 아예 폐지되었다. 3년 동안 공공투자에 투입되는 국가보조금 중 1.7조 엔이 삭감되었다. 반면에 3년 동안 3조 엔의 지방교부세가 이전됐지만, 이는 지방세원의 증가분에서 아주 작은 부분을 차지했다. 3년 동안 지방세의 비중은 41%에서(국세 59%) 44%(국세 56%)로 증가했을 뿐이었다(出井信夫 2008, 130).

삼위일체개혁은 지방 예산 자체, 특히 공공투자 예산의 근본적인 축소에 심대한 영향을 끼쳤고, 이는 재정 자율성이 증가된 이후 지방들의 재정 환경을 차별화했다(林宜嗣 2006, 262-266). 공공투자에 대한 국가보조금의 삭감은 공공사업에 유착된 건설 산업에 의존하고 있는 보호지역에 어려움을 초래했다. 게다가 지방세원의 증가는 재정이 풍부한 지방과 그렇지 않은 지방 간에 격차를 만들어 냈다. 중앙정부의 세금 재배치 없이 예산 관리가 가능한 지방은 2004년 4.3%에서 2006년 9.3%로 증가했다. 2006년에는 두 개의 현과 169개의 시정촌이 중앙정부의 세금 재배치로부터 독립했다. 이는 삼위일체 개혁 이후 지방 재정 상황에서 격차가 발생했음을 의미한다.

분권화의 첫 번째 물결로서 권한이양의 제도적 변화는 지방이 중앙정부의 지시와 재정 지원에 의존했던 기존 지방 시스템을 붕괴시켰다. 그리고

이 지방 시스템은 지방분권일괄법과 삼위일체개혁으로 재조정되었다. 이런 상황에서 민간영역을 지방정책 과정에 유인하는 새로운 협동 프로그램이 지시가 아닌 선택지로 도입되었다.

2. 새로운 지방경제성장 전략으로서의 협동 프로그램: 분권개혁의 두 번째 물결

2000년대에 들어 민관협동 아래 지방경제정책 분야에 새로운 프로그램이 도입되었다. 민관협동은 분권개혁의 두 번째 물결에 핵심원칙을 구성한다. 두 번째 물결에서 분권화는 정부 시스템 안에서 중앙에서 지방으로의 권한이양만 지칭하는 것이 아니라, 정책 결정 과정에서 권한 및 자원을 민간영역과 함께 공유하는 것까지를 포함한다. 즉, '정부에서 사회로'를 의미한다. 일본 지방정책에서 새로운 협동 프로그램은 지방경제정책에서 세 가지 영역 즉, 지방도시개발정책, 지방산업정책, 공공시설 관리 개혁에서 두드러졌다.

일본 지도자들 사이에는 지방정책과정에서 민관협동의 필요성에 대한 광범위한 합의가 존재했지만, 각 정책 영역에서 새로운 협동 프로그램은 그 핵심 파트너를 대기업으로 하는지, 지방공동체로 하는지에 따라 나뉘었다. 도시재생 프로젝트, 구조개혁특구, PFI는 대기업이 핵심 파트너의 역할을 공고히 하고 있던 프로그램이었다. 반면에 지방기업과 시민사회 등이 포함된 지방공동체의 역할은 중심시가지활성화계획, 산업클러스터 계획, 지정관리자제도 등에서 더 중요했다. 지방경제정책 분야에서 일본 정부는 시장 모델과 공동체 모델에 입각해 다양한 협동 프로그램 유형의 결합을 도입했다. 그리고 새로운 협동 프로그램의 다양한 유형들은 지방들에 선택지로 주어졌다.

1) 지방도시개발정책

고이즈미 내각의 정치지도자들과 건설성 관료들, 그리고 그 뒤를 이은 국토교통성 관료들은 지방도시개발정책에서 지방협동 프로그램의 도입을 이끌었다. 고이즈미 내각이 맹렬하게 도시재생 프로젝트를 밀어붙이는 동안, 국토교통성은 중심시가지활성화계획의 밑그림을 제공했다. 전후의 건설성과 그 후신인 국토교통성은 국가 국토 계획의 밑그림에 기반을 두고 지방의 시가지 계획을 통제했다(本間義人 1996). 현대 일본에서 지방의 도시개발사업은 산업발전이나 보상적 분배를 강화하기 위한 전국 규모의 토지개발사업의 하위정책으로 작동했다. 하지만 2000년대에 들어 지방의 도시개발을 위한 새로운 전략이 나타났다.

2000년대에 나타난 지방도시개발을 위한 새로운 전략은 두 가지 지향점이 있었다. 고이즈미 내각은 도시개발사업에서 민간투자를 증진시키기 위한 새로운 프로그램과 함께 지방의 도시재개발을 촉진하기 위해 지방공동체를 동원할 수 있는 프로그램도 제안했다. 2002년 도시재생특별조치법을 통해 고이즈미 내각은 민간 부동산 개발업자들에 대한 몇 가지 규제를 철폐하려 했고, 민간투자를 통한 도시개발의 속도를 높이기 위해 몇몇 도시들을 도시재생특구로 지정했다. 반면에 2000년대 국토교통성은 지방공동체의 마치즈쿠리[9] 전통을 활용한 중심시가지활성화계획을 고안했다.

---

[9] 마치즈쿠리는 마을(まち)과 만들기(づくり)의 조어로, 지역공동체의 자체적인 지역진흥 활동을 일컫는 개념에서 사용되기 시작해, 지역개발에 대한 폭넓은 의미로도 사용되고 있다(白石克孝·富野暉一郎·広原盛明 2002, 24-28).

도시재생 프로젝트

2001년 이후 고이즈미 내각은 시가지 계획에 민간투자를 유치하는 데 한층 적극적이었다. 도시재생 프로젝트는 2002년 도시재생특구법과 함께 도입되었다. 지방도시개발정책 영역에서 1960년대 이후 토지의 이용은 토지구획제도에 의해 엄격한 규제를 받고 있었다. 토지구획제도하에서 규제구역은 거의 모든 시가지에 걸쳐 있었다. 하지만 이 제도는 2000년 도시계획법이 개정되면서 폐지되었다(福田敦 · 毒島竜一 · 小川雅人 2008, 206-207). 이러한 변화로 말미암아 시가지에서 민간 (재)개발 프로젝트가 더 쉽게 시행될 수 있었다.

이런 추세에 따라 고이즈미 내각은 민간의 도시 (재)개발 프로젝트를 촉진하기 위해 도시재생 프로젝트를 도입했다. 고이즈미 내각은 민간의 도시재개발사업을 경제적 활력을 높일 수 있는 효율적인 방법으로 인식했다. 구조개혁을 위한 도심계획에서 규제완화를 중시했던 고이즈미 내각은 총리대신 산하에 도시재생본부를 두고 도시재생 프로젝트를 입법화함으로써 지방의 도시개발시스템을 좀 더 시장친화적으로 바꾸기 위해 노력했다(五十嵐敬喜 · 小川明雄 2003, 136-137).

도시재생 프로젝트의 핵심은 특정 도시개발에 투자하는 민간기업에 인센티브를 제공하는 것이었다. 이 계획은 지방정부가 민간업체의 개발 프로젝트를 허가하는 데 소요되는 시간을 6개월로 단축하고, 토지 이용에 대한 기존 규제를 철폐할 것을 요구했다. 이 계획 전에는 민간업체에 의한 도시개발을 허가하는 데 소요되는 시간이 평균 32개월에 달했고, 많은 경우 민간업체가 주도한 새로운 프로젝트는 토지개발규제 때문에 난항을 겪곤 했다. 새로운 계획이 실시된 후 2007년까지 65개의 새로운 개발 프로젝트가 성사됐고, 이 가운데 대부분은 대도시권의 상업구역 재개발 사업이었다. 일본 정부는 민간업체의 투자가 1조 2천억 엔을 웃돌 것으로 계산했다.

마치즈쿠리 전통과 시가지 개발의 도시 계획

지방공동체의 참여를 수반한 지방도시개발 사업에서 가장 눈에 띄는 계획은 마치즈쿠리 전통에서 출발했다. 마치즈쿠리는 교육, 복지, 환경 등 모든 영역에서 거주 환경을 향상시키기 위한 자발적인 공동체 활동이었다(白石克孝 · 富野暉一郎 · 広原盛明 2002, 24-28). 마치즈쿠리는 1950년대에 시작된 거주민 참여 운동에서 발전했는데, 종종 진보적인 지방 정치 사조 안에서 실시됐다(Evans 2002, 447-449). 마치즈쿠리는 국가가 주도하는(중앙집권적) 관료적 도시화와 지방 발전에 대한 저항을 의미했다. 하지만 마치즈쿠리는 2000년 이후 중심시가지활성화계획에 광범위하게 원용되었고 정치인과 관료, 연구자들 사이에서 인기 있는 개념이 되었다. 일본 지도자들은 마치즈쿠리라는 이름하에 지방공동체의 역할을 강조했다. 촌락 재생에서 일반적으로 거론됐던 마치즈쿠리는 사회 주도적 재개발 사업과 연관된 단어가 되었다(野口和雄 2002, 8-13).

1990년대 후반, 건설성의 관료들은 마치즈쿠리 전통에 기반한 중심시가지개발 도시계획을 도입했다. 중심시가지개발 도시계획은 1990년대 후반 하시모토 내각하에서 입안되고 입법화되었다. 이 계획의 목표는 변두리 지역 개발 때문에 경제적 침체를 경험한 중심시가지 지역의 상업적 · 주거적 부흥을 꾀하는 것이었다. 중앙관료들은 이 계획을 위한 기본 방침을 제공했고, 지자체는 그것을 지역에서 시작할 권한을 부여받았다. 이 계획이 모든 지역에서 의무적으로 시행되어야 하는 것은 아니었지만, 거의 모든 지방에서 중앙정부로부터 나오는 국가보조금을 받기 위해 계획을 시행했다. 이 계획은 대점입지법[10]과 개정된 도시계획법과 함께 세 개의 마치즈쿠리 법 가운데 하나

---

10 대점입지법의 공식 명칭은 대규모소매점포입지법(大規模小売店舗立地法)으로 1973년

로 언급되었다. 중심시가지개발 도시계획은 지방도시개발정책에서 민간업체에 의한 도시개발을 촉진하려는 시장개혁의 균형을 맞추기 위한 도구였다.

중심시가지개발 도시계획이 중앙관료들의 가이드라인과 국가보조금하에 있는 지방정부에 의해 시행되기는 했지만, 지방공동체도 이 계획이 현실화되는 데 중요한 역할을 담당할 것을 요구받았다(白石克孝 · 富野暉一郎 · 広原盛明 2002, 77-83). 이 계획하에서 시가지 관리는 지방공동체 멤버로 구성된 소위 '마치즈쿠리 조직'에 의해 주도되어야 했다. 지방정부는 중심시가지개발 도시계획에서 주민 집단이 참여해 줄 것을 촉구했다. 많은 사례에서 중심시가지개발 도시계획은 구시가지의 상업지역 재개발 계획이었고, 지역상업공동체의 참여는 이 계획의 성공을 위한 가장 중요한 요소로 간주되었다.

2) 지방산업정책

지방산업정책에서 새로운 협동 프로그램은 민간투자를 촉진하거나 지방 비즈니스 네트워크를 진흥시키는 프로그램의 두 가지로 나뉘어 있다. 국가정치지도자들이 민간투자를 강화할 수 있는 프로그램을 위한 가이드라인을 제공하고, 지자체가 외부의 민간기업을 유치하기 위해 엄청난 노력을 기울이는 동안, 경제산업성은 내발적 비즈니스 네트워크를 진흥시키는 프로그램을 도입한 핵심 행위자였다.

지방산업정책은 거품경제의 붕괴로 인한 경제침체기에 중요성이 확대되었다. 여기에 '공동화(hollowing-out)' 효과가 실업률 증가와 노동인구 감소를 야기했다. 1992년 1,569만 명으로 정점을 찍은 일본 제조업 노동자 수는 2003

에 제정된 대규모소매점포법(大規模小売店舗法, 약칭 대점법)의 대체법률로 2000년에 제정되었다.

년에 1,222만 명으로 감소했다. 노동인구의 고령화를 포함한 여러 가지 요인이 노동자 수 감소에 영향을 미쳤다. 하지만 해외로의 공장 이전이 가장 큰 원인이었다. 사실상 이로 인하여 감소한 노동자 수만 117만 명에 달했던 것이다(Ito 2004, 1). 제조업 분야는 경제 성장과 고용상황을 결정짓는 주요한 변수이기 때문에 많은 일본 지방들은 1990년대에 경제적 고난을 경험했다. 이에 따라 산업과 고용 증진을 위한 지방 특화 조치를 고려하라는 목소리가 높아졌다(Giguère and Higuchi 2005, 1-6). 이에 중앙정부는 새 프로그램을 이용해 지방을 지원하기 위해 노력했다.

경제산업성은 2001년 지방 비즈니스 네트워크와 지방 내에서 협력을 증진시키는 프로그램을 포함한 산업클러스터 계획을 도입했다. 이는 고도성장기에 통상산업성이 추진한 산업정책의 지방화된 버전이었다. 이는 업계와 정부부처와의 협력을 강조한 통상산업성의 산업정책과 유사했다. 이 때문에 지방화된 산업협력제도라고도 일컬어졌다.

다른 한편으로는 1990년대 이후 많은 지자체가 외부로부터 생산시설 투자를 유치하기 위해 노력했다. 고이즈미 내각은 산업입지규제법의 철폐와 구조개혁특구의 입법화를 통해 민간투자를 촉진하기 위한 체계적인 프로그램을 제공했다. 이에 따라 지방의 생산 시스템을 향상시키기 위한 새로운 프로그램은 비토착적인 대기업 집단을 위한 것과 토착적 지방업계 집단을 위한 것으로 양분되었다.

이러한 경향은 기존의 지방 산업 메커니즘에 얼마나 기반을 두느냐와 지방 생산 시스템과 어떻게 연계를 맺고 있느냐에 따라 달라진다. 민간투자를 강화하려는 프로그램은 외생적인 대기업의 유치를 통해 지방경제의 부흥을 향상시키려는 목표를 가지고 있었던 반면, 지방 비즈니스 네트워크를 강화하려 했던 프로그램은 지방 산업 내부에서의 협력을 통해 전반적인 지방경제를 활성화시키는 것이 목표였다(伊藤正昭 2000, 203-232; 南保勝 2008, 138).

산업클러스터 계획

경제산업성은 지방 비즈니스 네트워크를 통한 산업 혁신을 강화하려는 목적으로 2001년 산업클러스터 계획을 시작했다. 이에 따라 2009년 19개의 클러스터 지역이 지정됐다. 경제산업성 지역분소의 지도에 따라 제조업체, 대학 연구자들, 지방정부 사이에 인적 네트워크가 확립됐다. 이 네트워크는 지방 고유의 산업 특징을 고려해 기술 발전을 지원하고, 지역 안에서 기업가 정신을 강화하는 데 이바지했다. 경제산업성은 새로운 기업의 창업과 비즈니스와 연구개발기관 간의 의사소통을 위해 국가보조금을 지급했다(西川太一郎 2008, 106-107).

산업클러스터 계획의 목적은 규제를 통한 기존 산업 보호에 있지 않았다. 경제산업성과 지방정부는 해당 지역에서 기존 산업 간의 네트워크가 새로운 기회를 창출해낼 수 있기를 바랐다. 경제산업성은 2007년 기준 산업클러스터 내에 9,800개의 회사와 290개의 대학 혹은 연구기관이 2005년부터 2007년까지 성립된 3만 4,000개의 프로젝트에 참여하고 있다고 발표했다(西川太一郎 2008, 107). 여기에 2008년부터는 지방생산시스템에 연구기관의 참여를 확대하기 위해 지방혁신협동창출프로그램이 시작되었다.

구조개혁특구와 기업입지촉진법

2002년 고이즈미 내각은 구조개혁특구를 도입했다. 전후 산업 입지를 제한하는 몇 개의 보호조치와 규제가 있었지만, 국가적 차원에서 규제를 전면적으로 철폐하기 위해서는 기존 이해관계자들과 협력하는 데 시간이 필요했다. 구조개혁특구는 2002년 몇몇 지역에서 규제완화를 위해 시범적으로 실시되었고, 이후 경제를 활성화하기 위해 전국적으로 확대되어 실시되었다. 2009년까지 승인된 프로그램은 1,082개에 달했다. 이 프로그램에 따라 지방정부는 지역 내 특구를 위한 특별조치를 자발적으로 시행했다(西尾勝 2007, 14-21).

2007년 경제산업성이 주도한 기업입지촉진법은 민간기업이 대도시권을 포함한 전체 지역에 더욱 쉽게 공장을 설립할 수 있도록 체계적으로 독려하는 것이었다. 이 계획의 목적은 공동화현상에 대응하고 일본의 제조업을 다시 일본으로 유치하기 위함이었다. 기업입지촉진법에 근거해 설립된 산업입지지원센터는 외생적인 민간 제조업을 유치하기 위해 지방의 자발적인 전략 수립을 지원했다.

3) 공공시설관리정책

1990년대 후반부터 중앙관료들은 공공시설 관리를 위해 몇 개의 새로운 프로그램을 도입했다. 국가주도적 시스템에서는 지자체가 기반시설, 복지, 교육, 휴식 등의 분야에서 많은 수의 지방 공공시설을 직접 관리했다. 하지만 1990년대 후반부터는 중앙관료들이 민간기업과 지방사회의 공동체 그룹들을 공공시설 관리 영역으로 유도했다.

공공시설 관리 개혁에 관한 새로운 계획의 도입은 신공공관리(NPM) 구상과 밀접하게 연관돼 있었기 때문에, 공공시설 관리 개혁을 위한 프로그램은 거의 관리 거버넌스의 수단으로 구분된다. 막대한 정부 지출을 초래하고 비효율적이었던 공공서비스에 대한 반작용으로 1970년대 후반 영국에서 등장한 신공공관리 이론은 수많은 앵글로색슨 국가에서 이상적 개혁 담론의 중요한 주제가 되었다. 신공공관리론에 따른 공공행정개혁은 공공성이라는 핵심 원칙을 효율성으로 변화시키려 했고, 주요 실행 주체도 정부나 지자체에서 민간 행위자로 변화시키려 했다(Pierre 1999, 377-380). 일본에서는 공공시설 관리 개혁이 중앙 · 지방정부의 재정적 부담을 덜기 위해 실행됐다. 1980년대 제2차 임시행정조사회 이래 국가지도자들은 공공시설 관리 개혁에 대해 토론해 왔다(出井信夫 2008, 4-7).

하지만 일본의 중앙관료들과 지방지도자들은 공공시설 관리를 위한 새로운 프로그램을 공공시설에 대한 효율적 관리뿐만 아니라 지방경제성장을 촉진하기 위해 도입하고 또 수용했다. 일본 지도자들은 PFI를 통해 경제에 활력을 불어넣기 위해 민간투자를 촉진하는 한편, 공공시설 관리에서 지방사회의 참여를 늘리기 위해서는 지정관리자제도가 도움이 될 것으로 믿었다. 따라서 PFI는 시장 모델에 적합한 수단이었고, 지정관리자제도는 공동체 모델에 적합한 수단이었다.

총무성의 중앙관료들이 지정관리자제도의 도입을 주도한 반면, 통상산업성과 건설성 등 다른 부처의 관료들은 PFI를 도입하는 데 관여했으며, 여기에는 경제 부흥 효과에 대한 국가정치지도자들의 정치적 고려 역시 존재했다.

PFI

PFI(Private Financial Initiative)는 1999년 PFI활성화법과 함께 도입되었다. PFI는 공공시설과 사회기반시설을 구축하고 관리하는 데 민간기업의 투자를 촉진시키려는 의도가 있었다. 이는 1980년대 민활(民活) 정책과 유사했는데, 두 프로그램 모두 막대한 예산이 소요되는 공공시설과 사회기반시설 구축에 민간투자를 유치하려는 프로그램이었기 때문이다. 민활 정책하에서 1980년대 후반 대규모 사회기반시설 구축에 막대한 민간투자가 유치되었다. 당시 중앙정부는 지방정부에 복지와 위락시설을 많이 건설할 것을 장려

했기 때문에, 민활 정책은 이런 공공시설에 보조금을 제공하는 역할을 담당했다(民活プロジェクト研究会 1987). 하지만 공공시설을 관리하기 위해 설립된 제3섹터는 일본 지방에 중요한 문제점을 야기했는데, 거품경제가 꺼진 직후 공공시설들이 지자체가 감당해야 할 막대한 적자를 만들어 낸 반면, 적절한 수요를 창출하지는 못했기 때문이다(林宜嗣 2006, 200-210).

하지만 장기간에 걸친 경기침체에도 공공시설에 대한 민간투자는 중앙정부나 민간기업, 지자체에게 여전히 매력적인 사업이었다. 정치지도자들과 중앙관료들은 공공시설 관리에 투입되는 민간투자가 경제를 활성화시키고 재정 부담을 줄여 줄 것이라고 주장했다. 민간기업들에게는 공공시설에 대한 투자가 새로운 사업 기회였다. 게다가 중앙정부로부터 국가보조금이 축소되는 상황에서, 몇몇 지자체들 역시 공공시설에 민간투자를 유치하는 데 호의적이었다. 이런 이유로 공공시설에 민간투자를 촉진하는 PFI는 2000년대에 들어 인기 있는 정책이 되었다. PFI에 따라 추진되는 프로젝트의 수도 점점 늘어났는데, 특히 지자체의 공공시설 구축이 많았다. 공항이나 도로, 대형 스포츠시설 등 대규모 사회기반시설 프로젝트에 민간투자를 투입하려 했던 민활 정책과는 달리, PFI에 따른 민간투자는 교육, 문화, 복지 관련 시설에 집중되는 경향이 있었다(林宜嗣 2006, 216-222). PFI는 본질적으로 대기업을 위한 협동 프로그램이었다. 지정관리자제도와는 달리, 시민단체는 PFI 참여가 허용되지 않았다. PFI에 따른 민관협동은 공공영역과 대기업 간에서만 일어났다.

지정관리자제도

지정관리자제도는 공공시설 관리를 사회 영역에 이관하기 위한 일종의 제도개혁이었다. 지정관리자제도는 2003년 지방자치법 개정과 행정개혁촉진법과 함께 도입되었다. 이 제도에 따라 지자체는 2006년 9월까지 공공기관과 준공공기관이 수행하던 시설관리를 민간기업이나 시민단체, 혹은 외곽단체[11] 등의 지정관리자에게 이관해야만 했다. 이런 지정관리자제도는 2005년부터 전국적으로 시행됐다(出井信夫 2008, 64-65).

이 계획하에서 지정관리자는 지자체의 허가가 아닌 자체적 판단에 따라 이용자에게 부과하는 사용료의 수준을 결정할 수 있었고, 지자체의 엄격한 규제로부터 자유로웠다. 가장 중요한 점은 시민 결사체가 공공시설을 관리할 수 있게 된 것이다. 지정관리자제도하에서 새롭게 지정관리자로 인정받은 단체들은 공공시설을 새로 건설할 필요 없이 관리권한만 넘겨받았기 때문에, 별다른 재원이 없는 시민단체도 프로그램에 참여할 수가 있었다. 게다가 총무성 관료들은 지정관리자제도하에서 시민단체의 참여를 유도했다(柏木宏 2007, 175-186). 그들은 공공시설 관리를 위한 새로운 프로그램에 전통적 공동체 조직뿐만 아니라 1990년대 지방에서 꽃피운 비정치기구(NPOs)들을 유인하려고 했다. 총무성은 지정관리자제도를 통해 공공 서비스 제공에 시민이 직접 참여하는 시스템을 만들고자 했다. 지정관리자제도는 시민이 정책 결정과 실행에 수동적 소비자가 아닌 핵심 행위자로서 광범위하게 참여할 수 있게 하는 수단이었다(中川幾郎 · 松本茂章 2007, 234-236).

3. 민관협동 프로그램 효과성의 지역적 분화

2000년대에 들어, 중앙관료와 정치인들이 지방경제정책 분야에서 새로

---

11 관공서의 출자나 보조금을 받아 공적 서비스 제공을 수행하기 위해 수립된 공적 법인을 포괄적으로 지칭하는 일본식 표현이다.

운 협동 프로그램을 도입할 때 파트너로 대기업을 선택하는지, 지방공동체를 선택하는지에 따라 눈에 띄는 패턴이 나타났다. 도시재생 프로젝트, 구조개혁특구, PFI는 민간기업의 투자를 늘리는 데 치중했다. 이런 프로그램들은 시장 모델의 수단으로 범주화할 수 있다. 반면에 중심시가지활성화계획, 산업클러스터 계획, 지정관리자제도는 지방 상공업 그룹이나 시민단체 등 지방공동체의 참여를 강화하는 프로그램이었다. 지방공동체의 참여를 증진시키고자 했던 이 프로그램들은 내재적인 지방 네트워크를 강화하려는 목적을 가지고 있었다는 점에서 공동체 모델의 수단이다.

이에 따라 시장 모델과 공동체 모델은 지방에서 새로운 협동 프로그램을 도입할 때 선택지로 주어졌다. 지방이 선택을 내릴 때 시장 모델과 공동체 모델이 양립할 수 없는 것은 아니었지만, 지방은 각자의 특성에 따라 지배적인 경로를 택했다. 가장 특징적인 경향은 특히 지방도시개발과 산업정책의 분야에서 대도시권과 지방도시권에서 지역적 편차가 나타나는 것이었다.

지방도시개발정책에서는 대도시권과 지방도시권 간에 선택의 편차가 극명하게 나타났다. 도시재생긴급정비지역 65개 중에 도쿄나 오사카, 나고야 같은 대도시권이 46곳이다. 반면 중심시가지활성화계획 83개 지역 가운데 10개만이 위의 세 대도시권에 위치하고 있다. 나머지는 대부분 대도시가 아닌 중간규모 지방도시들에 위치해 있다. 도시재생계획과 중심시가지활성화계획의 지역적 편차는 세 가지 지방경제정책 분야 중에서 가장 뚜렷하게 드러났다.

모든 지방에서 지방산업정책은 지역의 자생적인 비즈니스 네트워크를 강화함과 아울러 외부의 민간투자를 유치하려는 목적이 있었다. 자생적 비즈니스 네트워크 강화를 위한 산업클러스터 계획과, 외부 비즈니스 네트워크 강화를 위한 구조개혁특구와 산업입지에 대한 규제철폐라는 두 방향의 프로그램은 전국적으로 적용되었다. 하지만 중요한 점은 외부로부터의 민

간투자를 유치하는 데 대도시권과 지방도시권에서 서로 다른 결과가 나타났다는 것이다. 도쿄 주변의 간토(関東) 지방과 나고야 주변의 주부(中部) 지방에서는 2000년대에 들어 제조업 시설의 신규입지에 사용되는 공지가 점차 축소되고 있었다(日本立地センター 2008). 게다가 간사이(関西) 지방에서는 디지털 산업과 에너지 산업이 회복되고 있었다. 1990년대 이들 세 지역의 외부 민간투자 유치는 비율로 봤을 때 17.4%에 불과했지만, 2007년에는 33%로 증가했다(日本立地センター 2008). 이런 경향은 이들 대도시권이 대기업과의 협동 프로그램을 독점한 데서 비롯되었다. 반면, 지방도시권은 외부 민간기업을 유치하는 데 어려움을 겪었다. 지역의 기존 기업 간 네트워크를 촉진하려는 것은 전국적으로 일반적인 현상이었지만 지방도시권에서는 지역 상공업의 유지에 좀 더 치중했다. 2000년대에 들어 많은 지방도시권이 지역의 자체 산업에 초점을 맞추는 쪽으로 돌아섰다(伊藤正昭 2003, 281-284). 이에 따라 지방산업정책에서 대도시권의 시장 모델 프로그램과 지방도시권의 공동체 모델 프로그램 간에 지역적 효과가 다르게 나타나는 것이 극명하게 목격되었다.

지방도시개발이나 산업정책과 달리 공공시설 관리 개혁에서는 시장 모델과 공동체 모델 간의 지역적 편차가 그리 선명하게 나타나지 않았다. 물론 PFI 프로젝트는 거의 대도시권에서 시행되었다. 낙후된 지역에서 시행되는 대규모 시설 구축을 위한 PFI 프로젝트도 있었지만, 절반 이상의 PFI 프로젝트가 대도시권에 집중되었다. 프로젝트의 규모가 중요했는데, 대규모 건설업체 등 민간투자자에게 적합한 큰 시설을 가진 쪽은 대도시권이었다. 이에 따라 시설관리개혁을 위한 PFI 프로젝트가 진행되는 대도시권에서는 시장 모델이 지배적이었다. 반면 지정관리자제도는 경제적 상황이나 인구와 관계없이 모든 지역에서 찾아볼 수 있었다. 지정관리자제도의 가장 눈에 띄는 특징은 지방공동체 조직과 전문 관리업체가 공공시설에 대한 관리 권한을 놓고 경쟁한다는 것이었다. 즉, 지정관리자제도 안에서는 전문 관리업체에 의한 관리 거버넌스와 지방사회의 지도자가 주도하는 공동체 모델이 공존하고 있었다. 이들 간에 지역적 편차가 크지는 않았지만, 공공시설 관리 개혁에서 각자가 선호하는 지방경제 거버넌스를 구축할 때 파트너를 대기업으로 할지, 지방공동체로 할지에 대해서는 나뉘는 경향이 있었다.

협동 프로그램의 지역적 편차는 지방들이 새로운 지방경제 거버넌스를 시장 모델과 공동체 모델 중 어느 것으로 할지에 따라 서로 다른 경로가 나타났음을 의미한다. 왜 이렇게 다른 경로가 나타났던 것일까?

제3장

탈균형발전 분권개혁과 민관협동 거버넌스 전환의 배경

왜 대도시권에서는 시장 모델 협동 프로그램이 지배적이고, 지방도시권에서는 공동체 모델이 지배적인 것일까? 이번 장에서는 지방경제구조(경쟁적 대 보호적)에 따라 시장 모델과 공동체 모델 간의 경로 분화와, 전후의 정치경제체제를 위한 정치적 제휴가 해체된 이후 정치경제연합(시장개혁을 위한 연합과 국가균형발전을 위한 연합)의 분화에 대해 설명하고자 한다.

먼저 산업입지의 역사적 발전이라는 측면에서 일본은 경쟁지역과 보호지역 간에 산업 이중성을 선명하게 보여주고 있다. 세계적으로 경쟁력 있는 산업은 후쿠오카(福岡)에서부터 오사카(大阪), 나고야(名古屋), 도쿄(東京)에 이르는 태평양연안벨트의 대도시권에 주로 위치하였는데, 이들 지역은 20세기에 산업집적과 인구 유입이 이뤄진 곳이었다. 반면, 지방도시권에서는 세계적 경쟁력이 없는 산업이 자리 잡았고, 이들 지역은 중앙정부의 보호와 공공투자에 의존하였다. 2000년대에 들어 지방경제정책 영역에 새로운 프로그램이 도입되자, 이러한 경제 구조의 차이는 지방경제에서 가시적인 성과를 창출하는 가장 빠르고 쉬운 방법인 민간투자를 유치하는 지역 간 경쟁력에 큰 격차를 만들어 냈다.

둘째, 균형발전연합에 대한 시장개혁연합의 정치적 승리는 경제성장 전략에서 지역적 경로의 상이성을 확대시켰다. 시장개혁연합과 균형발전연합 간의 긴장은 2000년대에 들어 심화되었다. 국가지도자들이 지방경제정책 분야에서 시장개혁을 위한 정치적 선택을 하자, 대도시권은 민간투자 유치에서 경쟁력이 있었으므로 시장개혁 프로그램을 받아들였다. 하지만 고이즈미 준이치로(小泉純一郎) 내각의 정치적 선택으로 인해 국가균형발전연합은 공공투자에 의존하는 재분배 정책에 대한 선호를 유지하기가 힘들어졌다. 지지자들이 균형발전을 유지하려는 프로그램을 포기했을 때, 두 번째 선택지는 참여를 최대화하는 프로그램이었다. 지방 정치지도자들과 지방상공업공동체는 중앙관료들에 의해 도입된 공동체 모델 프로그램에 관심을 돌렸다.

1. 이중적인 지방경제구조

지방의 선택은 그들의 경제구조에 의해 제약받았다. 2000년대에 들어 경쟁력 있는 지역과 보호지역은 민간투자를 유치함에서 다른 상황에 처해 있었고, 이것이 지역적 편차를 만들어 내는 첫 번째 요인이었다. 이중적인 지방경제구조는 지배적인 지방 거버넌스의 지역적 편차에 영향을 미치는 구조적 요인이다. 1970년대에 이중적인 지방경제구조를 바꾸기 위한 정치적 개입도 몇 차례 있었지만, 역사적으로 산업발전을 거치면서 나타난 경쟁지역과 보호지역의 이중적인 지방경제구조는 지방경제정책 분야에서 지방의 선택을 제약하는 강력한 요인으로 남아있었다.

1) 공업발전 집중과 태평양연안벨트

20세기 초에 일본의 제조업은 오사카 주변의 간사이 지방에 집중되기 시작했지만, 전후에는 도쿄 주변의 간토 지방과 나고야 주변의 주부 지방에 제조업 시설이 많이 유치되었다. 이 세 곳의 대도시권은 일본의 고도 경제성장을 지배했고 이끌었다. 제1차 전국총합개발계획(全国総合開発計画)은 산업시설을 전국적으로 분산시킴으로써 이런 산업집적을 극복해 보려는 정치적 개입과 산업집적지역에 더 나은 비즈니스 환경을 만들려는 정치적 입장의 결합이었다.

20세기 초반에는 섬유산업이 일본의 제조업을 지배했는데, 섬유산업은 한신 지방에 집중돼 있었다. 1909년에 한신공업지대(阪神工業地帯)는 전국 제조업 생산량의 30%를 생산해 냈다. 반면 게이힌공업지대(京浜工業地帯)는 15%에 불과했고, 주쿄공업지대(中京工業地帯)는 10%, 기타큐슈공업지대(北九州工業地帯)는 3%였다. 이에 따라 일본의 제조업은 오사카 중심의 일극 집중 구조로 출발했다(藤井信幸 2004, 32-41).

제2차 세계대전 이후, 정부 주도 산업 투자가 처음에는 철강과 전기 같은 재료·에너지 산업에 집중되었다. 동시에 게이힌공업지대에서는 기계산업이 빠르게 성장했다. 1950년대 후반이 되자 게이힌공업지대는 국가 전체 제조업 생산량에서 한신지대와 동일한 수준에 도달했다. 도쿄-오사카 양극 집중구조는 오사카 일극 집중구조를 대체했다(伊藤正昭 2000, 57-61).

일본 경제는 1950년대 후반 도쿄와 오사카 양극 집중구조로 이행하면서 동시에 고도성장단계로 올라섰다. 1955년부터 62년까지 7년 동안 실질 GNP 성장률은 연간 10%에 달했고, 민간 플랜트 투자 성장률은 연간 23.7%에 이르렀다. 투자와 생산의 고도성장은 '투자가 투자를 견인하는' 상황으로 묘사되었다(藤井信幸 2004, 221-223). 전후 제조업 부흥(재건)은 전쟁 전에 형성된 기존 4대 공업지대(한신, 게이힌, 주쿄, 기타큐슈)에서 주로 수행되었는데, 이들 지역은 곧 공장부지의 부족에 직면하게 되었다. 새롭게 건설된 제조업 공장 부지는 기존 공업지대 주변에 집중되었다. 공장부지로 선호된 조건이 항구와 대소비도시, 잘 개발된 상하수도 시스템, 근로자에게 좋은 거주환경과의 근접성이었기 때문에 대도시권의 기존 공업지대가 경쟁력을 가지고 있었던 것이다.

제조업의 집적은 도시지역과 농촌지역의 소득 격차를 확대시키는 결과를 초래했다. 철강, 석유화학, 조선과 같은 중화학산업이 기존 4대 공업지대를 중심으로 집중돼 있었기 때문에 농촌에서 이들 지역으로의 인구 유입이 불가피했다. 이에 따라 산업화와 도시화가 동시에 일어났다. 잘 발달한 공업지대는 가상 도시화된 지역이 되었다. 인구 유입은 대도시권의 토지 가격 상승을 불러왔다. 도쿄에서는 1960년대 초반부터 토지 가격이 매년 30%(1961년에는 33%, 1962년에 41%) 넘게 상승했다. 경제격차의 심화와 도시화로 초래되는 문제점(치솟는 토지가격과 열악한 주거환경)은 1960년 즈음 정치적 이슈가 되었다(藤井信幸 2004, 230-234).

태평양연안벨트에 산업입지 여건을 개선하는 공업정비특별지역계획은 1960년 이케다 하야토(池田勇人) 내각의 소득배증계획의 일환이었다. 소득배증계획의 공식목표는 지방 간 경제격차를 좁히고, 민간기업의 '(경제적) 합리성'에 기반한 과도한 과밀을 막겠다는 것이었다. 하지만 이케다 내각이 경제격차를 좁히고 산업입지를 규제하려는 정책목표를 가졌음에도, 최우선은 민간기업의 합리성에 대한 고려였다(藤井信幸 2004, 169-177). 이에 따라 기존의 4개 공업지대 근처에 새로운 공업지대를 만들기 위한 계획을 수립했는데, 이것이 태평양 연안을 따라 벨트를 형성했다. 태평양연안벨트는 소비도시, 기존 공업지대, 충분한 노동력과의 근접성이라는 측면에서 이점을 가졌다. 정부가 기존 공업지대 내 산업입지를 규제하려 했음에도 공업정비특별지역계획은 공업지구의 전국적 분산보다는 대도시권의 확장을 야기했다. 1960년대에는 이 아이디어에 기반해 새로운 철강 공장이 지바(千葉), 오이타(大分), 히로시마(広島), 오카야마(岡山), 이바라키(茨城) 지역에 들어섰고, 석유화학 공장이 오이타, 히로시마, 오사카, 오카야마, 이바라키에 들어섰다. 이에 따라 오이타 현의 오이타 시, 오카야마의 미즈시마(水島) 지역, 이바라키의 가시마(鹿島) 지역은 일반공업공단으로 계획되었다. 여기에 1960년대부터 발전하기 시작한 전기, 자동차, 기계 공업이 대도시 지역 주변에 자리 잡았다(伊藤正昭 2000, 61-63).

하지만 공업정비특별지역계획에 대해 홋카이도(北海道)나 도호쿠(東北), 우라니혼(裏日本, 혼슈의 서부지방) 등의 지역들은 반발했다. 게다가 일부 자민

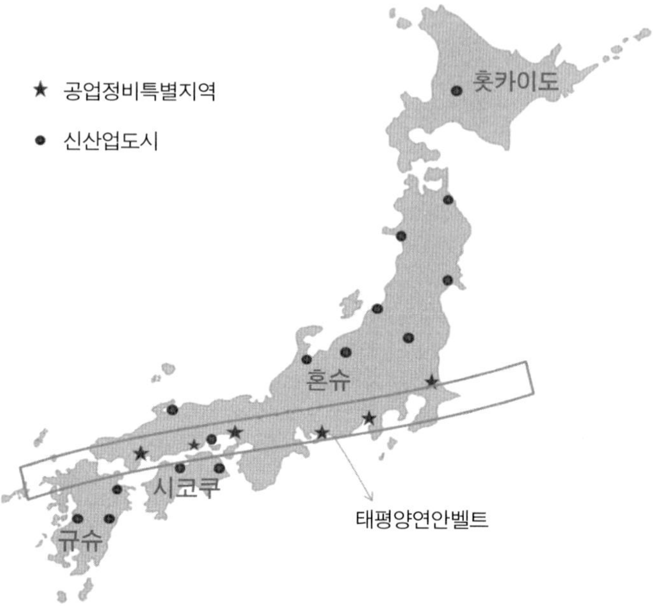

그림 3-1. 신산업도시와 공업정비특별지역계획

당 정치인들은 공업정비특별지역계획을 지역 격차를 초래할 수 있는 집중계획이라고 비난했다(藤井信幸 2004, 238-239). 제1차 전국총합개발계획은 이러한 맥락에서 도입됐다. 1장에서 언급한 바와 같이, 1960년대 초반 제1차 전국총합개발계획은 지역개발전략에 대한 상반된 두 가지 입장의 대결과 합의에서 도출된 결과였다. 제1차 전국총합개발계획을 수립하는 과정에서, 통상산업성과 경제기획청은 서로 다른 산업 입지 정책을 제안했다. 이케다의 아이디어를 따른 통상산업성은 태평양연안벨트에 산업발전을 집중시키자는 안을 지지했지만, 경제기획청은 좀 더 균형적인 산업입지정책을 제안했다. 경제기획청의 신산업도시구상은 태평양연안벨트 외에 홋카이도, 아오모리(青森), 아키타(秋田), 미야기(宮城), 후쿠시마(福島), 니가타(新潟), 도야마(富山),

나가노(長野), 돗토리(鳥取), 시마네(島根), 도쿠시마(德島), 에히메(愛媛), 미야자키(宮崎), 사가(佐賀), 가고시마(鹿児島), 구마모토(熊本)를 아우르는 15개에 이르는 산업입지를 지정한다는 계획이었다. 새로운 공업도시들은 전국적으로 균등하게 퍼져 있었다. 반면 통상산업성의 공업정비특별지역계획은 태평양연안벨트 안의 이바라키, 시즈오카(静岡), 아이치(愛知), 효고(兵庫), 히로시마, 야마구치(山口) 등 지역의 6개 공업지구에 투자를 집중한다는 계획이었다. 제1차 전국총합개발계획은 두 가지 계획을 모두 반영했다(伊藤正昭 2000, 64-65).

2) 1970년대 지방경제구조의 산업구조조정

1970년대 다나카 가쿠에이(田中角栄) 내각은 산업입지정책에서 큰 변화를 보였다. 다나카는 지역균형개발을 강조한 일본열도개조론을 주장하며 총리가 되었다. 통상산업성도 산업입지정책의 기본원칙을 바꾸었다. 통상산업성은 기존 도쿄와 오사카 주변의 공업지대 내 신규 산업시설 설치에 대한 규제를 강화했고, 소외지역에 제조업 공장의 재배치를 추진했다(早野透 2012, 255-256). 산업 재배치는 1970년대 지방산업정책의 핵심이 되었고, 이는 제5장에서 설명할 것이다.

게다가 싼 토지가격과 낮은 임금을 선호하는 민간기업들은 낙후된 지방(소외지역)으로 이전하기 시작했다. 이에 따라 1970년대 초, 대도시로의 인구유입은 급격하게 감소했고, 지역 간 경제격차도 감소했다. 세 곳의 대도시권 중에서 인구 유입은 도쿄권에서만 나타났다. 1970년대에 들어 오사카와 나고야는 오히려 인구유출을 경험했다. 농촌지역에서 이 두 도시로 인구 유입은 계속됐지만, 두 도시에서 도쿄로의 인구 유출이 더 컸던 것이다. 도쿄-오사카 양극중심구조는 1970년대에 들어 오사카의 경제력이 약화되면서 느

손해졌다(伊藤正昭 2000, 70-71).

1973년 제1차 석유파동으로 인해 일본은 고도성장경제에서 안정성장경제로 이행했다. 석유파동은 태평양연안벨트에 큰 타격을 입혔는데, 그것은 이곳에 자본집약적인 산업이 집중돼 있었기 때문이었다. 더 많은 자원과 에너지를 필요로 하는 공업복합지대는 석유가격 상승 때문에 고성장률을 유지할 수 없었다. 반면에 태평양연안벨트 외 지역은 석유파동으로 인한 손실이 상대적으로 적었고, 대규모 공공사업의 도움도 받았다. 게다가 이들 지역은 기계 공업의 재배치 덕분에 경제적으로 강해졌다(伊藤正昭 2000, 71).

1970년대 상대적으로 제한된 대도시로의 인구 유입은 전국적으로 중간 규모 도시들의 도시화에 도움이 됐기 때문에, 이들 도시를 지탱하는 중소 비즈니스도 증가했다. 더욱이, 1970년대에 투입된 대규모 공공투자는 지방경제에서 건설업을 포함한 내수형 산업의 비중을 증가시켰다(伊藤正昭 2000, 78-79). 국제경제구조의 변화와 1970년대 지역균형개발전략이 지역 간 경제적 격차를 감소시킨 것이다.

3) 지역격차의 재증가와 거품경제 붕괴의 충격

하지만 1980년대에 들어 지역 간 경제격차가 다시 커지기 시작했다. 3대 대도시권과 다른 지역의 경제적 격차는 1980년부터 1987년까지 증가했다. 특히 도쿄권과 다른 지역 간의 격차는 눈여겨볼 만한 것이었다. 1980년대에 도쿄 일극 경제구조는 뚜렷한 현상이었다. 1980년대에 걸쳐 태평양연안벨트 외 지역으로 산업 재배치가 계속됐지만, 제조업 생산과 그 부가가치는 대도시권에 집중됐다. 제조업이 전국적으로 확산됐음에도 자본은 대도시권으로 집중됐기 때문이었다. 따라서 1970년대에 감소했던 지역 간 경제격차는

1980년대에 다시 커졌다(伊藤正昭 2000, 80-81).

대도시권에서의 서비스업 발전은 지역 간 경제격차를 벌리는 주요 원인이었다. 다양한 서비스업 중에서도 금융 섹터가 도쿄의 일극 경제구조를 이끌었다. (뉴욕이나 런던처럼) 도쿄도 국제금융센터의 역할을 하고 있었기 때문에, 다양한 경제적 자원이 도쿄에 집중되었다. 도쿄는 다국적기업의 전략적 수행 기지로 성장하면서 글로벌 경제의 중심이 되었다. 이러한 경향은 1980년대 후반 거품경제 시기에 더 심화되었다. 도쿄의 사무실 수요가 급격히 증가했고, 도쿄 중심가의 토지가격도 치솟았다. 그리고 이 토지가격 상승은 도쿄 도시권 전체로 확산되었다(伊藤正昭 2000, 81).

1950~60년대에도 비슷한 정도로 지역 간 경제적 격차가 확대되었지만, 1980년대와 그 원인은 달랐다. 1950~60년대의 경제적 격차는 제조업이 특정 지역에 집중돼 있었던 것에 기인했다. 이때는 자본집약적인 제조업이 주로 대도시 주변에 위치했기 때문에, 이런 산업이 없었던 지방은 상대적으로 낙후되었다. 하지만 1980년대에는 IT와 커뮤니케이션 네트워크, 교통(운송)이 발달하면서 산업 구조를 근본적으로 변화시켰다. 1970년대의 중화학공업 대신, 전자 산업 같은 기술 집약적 산업이 1980년대 공업발전을 이끌었다. 새롭게 발전한 하이테크 산업이 대도시권에 집중되면서 지역 간 경제적 격차는 확대되었다(伊藤正昭 2000, 82-83).

그러다가 1990년대 초반 거품경제의 붕괴는 전국적인 경기침체를 초래했다. 하지만 그 영향은 지역별로 다르게 나타났다. 거품경제로 인한 과도한 토지가격 상승 때문에, 대도시 지역은 다른 지역보다 경기침체정도가 더욱 심각했다. 반면 다른 지역에서는 토지가격이 과도하게 상승하지 않았기 때문에 거품경제 붕괴의 영향이 상대적으로 작았다. 게다가 대도시 외 지역들은 경기침체에 대한 대응책으로 대규모 공공투자의 도움을 받았다. 또 거품경제 시기의 계속된 산업 재배치 덕분에 지방도시권의 몇몇 지역은 조립공장을 유치했었다. 하지만 대도시 주변 지역에 한하는 것이어서 산업 재배치의 효과는 제한적이었다. 산업 재배치의 효과는 간토와 간사이 사이의 도카이(東海) 지역에서 뚜렷했다. 반면 도쿄에서 떨어진 도호쿠나 규슈 지방에서는 거품경제기의 산업 재배치에 그다지 영향을 받지 않았다. 결과적으로 1980년대 산업 재배치는 태평양연안벨트 근처의 잘 발달한 공업지대를 확장시키기는 했지만, 이는 전국적인 현상이 아니었다(伊藤正昭 2000, 84-85).

4) 경쟁력 있는 지역 대 보호받는 지역

일본은 이중경제구조를 발전시켰다. 세계적으로 경쟁력 있는 산업은 태평양연안벨트 주변에 주로 위치했는데, 특히 대도시 주변 지역에서 발달했다. 철강, 조선, 중기계와 같은 자본집약적 산업은 1950~60년대에 정부의 지도 아래 태평양연안벨트에서 발달했으며 자동차, 컴퓨터, 전자 등 기술집약적인 산업 역시 1970~80년대에 같은 지역에서 발달했다. 반대로 태평양연안벨트 이외 지역에서는 각 시기에 경쟁력을 갖추지 못한 산업이 주로 자리를 잡았다. 1960년대 이후 이들 지역에서 산업발전을 보호하고 진흥시키기 위해 몇 가지 조치들이 시행됐다. 산업 재배치 정책과 대규모 공공투자는 이들 지역을 보호하기 위한 중요한 정책수단이었다. 1970년대 이후에도 균형발전원칙이라는 전후 정치경제체제 아래에서 경쟁력이 없는 지역(소외지역)에 대한 보호는 계속되었다.

하지만 1960년대 이래 시행된 산업 재배치의 효과는 전국적이지 못하고 단지 선진공업지대를 확대하는 데 머물렀다. 게다가 서비스업도 이중구조를 가지고 있었다. 대도시권에서는 대규모 유통업체(도매업자)와 부동산업체(디벨로퍼)가 많은 인구 및 자본에 힘입어 고도로 발전할 수 있었다. 하지만 지방도시권의 소매업자와 건설업계는 상대적으로 규모가 작았고, 공공투자에 크게 의존하고 있었다. 따라서 20세기 산업입지의 역사적 발전은 경쟁력 있는 지역과 보호받는 지역 간의 이중 지방경제구조를 구조화했다. 이는 토머스 프리드먼이 묘사한 '렉서스' 지역과 '올리브나무' 지역 간의 차이와 유사한 것이었다(Friedman 1999; Ozawa 2003).[1]

서로 다른 지방경제구조는 각 지역이 지방경제정책 분야에서 새로운 협동 프로그램을 확립하는 데 다른 조건을 만들었다. 경쟁력 있는 지역은 민간투자를 쉽게 유치할 수 있었다. 대도시권의 경쟁력 있는 지역은 이미 기술 기반의 제조업 축적과 많은 인구를 갖춘 지방구조였기 때문에, 외부지향적인 산업섹터, 대규모 건설업체, 대규모 유통업(도매업) 등의 대기업들을 유치하는 데 경쟁력이 있었다. 하지만 보호지역은 민간투자를 유치하는 데 경쟁력이 부족했다. 보호지역은 중앙정부의 공공투자를 통한 보수적 정치 시스템에 연계돼 있었는데, 이는 균형발전원칙에 입각한 전후 정치경제체제에 기반을 둔 것이었다. 하지만 지방이 그들만의 프로그램을 선택할 수 있는 새로운 환경에서, 지방들은 지방경제정책 분야에서 규제와 보호가 결합된 중앙정부의 개입 없이 공공투자를 대체할 수 있는 투자자를 찾는 데 어려움을 겪고 있었다.

---

1 프리드먼은 렉서스 자동차로 상징되는 세계화된 지역과 올리브나무로 상징되는 지역의 특수성이 유지되는 지역으로 구분하고, 세계화되는 지역이 늘어날수록 평화가 증진된다고 주장한다. 그는 이를 통해 세계화의 긍정적 측면을 강조하고 있다.

2. 와해된 정치연대: 시장개혁 대 균형발전

2000년대에 들어, 지방경제정책을 둘러싸고 시장개혁연합과 균형발전연합 간에 심각한 대립이 일어났다. 자민당과 중앙관료들이 전후 시기 동안 균형발전을 유지하기 위해 각기 다른 이해관계를 조정해 왔지만, 균형발전이라는 전후 정치경제체제는 중앙정치인들과 지방지도자들, 산업계, 지방공동체 그룹 사이에서 논쟁적인 주제가 되었다. 대기업과 신자유주의 성향의 정치인들, 대도시권의 지방지도자들로 이뤄진 시장개혁연합은 전후 정치경제체제를 유지하는 것에 반대했고, 지방경제정책 분야에서도 시장개혁이 필요하다고 강하게 주장했다. 반대로 온정주의적인 중앙-지방 연계에 기반을 둔 보수 정치인들, 지방도시권의 지도자들, 지역 기업들과 시민공동체 그룹들로 이뤄진 균형발전연합은 지방경제정책 분야에서 재분배 메커니즘을 유지하기를 원했고, 경쟁력 있는 대도시 지역과 그 밖의 지역 간의 경제적 격차를 심화시킬 수 있는 시장개혁의 효과에 대해 우려했다.

대기업은 시장개혁연합의 가장 중요한 구성원이었는데, 이들은 고이즈미와 그 동료들에 의해 정치적으로 지지를 받고 있었다. 대기업은 균형발전이라는 전후 정치경제체제의 중요한 이해당사자였다. 대기업들은 사회적 통합과 조화를 유지하기 위해 단기적 이해관계의 추구를 제약할 필요성을 받아들였는데, 이는 장기적으로 안정적인 생산성의 조건으로 보상되는 것이었다. 하지만 노동이나 금융과 같은 다른 국가경제정책 분야의 자유주의적 개혁과 대비되는 지방경제정책 분야에서 대기업들은 규제완화를 강하게 요구했다. 그들은 몇몇 규제 때문에 제약받고 있는 지역에서 민간투자를 강화할 수 있기를 바랐다. 지방경제정책 분야에서 시장개혁에 대한 그들의 요구는 국가 정치 영역에서 고이즈미와 그 동료들에게 받아들여졌다. 고이즈미 내각은 경쟁력 있는 지역에서의 규제완화가 지방경제만큼이나 국가 경제를 활성화하는 데 핵심 수단이라고 믿었다. 대도시권 지역들은 민간투자를 유치할 수 있을 만큼 경쟁력 있는 지방경제구조를 가지고 있었기 때문에 이들의 개혁에 매우 호의적이었다.

시장개혁연합은 불가피하게 균형발전연합과 대립했다. 보호받는 지역에 대한 보호는 전후 정치경제체제에서 경쟁력 있는 지방에 대한 규제와 한 묶음(패키지)이었기 때문에, 대도시 외의 많은 지역들은 시장개혁에 반대했다. 보호를 향한 그들의 열망은 이중 지방경제구조 때문에 경쟁력 있는 지역에 대한 규제를 동반해야 하는 것이었다. 고이즈미 내각이 명백하게 시장개혁연합 편에 섰을 때, 자민당과 야당에서는 반대파가 나타났다. 하지만 고이즈미 내각이 성공적으로 지방경제정책에서 시장 모델에 입각한 프로그램을 추진하고 지방 공공투자에 대한 재정 지출을 줄였을 때, 그들은 적극적으로 반대하기보다는 소극적 방어의 입장에 섰다.

시장개혁연합이 균형발전연합에게 승리하자, 지방의 자체적인 자원을 동원하는, 지방사회의 강한 전통 아래에서 발전한 공동체 모델은 보호지역에서 지방경제정책 분야의 영향력 있는 대안이 되었다. 지방의 참여를 극대화할 필요성에 대해서는 모든 행위자들 사이에서 합의가 이뤄졌다. 모든 국가·지방 지도자들과 중앙관료들, 기업체, 지방공동체들은 더 많은 지방의 참여가 지방경제에 도움이 될 것이라는 데 동의한 것이다. 지방도시권에서는 지방기업협회가 지방공동체의 자원을 동원하는 핵심 행위자가 되었다. 이렇게 공동체모델의 새로운 프로그램은 지방도시권에서 지배적인 것이 되었다. 중앙관료들은 보호지역에서 공동체 모델을 강화하기 위한 계획을 고안했다. 그들은 대도시권의 시장 모델이 균형발전연합의 중요한 이해당사자인 지방기업 공동체에게 피해를 준다는 것을 인식하였기 때문에, 시장개혁과 균형을 맞추기 위한 수단으로 공동체 모델에 입각한 프로그램을 제공했다.

1) 시장개혁의 요청

대기업은 시장개혁의 가장 중요한 옹호자였기 때문에 계속해서 규제철폐를 요구했고, 특히 경쟁구역에서 강하게 요구했다. 게이단렌(経団連)은 시장개혁을 옹호하기 위해 '세계화된 국가(globalized state)'의 비유를 활용했다.

게이단렌은 세계화된 국가 개념을 1996년 1월에 발간된 『게이단렌 비전 2020』에서 처음 사용했다. 게이단렌은 하시모토 류타로(橋本竜太郎) 총리의 취임을 자민당의 정권복귀로 환영하면서, 민간기업의 활발한 활동을 강화할 수 있는 구조개혁의 필요성을 강하게 강조했다. 게이단렌은 법인세율 인하, 소비세율 인상, 국민연금 개인부담금 인상, 노동법 자유화·규제완화, 개혁의 탈중앙집권화 등을 제안했다(Keidanren 1996). 게이단렌은 이런 구조개혁이 다국적기업을 위해 더 좋은 환경을 조성해줄 것이라고 주장했다. 『게이단렌 비전 2020』에서 언급된 다국적기업은 명백하게 일본의 거대 비즈니스 그룹을 말하는 것이었다. 세계화 국가라는 명제는 일본이 세계화된 경제시스템의 중심으로 남아있기 위해 다국적기업과 주고받아야 한다는 것으로 정당성을 얻었다. 하시모토 내각은 '다국적기업과 주고받음으로써 국가와 지방을 더 강하게!'라는 선전 구호를 사용한 '하시모토 행정부의 개혁 비전 아이디어'와 함께 게이단렌의 세계화된 국가 비전을 수용했다(岡田知弘 2008, 30). 『게이단렌 비전 2020』에서 나온 몇 개의 개혁 어젠다도 2000년을 즈음해 채택되었다.

2000년대 들어 게이단렌은 고이즈미 내각하에서 국가 개혁 의제를 만들면서 그 힘을 강화시켜 나갔다. 2001년 행정부처를 합병하고 새로운 기구를 만드는 행정 개혁 이후, 경제재정자문회의는 대기업이 국가 정책의 방향성을 놓고 정치지도자들과 협조하는 장이 되었다(経済財政諮問会議 2001). 도요타 CEO이자 일본 경영자 협회인 닛케이렌(日本経営者団体連盟, 日経連)[2]의 회장인 오쿠다 히로시(奥田碩)는 2001년부터 2006년까지 경제재정자문회의에 참여해 고이즈미 내각의 개혁 프로젝트 몇 개를 적극적으로 지원했다(岡田知弘 2008, 31-32).

2003년 게이단렌과 닛케이렌을 합친 일본 게이단렌은 『활력과 매력이 넘치는 일본을 향하여(*A Vibrant, Attractive Nation in the Twenty-first Century*)』라는 첫 번째 청사진을 발간했다. 일본의 대기업은 다국적기업에 대한 지원을 강조하면서 세계화된 국가를 지속적으로 강조했다. "'일본에서 만든'에서 '일본이 만든'으로"라는 핵심 구호 아래 일본 기업들은 다국적기업을 지원하는 국가 시스템을 추구했다. 정치지도자들을 향한 핵심 요구도 기술 혁신(이노베이션)을 지원하고, 민간기업을 위해 사회기반시설을 조율하고, 법인세율을 인하해 달라는 것 등이었다(Keidanren 2003). 기업과 투자자를 위한 세제 개혁과 같은 모든 제안들은 대기업의 경쟁력을 강화하기 위해 고안되었다.

하지만 대기업들이 여러 발간물에서 언급했던 제안들은 자유주의적 시장개혁을 주장하면서도 실제 정책과정에서는 공격적인 정치적 자세보다는 꽤나 온건한 접근방식을 취했다. 그들은 자유주의적 시장개혁이 장기적으로 자칫 사회적 건전성을 해쳐서 결국 일본 정치경제 시스템의 효과성까지 해칠 수 있는 점을 조심스럽게 우려했다(Vogel 2006, 56-58). 게다가 모든 산업 분야마다 자유주의적 시장개혁의 결과로 일부는 얻는 게 있었지만 일부는 잃을 것도 있었다. 따라서 노동이나 금융과 같은 국가 경제정책 분야에서 자유주의적 시장개혁에 대한 기업들의 요구는 실제 정책 영역에서는 그리 대

2 닛케이렌은 1948년 창립되어 2002년 게이단렌과 통합될 때까지 존속하였다.

담하지 않았다.

하지만 지방경제정책 분야에서 이들의 시장개혁 요구는 상대적으로 강했다. 산업 섹터를 막론하고 대기업 간에는 대도시권에서 공업 입지와 토지 개발에 대한 오래된 규제를 철폐해야 한다는 합의가 있었다. 대도시권은 대기업의 투자가 높은 비율로 회수되는 지역이었다(五十嵐敬喜 · 小川明雄 2003, 148-150). 이런 경쟁지역은 균형발전을 유지하기 위한 몇몇 개의 규제에 묶여 있었다. 대기업들은 성장을 극대화하기 위해 이 규제들을 해제하기를 바랐다. 캐논의 CEO이며 일본 게이단렌의 의장이자, 따라서 경제재정자문회의의 회원이기도 했던 미타라이 후지오(御手洗富士夫)는 경제 성장을 촉진하기 위해 경제적 투자 집중을 통한 소위 헤이세이 소득배증계획[3]의 필요성을 역설했다(御手洗富士夫 2008, 158-167). 대기업은 대도시권, 즉 경쟁력 있는 지역을 규제하는 전후 정치경제체제로부터의 변화를 계속 요구했다.

2) 시장개혁에 대한 정치적 지지

지방경제정책 분야에서 시장개혁은 2000년대 고이즈미에 의한 자유주의적 정치 리더십의 정치적 의제로 실현되기 시작했다. 하지만 고이즈미의 소속 정당이기도 한 자민당은 전후 산업 정책과 재분배 정책이라는 두 개의 정책적 기둥에 서있었다. 이에 따라 자민당 정치인들의 정책 선호도 '국제주의자'와 '보호주의자'로 다양했다(Pempel 1998). 심지어 1990년대에도 자민당은 이런 식으로 갈라져 있었다. 2000년대에 들어서도 공공정책을 통한 일관성을 유지해 왔던 자민당 보호주의자들은 자유주의적 시장개혁에 강하게 반대했

3 1960년대 초반 이케다 하야토 총리에 의해 추진된 소득배증계획의 개념을 빌려서, 장기경기침체에 처해 있는 헤이세이 시대에도 경제성장을 위한 집중투자가 필요하다는 논리다.

다. 그들의 정책 방향은 오부치 게이조(小渕恵三)와 모리 요시로(森喜朗) 내각하에서 공공투자를 증가시킨 이유 중 하나였다. 하지만 고이즈미와 자민당의 자유주의적 개혁주의자들은 규제와 보호라는 전후 일본 정치경제체제를 유지하기보다는 대기업의 시장개혁에 동의하는 입장이었다(山家悠紀夫 2007, 14-17).

고이즈미가 일본의 미래를 위해서는 시급하고 불가피한 과제라고 인식한 '구조개혁'의 구호는 고이즈미 내각의 상징이었다. 구조개혁의 기본적인 아이디어는 경제재정자문회의의 2001년 골대의 방침에서 소개됐다. 2001년 골대의 방침에서 구조개혁은 자본과 노동력이 성장부분(성장 섹터)으로 쉽게 유입될 수 있게 하는 시스템 변화로 정의됐다. 고이즈미 내각은 일본의 산업부문을 성장부문과 침체부문으로 구분하고, 성장부분으로 자원이 집중되어야 미래 일본의 경제성장이 가능할 것이라는 논리를 전개했다(山家悠紀夫 2007, 57-60). 이에 따라 고이즈미와 그 동료들은 대기업의 세계화된 국가 비전에 동의했다. 게다가 그들은 경제적 격차는 자연적인 현상이며, 격차를 줄이기 위한 과도한 정부의 간섭은 성장부분의 경쟁력을 방해한다는 입장이었다. 고이즈미는 의회에서 '경제적 격차는 경쟁력을 강화하는 데 긍정적인 것'이라고 답변했다(島田文昭·藤波俊彦 2006, 50). 이런 입장은 자민당 내에서 거센 저항을 불러일으켰다. 균형발전원칙을 고수하기를 바라는 일부 자민당 정치인들은 경제적 격차를 옹호하는 고이즈미의 입장에 반발했다. 하지만 고이즈미는 우정개혁을 둘러싼 정치과정 속에서 자민당 내의 균형발전원칙 찬성론자들에 대해서 정치적 승리를 얻어 냈다(内山融 2007, 100-103).[4]

고이즈미 내각의 시장친화적 태도는 다케나카 헤이조(竹中平蔵)의 영향

4 고이즈미는 우정개혁법안이 자민당 의원들의 반대 속에 부결되자 2005년 중의원을 해산하고 '개혁 대 반개혁'의 구도로 중의원 선거를 치러 대승하였다.

을 많이 받은 것이었다. 게이오 대학의 경제학 교수였던 다케나카는 2001년 고이즈미 내각에서 경제와 재정 정책을 담당하는 장관(경제재정정책담당 특명대신)이 되어 경제재정자문회의를 이끌었다. 그는 근본적으로 정부가 성장 부분을 지원해야 한다는 명제와 시장 메커니즘의 신봉자였다. 그는 고이즈미 내각하에서 경제적 격차를 확대시키는 원인 제공자로서 엄청나게 비난받았다.

다케나카는 구조개혁 의제를 적용하기 위해 경제재정자문회의를 이용했다. 경제재정자문회의를 이렇게 활용하는 것은 전통적인 방식이 아니었다. 그는 중앙관료들의 지시를 따르기보다, 위원회의 공식 회의 전에 위원회 회원 중 비정부 인사 4명과 함께 쟁점들을 토론했으며, 위원회에서는 이렇게 합의된 논점들을 미세조정했다. 그는 고이즈미의 지원도 충분히 활용했다. 경제재정자문회의에서 고이즈미의 마지막 언급은 의미심장하게 영향력 있는 것이었고, 다케나카는 개혁을 추진함에서 고이즈미의 지지를 유지하려고 했다(竹中平蔵 2006, 258).

종종 '미스터 규제완화'라고 불리는 미야우치 요시히코(宮内義彦) 역시 고이즈미 내각의 방침에 큰 영향을 끼쳤다. 그는 오릭스의 회장이자 CEO였으며, 고이즈미 내각하에서 총리대신의 자문위원회인 규제개혁위원회의 위원장을 맡았다. 그는 농촌 지역에 대한 과도한 투자를 비판하면서, 정부 투자를 도심과 대도시에 집중해야 경쟁력을 확보할 수 있다고 주장했다(佐高信 2009, 33).

고이즈미 시대의 지방경제정책은 시장개혁에 대한 정치적 선호의 영향을 크게 받았다. 다케나카와 미야우치를 포함한 고이즈미의 동료들은 지방경제정책 분야에서 시장개혁을 이끌었다. 지방에서의 공공투자 유지와 균형발전정책 고수의 중요성을 주장하는 많은 자민당 보수 정치인과는 달리, 고이즈미는 지방경제정책 영역에서 시장개혁을 적용하는 것에 찬성했다.

3) 균형발전원칙에 대한 정치적 지지

균형발전원칙에 찬성하는 정치적 입장은 전후 시기 내내 막강했다. 자민당 일부 의원과 야당 소속 중앙 정치인, 지방지도자들은 균형발전을 유지하는 것을 선호했다. 균형발전원칙을 해체하는 자유주의적 개혁에 대해서는 지식인들도 큰 관심을 보였다. 하지만 균형발전의 유지를 찬성하는 측은 고이즈미의 집권 아래에서 방어적인 입장이 되었다.

자유주의적 시장개혁 주장은 일본 지식인들 사이에서 전적인 지지를 받지는 못했다. 자유주의적 시장개혁 주장에 대한 강한 반대 담론도 있었다. 자유주의적 시장개혁에 대한 비판론자들은 일반적으로 일본 경제 시스템에서 효율성을 촉진할 필요성에 대해서 합의와 공정성이 필요하다고 믿었다. 그들에게 무분별한 자유주의적 시장개혁은 효율성의 영구적인 향상 없이 공정성만 파괴하는 것이었다. 그들은 구조변화라는 국제적 환경에서조차 일본 경제시스템의 미덕을 지키기를 원했다(Gao 2000, 447).

경제적 격차는 신자유주의 반대론자들에게 큰 관심사였다. 신자유주의 반대론자들은 경제적 격차를 확대시키는 고이즈미의 구조개혁을 강하게 반대했다. 그들은 고이즈미 내각하에서 경제성장의 이익이 중소기업과 내수중심 섹터들, 가정경제나 지방도시권들에게 돌아가지 않고, 대기업과 민간기업에게만 돌아간다고 주장했다(岡田知弘 2008, 38-40). 게다가 그들은 노동시장개혁에서 기인한 임시직 노동력과 계약직 노동력의 증가가 근로자의 삶의 질을 악화시킨다고 지적했다(山家悠紀夫 2007, 73-74). 그들은 지역 간 경제격차가 지방 메커니즘에서 시장 모델 프로그램의 적용을 강화한다고 주장했다.

지방도시권의 지도자들은 균형발전원칙 아래에서 지방의 시스템을 유지하는 데 매우 민감했다. 시장개혁을 반대하는 측은 삼위일체개혁의 실행 속에서 더욱 강화되었다. 지방의 당초 기대와는 달리, 삼위일체개혁은 지방의 재정을 더욱 악화시켰다. 2003년 돗토리 현의 전 지사인 가타야마 요시히로(片山善博)는 삼위일체개혁을 비난하고, 도시바의 회장인 니시무라 다이조(西室泰三)가 분권개혁위원회의 회장이라는 이유로 도시바의 생산품에 대해 불매운동도 가능하다고 언급했다(田中成之 2004). 이러한 언급은 비현실적이기는 했지만 몇몇 지방들이 얼마나 재정상황에 예민했는지를 잘 보여준다. 지방의 이해관계는 균형발전원칙을 유지하는 것이었다.

하지만 국가균형발전에 대한 지방지도자들의 입장은 일관되지 않았다. 많은 지방지도자들에게 균형발전은 공공투자를 위한 재정을 유지해서 지방경제를 돕는 것을 의미했다. 그 한 예로, 기후(岐阜) 현의 전 지사인 가지와라 히로무(梶原拓)는 공공 일자리를 유지하기 위해 사회 인프라 촉진을 위한 지방연대를 결성하는 데 앞장섰다(梶原拓 2002). 하지만 일부 개혁적 지방지도자들은 공공사업 의존 구조에서 벗어나려고 했다. 예를 들어 미야기 현의 전 지사인 아사노 시로(浅野史郎)와 나가노 현의 전 지사인 다나카 야스오(田中康夫)는 공공 일자리에 대한 국가보조금 제도를 철폐해야 한다고 주장했다(浅野史郎 2006; 田原総一朗 · 田中康夫 2001). 이들 개혁적 지방지도자들은 예산 삭감 없이 지방의 예산을 자율적인 지방 정책으로 이전하기를 원했다.

이 모든 일들은 시장개혁연합이 왜 균형발전연합과 충돌할 수밖에 없었는지를 설명해 준다. 성장을 위해 민간투자를 강화하고자 시장개혁을 경쟁력 있는 지역에 주로 집중했던 시장개혁연합은 균형발전연합이 주장하는 경쟁력 있는 지역에 대한 규제와 경쟁력 없는 지역에 대한 공공투자 및 보호의 유지는 동시에 실행할 수 없는 일로 본 것이다.

2007년과 2009년 두 번의 선거는 고이즈미의 자민당에 대한 지방 유권자들의 생각을 잘 보여준다. 일본 민주당은 2007년 참의원 선거와 2009년 중의원 선거에서 도시권뿐만 아니라 전통적으로 자민당 지지 성향이 강한 지방도시권에서 승리를 거둘 수 있었다. 지방 유권자들은 민주당이 더 능력 있다고 생각했다기보다는, 성장을 극대화하려 했던 고이즈미의 개혁에 반대했고, 이것이 선거에서 더 중요한 역할을 한 것이다.

4) 지방공동체 참여에 대한 높은 기대

균형발전연합이 재분배 정책을 유지하려고 했던 보호지역은 고이즈미 내각의 정치적 선택 때문에 재분배 정책의 유지가 힘들다는 것을 발견했다. 이에 따라 균형발전의 유지 대신, 지방 내부의 경제적 자원을 동원하는 것이 대도시 외 보호지역에서 대안적인 성장전략으로 부상했다.

1990년대 이후, 지방정부의 정책결정과정에서 주민들의 참여에 대한 강조가 중앙·지방정부의 오피니언 리더들의 또 다른 특징이 되었다. 주민들의 자발적이고 적극적인 참여는 견고한 중앙집권적(국가주도적) 시스템과 시장 주도적 효율성 원칙의 대안으로 고려되었다.

1990년대 개혁주의 지방지도자들은 지방행정과정에서 시민의 참여를 위한 체계적인 경로를 만들어 내려고 노력했다. 정보공개제도는 시민 참여의 중요한 한 일면이었고, 따라서 행정 공개는 지방의 개혁적 지도자에게 가장 중요한 정책수단이 되었다. 시민운동그룹은 1980년대 이래 정보공개법을 통과시킬 것을 요구해 왔다. 1980~90년대에 지방정부는 중앙정부에 앞서 정보공개조례를 통과시키기 시작했다(浅野史郎·北川正恭·橋本大二郎 2002). 정보공개법이 국가 수준에서 통과된 것은 1999년에 와서였다. 개혁적 지방지도자들은 주민들이 수많은 행정과정에 접근할 수 있도록 했다. 그들은 행정정보공개가 행정 시스템에 신선함을 가져다준다고 생각했고, 비개혁적 지방의회 그룹과 싸울 수 있는 개혁 수단으로 이러한 행정정보공개를 활용했다. 시민이 공공행정시스템에 적극적으로 참여하는 것이야말로 지방의 활기를 다시 띄우는 데 가장 중요한 방법이라는 것이 그들의 기본적인 생각이었다(片山善博 2007, 176-177).

참여적 개혁 지향은 탈중앙집권적 개혁 과정에서 광범위하게 확산되었다. 2000년대에 많은 지방들은 '지방자치체의 헌법'으로 알려져 있는 자치기본조례를 제정하고 있다. 홋카이도의 니세코초(ニセコ町)를 시작으로, 이는 유행이 되었다. 자치기본조례는 주민이 어떻게 행정과정에 참여할 수 있는지를 설명하면서 지방행정에서 시민의 자율성이 기본원칙임을 천명했다(内仲英輔 2006, 제1장). 시민의 자율적인 원칙을 믿는 지방지도자와 연구자들은 또 2003년 "'작지만 빛나는' 지방 자치 포럼"이라는 전국적 네트워크 포럼을 만들었다. 이 포럼은 자유주의적 시장개혁에 반대하며, 그 대안으로 시민의 참여를 강조했다. 대기업의 '세계화된 국가'에 의한 자유주의적 시장개혁이 경제적 격차를 심화시키고 지방공동체를 해체시킨다는 것이다. 포럼은 자유주의적 시장개혁 대신, 작은 지방 단위 수준(small local unit)에서의 시민 참여를 제안했다(岡田知弘 2008, 121-128).

1990년대 이후 NPO 활동의 붐은 지방정책과정에서 지방공동체의 참여를 증진시키는 또 다른 원천이었다. 많은 중앙·지방 지도자들은 NPO와의 협동이 지방행정에서 지방공동체의 참여를 증진시킨다고 생각했다(非営利組織評価研究会 2008). 1995년 한신 지진 당시 열정적인 자원봉사활동을 한 후, NPO들은 지방 거버넌스에서 중요한 행위자로서의 자격을 획득했다. 2000년대에는 많은 수의 NPO들이 복지, 커뮤니티 조직, 교육, 문화, 스포츠, 환경, 보건과 같은 몇몇 개의 영역에 적극적으로 참여하였다(伊佐淳 2008).

1990년대 이래 NPO의 활동이 두드러졌지만, 일본의 지방공동체들은

1990년대 이전에도 높은 수준의 사회적 네트워크와 참여를 보여주었다. 일본의 지방사회는 적극적인 커뮤니티 케어와 주민 운동으로 유명했다. 하지만 이것이 유일한 특성은 아니었다. 지방에서 경제적 · 사회적으로 영향력 있던 파워엘리트들이 지방 상공업 기구(지역 상공회의소 등)와 전통적인 마을 결사를 장악하고 있었던 반면, 일부 주민 조직은 좌익 시민운동을 통해 발전하고 있었다. 전후에 전자는 보수적인 자민당 정치인들과 정치적 연계를 유지했지만, 후자는 1970년대와 1980년대에 걸쳐 진보적인 지방지도자들의 기지였다. 지방의 보수적 사회세력의 관심사가 지방의 특수 이익과 관련된 개발 현안에 집중되어 있다면, 지방의 혁신적 사회세력은 공정성과 환경을 강조하면서 보편적 규범과 관련된 현안에 높은 관심을 보여 왔다(今井照 · 松下圭一 2008).

거의 모든 일본의 시민사회 그룹들은 지방화된 사회단체가 되었다(山崎丈夫 2009; 中田実 2007). 이렇게 지방화된 사회단체는 거의 대부분 해당 지역에 기반하기 때문에 지방 협력 시스템의 중요 행위자였다. 로버트 패카넨이 주장했듯이, 일본의 시민사회는 이중 구조를 가지고 있었다(Pekkanen 2006). 민법과 재정 · 조세 규제와 관련된 정부의 체계적인 통제하에서 시민단체들은 지방 수준에서 장려되었다. 이는 지방지도자와 지방기업, 공동체 주민들로 이루어진 새로운 지방 협력 시스템이 안정적으로 발전하는 데 도움을 주었다.

고이즈미 집권 동안 국가정치에서 시장개혁연합이 균형발전연합에 대해 승리를 거두자, 경쟁력이 없는 보호지역은 지방의 자원을 활용하기 위해 시장 모델보다는 공동체 모델 프로그램을 압도적으로 실시하였다. 보호지역들은 대도시권에 비해 외부의 민간투자를 유치하는 데 경쟁력이 없었기 때문에 시장 모델의 시행이 너무 어려운 일이었다.

3. 경쟁력 있는 지역에서의 시장개혁 대 보호받는 지역에서의 공동체 동원

이중적인 지방경제구조와, 시장개혁과 균형발전이라는 두 경쟁적인 정치경제연합은 2000년대 대도시권과 지방도시권이 시장 모델과 공동체 모델에 입각한 상이한 협동 프로그램을 시행하는 것으로 분화된 경로를 만들어 냈다.

20세기에 발전한, 경쟁력 있는 지역과 보호지역이라는 이중적 지방경제구조는 민간투자를 유치하는 데 서로 다른 환경을 만들어 냈다. 모든 지방에 같은 규칙이 적용됐다면 민간기업은 더 경쟁력 있는 대도시권에 투자할 인센티브를 더 많이 가지고 있었다.

시장개혁을 위한 정치적 선택은 대도시권과 지방도시권의 경로 분화를 강화했다. 2000년대에 들어 시장개혁연합과 균형발전연합 간에 강한 대립이 일어났다. 국가정치지도자들이 시장개혁연합 쪽에 서있었기 때문에, 경쟁력 있는 지역에 대한 규제와 보호받는 지역에 대한 보호가 결합된 전후 정치경제체제를 해체하기 위해 구조개혁을 추진하려는 정치적 압력이 대단했다. 도시재생 프로젝트나 구조개혁특구와 같은 많은 협동 프로그램은 민간투자를 통해 성장을 극대화하기 위해서 경쟁력 있는 지역에서 규제 철폐를 시도했다. 이에 따라 시장모델 협동 프로그램은 대도시권에서 부드럽게 안착했다.

반대로, 지방도시권에서는 고이즈미의 개혁정책하에서 균형발전을 유지하기가 힘들었다. 온정주의적 재분배 메커니즘이 국가정치지도자에 의해 해체되는 동안 지방도시권은 대도시의 압도적인 경쟁력 때문에 시장 모델을 활용하는 것이 불가능했다. 대안적인 선택지는 지방의 내재적인 상공업

공동체의 자원을 동원하는 것이었다. 2000년대에 중앙관료들은 중심시가지 개발계획이나 산업클러스터 계획, 지정관리자제도와 같이 지방 상공업과 시민 공동체의 참여를 증가시키는 방법으로 지방경제를 진흥시킬 수 있는 협동 프로그램을 제공하려고 했다. 2000년대 지방경제정책에서 공동체 모델 협동 프로그램은 보호지역에서 지배적인 대안이 되었다.

제4장

지방도시개발정책 거버넌스의 분화

지방도시개발정책 분야에서 고이즈미 준이치로(小泉純一郎) 정권의 구조개혁은 전후 일본에서 오랫동안 유지된 균형발전이라는 원칙 자체를 극복하려는 시도였다고 볼 수 있다. 국가적 차원의 균형발전을 총괄하기 위해 중앙집권화된 계획체제에서 기인한 경직성, 그리고 잠재수요와는 무관하게 지방권에 공공투자가 과잉되면서 나타난 비효율성이 일본의 정치경제구조의 문제점으로 오랫동안 비판받아 왔다. 이러한 비판에 기반을 두어 고이즈미 정권은 지역개발정책에서 균형발전원칙을 벗어나 각 지자체에서의 자발적 지방도시개발정책으로의 전환을 꾀하였다.

탈(脫)균형발전을 위한 지방도시개발정책 개혁은 분권화와 민간화라는 두 가지 원칙에 따라 추진되었다. 균형발전원칙에 대한 비판의 초점에는 각 지방의 구체적 현실을 파악하지 못한 채 수치적 균형에 치중하여 과잉공공투자를 초래한 중앙집권적 정책 메커니즘이 있었다. 이 때문에 각 지역에서 각각의 상황에 맞는 지방도시개발정책이 추진돼야 한다는 주장이 폭넓게 설득력을 얻었다. 이에 따라 지방도시개발정책 개혁에서 분권화라는 원칙이 선도적으로 주장된 것은 당연한 일이었다. 이와 함께, 지역개발을 추진하는 과정에서 민간의 활력과 창의를 끌어들여 더욱 효과적인 지방도시개발정책을 수립하겠다는 '민관협동'이라는 모토가 지방도시개발정책 개혁의 핵심적 구호로 발전하였다. 이와 같이 고이즈미 정권 시기의 지방도시개발정책 개혁은 균형발전원칙에 입각한 중앙집권적 규제와 보호의 메커니즘에서 벗어나기 위해 분권화와 민간화를 촉진하려는 노력이라고 할 수 있다.

2000년대 초반 일본이 지방도시개발정책 개혁을 추진하는 과정에서 핵심적으로 제기되었던 질문은 '민관협동'에서 정부 측의 파트너가 되는 민간 측 행위자는 누구인가 하는 것이었다. 실제 지방도시개발정책 개혁과정에서 시장행위자인 민간기업과 지역사회공동체가 유기적으로 잘 연결되어 작

동되고 있었는지는 의문이다. 고이즈미 정권이 지방도시개발정책 개혁을 추진하는 과정에서 새로운 프로그램들이 등장했는데, 여기에서 민간기업과 지역사회공동체가 과거에 비해 중요한 역할을 맡게 되었다. 대표적으로 새로운 지역개발프로그램인 도시재생 프로젝트(都市再生プロジェクト)와 중심시가지활성화계획(中心市街地活性化計画) 모두 정책 추진과정에서 정부의 일방적 결정과 집행이 아닌, 민간 측의 적극적인 역할이 증가했음은 분명한 사실이다. 하지만 두 프로그램이 실제로 추진되는 과정에서 민간기업과 지역사회공동체는 유기적으로 연결되어 있지 않았다. 중앙집권적 균형발전원칙에서 벗어나기 위해 지방도시개발정책 개혁을 추진한 고이즈미 정권은 민간기업을 민간 측 파트너로 하는 시장개혁 프로그램과 지역사회공동체를 민간 측 파트너로 하는 공동체 참여 프로그램을 동시에 진행했지만 각기 다른 지역을 배경으로 전개했다. 시장개혁형 프로그램인 도시재생 프로젝트는 대도시권에 주로 적용된 반면에, 공동체 참여형 프로그램인 중심시가지활성화계획은 지방도시권에서 활발히 적용되었다.

1. 현대 일본 지역개발의 정치사

1) 균형발전원칙의 발전

2000년대에 일본에서 다시 심각하게 부각되는 지역격차의 문제는 1960년대 고도성장기에 이미 심각한 정치적 문제로 대두된 것이었다. 지역개발정책의 균형발전원칙은 고도성장으로 인한 지역 간 비균형적 성장의 문제점을 극복하기 위한 방안으로서 발전하였다.

하지만 균형발전원칙이 지방도시개발정책의 중심으로 자리 잡은 것은 오랜 정치적 논쟁의 산물이었다. 1962년의 제1차 전국총합개발계획(全国総合開発計画)은 균형발전원칙과 집중투자원칙의 충돌과 타협의 산물이다. 제1차 전국총합개발계획을 수립한 이케다 하야토(池田勇人) 정권은 균형발전에 적극적이지 않았다. 지방도시개발정책에 관한 이케다 정권의 일차적 목적은 소득배증계획을 위해 태평양연안벨트에 집중적으로 사회기반시설을 구축하는 것이었으며, 이를 위해 공업정비특별지역(工業整備特別地域)계획이 도출되었다. 반면에 지역격차 문제를 심각하게 의식하던 자민당 정치인들은 균형발전에 대한 요구를 신산업도시구상으로 발전시켰다. 공업정비특별지역계획은 산업과 인구가 집중되는 대도시권에 사회기반시설을 집중하는 데 치중한 반면, 신산업도시(新産業都市)구상은 과소화되는 지방도시권에서 사회기반시설 확충을 통해 새로운 민간의 수요를 창출하는 것이 주목적이었다. 이 두 계획을 놓고 통상산업성과 경제기획청이 충돌을 빚다가 결국 모두 제1차 전국총합개발계획에 포함시켰는데, 이는 제1차 전국총합개발계획에서 균형발전원칙과 집중투자원칙이 타협적으로 귀결되었음을 보여준다(藤井信幸 2004, 240-260).[1]

1969년에 사토 에이사쿠(佐藤栄作) 정권하에서 제정된 제2차 전국총합개발계획은 당시 자민당 간사장을 맡고 있던 다나카 가쿠에이(田中角栄)의 『도시정책대강(都市政策大綱)』에 큰 영향을 받았다. 1972년 총리 집권 직전에 발간된 그의 『일본열도개조론(日本列島改造論)』과 같은 맥락에 놓여 있는 『도시정책대강』에서 다나카는 산업기지의 전국적 분산재배치를 통한 균형발전원칙을 제시하였다(田中角栄 1972; 本間義人 1996, 211-217). 그의 균형발전원칙

---

1 제1차 전국총합개발계획 수립 과정에서 신산업도시와 공업정비특별지역계획을 둘러싼 정치과정은 3장을 참조.

에 영향을 받아 제정된 제2차 전국총합개발계획은 산업시설과 사회기반시설의 전국적 균형투자와 이를 위한 대도시권에서의 규제강화를 지향하고 있었다. 제2차 전국총합개발계획 아래에서 도시계획법 개정과 건설기준법, 도시재개발법의 제정이 이루어졌으며, 이는 전국적 산업도시화를 위한 법적 기반이 되었다. 이에 따라 1970년대 대도시권에서 지역개발에 대한 규제는 한층 강화되었다. 건축기준법에 의거해 1970년 대도시에서의 토지이용에 관한 규제가 세분화되고 용적률 제한이 강화되었으며, 1974년 도시계획법의 개정으로 신규개발이 제한되는 '시가지조정구역'이 책정되었다(村野雅義 2002, 36-43).

대도시권에서의 지역개발에 대한 규제강화는 당시 정치사회적 시대상에 조응하는 성격을 지닌다. 1970년대 많은 대도시에서 혁신적인 지사와 시장들이 당선되었는데, 그들은 산업발달과 인구 집중이 야기하는 도시문제와 환경문제를 제기함으로써 당선되었다. 또한 법원이 일조권을 보호하는 판결을 내리기 시작한 것도 대도시에서의 무분별한 난개발에 반대하는 논리가 강화되는 데 도움을 주었다(五十嵐敬喜 · 小川明雄 2003, 100-103). 대도시의 급속한 집중개발의 부작용에 대해 주민들이 반발하는 정치적 분위기와 함께, 지역격차에 대한 지방도시권에서의 지속적 반발과 그에 대한 자민당 보수 정치인들의 대응 등은 1970년대 균형발전원칙이 일본 지방도시개발정책의 핵심적 자리를 차지하게 되는 계기를 만들었다. 대도시권에서의 자민당 지지율 하락, 그리고 그로 인한 정치적 위기감은 자민당이 지방도시권의 지지를 견고히 해야 할 필요성을 더욱 증가시켰다. 자민당 정권이 추진한 균형발전원칙은 지방도시권에서 사회기반시설에 대한 공공투자를 증진시킴으로써 이들 지역에서 자신에 대한 지지를 더욱 견고히 하려는 자민당 정권의 정치적 노력의 산물이라 할 수 있다(Calder 1988, 156-230). 다나카의 『일본열도개조론』은 이와 같은 자민당 정치인들의 정치적 노력의 핵심적 산물이라 하겠다.

지방도시권에서 지지를 견고히 하려는 자민당의 노력은 대규모소매점포법(大規模小売店舗法, 약칭 대점법)의 수립을 통해서 지방도시개발정책에도 영향을 주었다. 대형 유통점의 확산으로부터 다수의 자영업자들을 보호해 그들의 정치적 지지를 확보하려는 대점법은 1973년 백화점법을 대체하는 형태로 수립되었다. 대점법은 대규모 유통점포의 규모와 운영시간을 규제함에서 대도시권보다 지방도시권에서 더 엄격했다. 도쿄와 오사카 등 대도시에서는 3,000평방미터 이상의 대규모 점포만이 규제 대상이었던 반면에, 지방도시권에서는 1973년에 1,500평방미터 이상의 점포를 규제하다가, 1979년에는 500평방미터 이상의 점포로 규제대상이 확대되었다(番場博之 2006, 18). 이와 같은 대점법의 발달은 지방도시권의 기존 상업세력을 보호하려는 것이었고, 이는 균형발전원칙에 입각한 지역개발정책의 한 축을 이루어 왔다.

1970년대 후반에 제정된 제3차 전국총합개발계획에서도 균형발전원칙은 지속되었다. 1977년 후쿠다 다케오(福田赳夫) 정권은 제3차 전국총합개발계획을 제정하면서 균형발전원칙을 역시 강조하였다. 다만 그 후 오히라 마사요시(大平正芳)의 '전원도시' 개념에 영향을 받아, 전국적 산업투자의 증진을 통한 균형발전이 아니라 자연과 인간의 조화를 지향하는 '정주권 구상'을 제3차 전국총합개발계획의 핵심적 원칙 중 하나로 삼았다(内務省地方局有志 1980, 420-421; 五十嵐敬喜 · 小川明雄 2003, 104).[2] 친환경적 지역개발이 우선시되는 제3차 전국총합개발계획에서 대도시권에 대한 지역개발규제는 한층 강화되었다고 할 수 있다.

이와 같이 1960년대 초반에 집중투자 노선과 충돌하며 발전한 균형발

2 오히라 총리는 내정과 외정의 9개 분야에 대한 정책연구회를 운영하였으며, '전원도시구상'은 국토개발정책에 대한 정책연구회에서 집중적으로 토의되었다.

전원칙은 1970년대에 들어 현대 일본의 지방도시개발정책의 핵심적 요소로서 확실히 자리매김하였다.

2) 지역개발 규제완화의 흐름

균형발전원칙은 1970년대 대도시권 지역개발에 대한 규제강화와 지방도시권 지역개발을 위한 공공투자의 증가로 현실화되었다. 하지만 1980년대 이래로 대도시권 지역개발에 대한 규제를 완화하고자 하는 정치적 시도가 끊이지 않았다.

1980년대 초 나카소네 야스히로(中曾根康弘) 정권은 '증세 없는 재정재건'이라는 구호 아래, 균형발전원칙하의 지방도시개발정책에 변화를 가져왔다. 나카소네 정권은 대도시권의 도심 재개발 사업을 적극적으로 지원하는 정책적 입장을 취하고 있었다. 재정재건을 위한 경기증진의 필요성과 그 효과적인 수단으로서 도심 재개발 사업에 대한 인식을 바탕으로 민간자본에 의한 대도시권의 도심 재개발을 적극 지원하였다. 이를 지원하기 위해 나카소네 정부는 균형발전원칙의 한 축인 대도시권의 개발규제를 완화하는 '도시 르네상스' 정책을 추진하였다(五十嵐敬喜 · 小川明雄 2003, 105-106). 나카소네 정권의 '도시 르네상스' 정책하에서 추진된 수많은 신규 도심개발이 경제성장에 도움이 되었지만, 동시에 1980년대 부동산 거품을 야기한 하나의 요인이 되었음을 부인할 수 없다. 지방도시개발정책에서 균형발전원칙에 반대하는 1980년대의 정책적 흐름은 대도시권에 대한 규제완화에 집중되어 있었다. 반면 지방도시권의 공공투자 증진은 한편은 보수적 지지층을 유지하려는 정치적 목표 때문에, 다른 한편으로는 경기부흥을 위한 정책적 노력 속에서 꾸준히 유지되었다.

대도시권 지역개발의 규제완화는 1990년대의 장기침체 속에서 부침을 겪었다. 1990년대 초에는 대도시권 지역개발의 규제완화에 반하는 흐름이 강했다. 1989년 가이후 도시키(海部俊樹) 정권은 '지역개발의 이익을 사회로'라는 모토하에 토지기본법을 제정하여 지역개발에서 공공성을 강조하였다. 또한 미야자와 기이치(宮沢喜一) 정권은 도시계획법과 건축기준법을 개정하여 민간개발업자들이 주도하는 대도시권에서의 개발붐을 억제하려고 하였다(五十嵐敬喜·小川明雄 2003, 113-114). 이와 같은 시도들은 1980년대 초 나카소네 정권이 대도시권 지역개발의 규제를 완화하려 했던 흐름을 억제하려는 것이었다. 하지만 1990년대 일본의 장기침체는 이러한 시도를 어렵게 했다. 장기침체 속에서 건설성과 자민당은 대도시권 지역개발에 대한 규제를 새로이 강화하려 하지 않았다.

1990년대 장기침체기의 지방도시개발정책은 경기부흥을 위해 대도시권에서 규제완화를 해야 한다는 판단과 정치적 지지층의 안정적 확보를 위해 지방도시권에서 공공투자를 지속해야 한다는 판단이 복합적으로 상존해 있었다. 대도시권의 지역개발 규제와 지방도시권의 공공투자 증진이 하나의 패키지로 균형발전원칙의 구체적 수단이 되었던 전후 일본의 지방도시개발정책의 흐름에서 볼 때 대도시권에 대한 규제완화는 균형발전원칙의 근간을 뒤흔드는 것이었다. 이 때문에 1990년대는 규제완화와 균형발전의 두 원칙 중 어떤 것을 우선해야 하는지 선택의 기로에서 명확한 정치적 결정을 내리지 못했던 시기라고 할 수 있다. 지방도시개발정책의 큰 변화는 2000년대 초 고이즈미 정권의 출현과 함께 이루어졌다.

3) 마치즈쿠리 전통

현대 일본에서 중앙관료들의 주도하에 중앙집권적 지역개발구조가 발

전하였지만, 원래 일본에는 주민들이 자치적 협의를 통해 거주지 개발에 참여하는 마치즈쿠리 전통이 있어 왔다. '마을(まち)'과 '만들기(づくり)'의 조합어인 마치즈쿠리는 관료에 의해 통제되는 도시계획에 반대되는 개념으로(도시 대 마치, 계획 대 즈쿠리), 1950년대 이래 폭넓게 사용되었다(Evans 2002, 447). 초기에 마치즈쿠리는 지역개발에 국한된 용어가 아니었다. 1950년대 마치즈쿠리는 생활여건 개선, 자치운동, 자치적 사회복지사업 등에 폭넓게 활용되었다. 지역복지협회는 자신의 기부와 봉사 활동에 마치즈쿠리를 사용하였으며, 생활개선에 힘쓰는 주민조직은 '모기와 파리 없는 마치즈쿠리' 같은 표어를 즐겨 내세웠다. 또한 자치운동단체는 '주민의 손에 의한 마치즈쿠리'를 모토로 자치적 민주화 운동을 추진하곤 했다. 이같이 1950년대 마치즈쿠리는 주민 거주지에서의 다양한 문제를 해결하려는 자치적 움직임에 폭넓게 사용되었다(白石克孝 · 富野暉一郎 · 広原盛明 2002, 24).

1960년대 이후에 들어서는 마치즈쿠리가 도시난개발에 대한 대항적 주민운동의 용어로 주로 사용되었다. 고베(神戸) 시의 마루야마(丸山) 지역과 마노(真野) 지역 등에서 마치즈쿠리는 유해산업시설 건축에 반대하는 주민자치운동과 결합하여 발달되었으며, 혁신적 지방자치체의 등장에 크게 공헌하였다(岸幸生 外 1995, 675-676). 일본의 중앙관료들은 주민자치운동과 깊은 연관성이 있는 마치즈쿠리 전통을 중앙집권적 지역개발구조에 적극적으로 포용하고자 꾸준히 노력해 왔다. 건설성과 그 후신인 국토교통성은 중앙에 의한 지역개발계획에 지역민들의 지지를 확보하기 위한 부수적 메커니즘으로 마치즈쿠리를 받아들여, 주민들의 자치적 협의를 통해 발전했는가와는 상관없이 모든 지역개발 프로그램에 마치즈쿠리 용어를 폭넓게 사용하였다(野口和雄 2002, 8-13).

이와 같은 정책적 방향성은 균형발전원칙에서 벗어나려는 고이즈미 정권의 지역개발정책개혁에서 꾸준히 견지되었다. 고이즈미 정권의 핵심적 개혁 방향성인 '관에서 민으로'에서, 민간은 단지 시장행위자인 민간기업뿐만 아니라 지역사회 공동체를 포함하고 있었다. 2000년대에 들어 공동체 참여의 중요성에 대한 인식은 시장주의적 개혁에 대한 찬반과 상관없이 모든 정책담당자들 사이에 보편적으로 받아들여지고 있었다. 고이즈미 정권하의 정책담당자들은 지역사회 공동체가 자신의 거주지 공간에서 적극적으로 참여하여 자체적으로 재개발정책을 수립하는 프로그램들을 적극 권장함으로써 비공식적인 성격의 마치즈쿠리 전통을 지방도시개발정책 개혁과정에서 공식적으로 제도화하려고 노력하였다. 마치즈쿠리 전통을 제도화하려는 새로운 시도는 중심시가지활성화계획에서 가장 눈에 띄게 나타난다.

고이즈미 정권의 지방도시개발정책 개혁의 두 방향인 시장개혁과 공동체 참여는 '관에서 민으로'라는 탈국가주의적 개혁원칙과 일맥상통한 점이 있다. 자기책임을 강조하는 맥락에서 공동체 참여가 동원되었을 때 공동체 참여는 신자유주의적 개혁의 한 수단이 되기 때문이다(Ogawa 2009, 175-184). 즉, 신자유주의적 규제완화의 논리는 지역개발에의 국가 책임을 지방사회의 공동체에게 전가하는 논리로 연결될 수 있다. 하지만 고이즈미 정권하의 지방도시개발정책 개혁에서 시장개혁형 프로그램인 도시재생 프로젝트는 주로 대도시권에서, 공동체 참여형 프로그램인 중심시가지활성화계획은 주로 지방도시권에서 각각 발전하였다. 이 같은 양상은 고이즈미 정권하의 지방도시개발정책 개혁이 대도시권에서의 시장개혁을 지방도시권에서의 공동체 참여를 통해 보완하고자 하였음을 보여준다.

2. 메가시티를 위한 시장개혁

1) 경제 활성화와 도심 재개발

도시재생 프로젝트는 고이즈미 정권기에 가장 눈에 띄는 시장개혁적 지역개발 프로그램이었으며, 이를 통해 과거 균형발전원칙 아래에서 개발 규제를 받던 많은 대도시권 도심지역에서 재개발이 활발하게 이루어지게 되었다.

하지만 도시재생 프로젝트에 관한 논의는 이미 1998년의 오부치 게이조(小渕恵三) 정권에서부터 시작되었다. '잃어버린 10년'으로 불리는 장기침체에 대한 대응책으로 민간 도심 재개발이 논의되기 시작한 것이다. 오부치 정권하의 경제전략위원회는 1998년 경제 활성화 대책의 일환으로 민간 도심 재개발을 제시하였다. 부동산 침체의 결과 증폭된 금융권의 불량채권을 처리하기 위해서는 부동산경기를 진흥시켜야 한다는 판단하에, 경제전략위원회는 대도시권의 지역개발에 관한 규제완화와 민간개발업자들에 대한 지원책을 주장한 것이다(建設政策研究所 2004, 10-14). 하지만 오부치 정권은 균형발전원칙을 훼손할 수 있는 대도시권 지역개발의 규제완화에 정책적 우선순위를 두지 않고, 전국적 차원에서 더 많은 공공투자를 바탕으로 한 적극적 재정정책에 중점을 두었다. 오부치 정권하에서 공공투자는 균형발전원칙에서 벗어나지 않았기 때문에 지방도시권에 더 많은 공공사업이 지속적으로 이루어졌다.

이처럼 오부치 정권은 대도시권에서 민간 도심 재개발을 위한 규제완화에 중점을 두지 않았으나, 경제전략위원회의 규제완화 구상은 1999년 도쿄와 오사카에 각각 도시재생추진위원회가 구성되는 계기가 되었다. 이 두 위원회의 기초적 준비활동에 기반하여 고이즈미 정권 시절 도시재생 프로젝트가 급속도로 추진되었다고 볼 수 있다. 도쿄의 도시재생추진위원회는 도쿄의 미래비전을 글로벌도시로 상정하고, 그 기반 구축을 위해 공공투자가 대도시권에 집중돼야 한다고 주장하였다. 오사카의 도시재생추진위원회 또한 대도시권의 사회기반시설에 좀 더 집중적으로 투자할 것을 강조하였다. 그러나 균형발전원칙하에서 대도시권에 대한 규제가 간사이 지역에 가장 막심한 피해를 야기했음을 부각시키면서,[3] 도쿄일극중심적 경제구조를 바꾸기 위해 비도쿄 대도시권에 대한 규제완화와 공공투자 집중을 주문하였다(五十嵐敬喜 · 小川明雄 2003, 136-137). 도쿄와 오사카의 도시재생추진위원회 구성원들은 민간 부동산 개발업자들의 도심 재개발 프로젝트를 보완해 줄 수 있는 사회기반시설 구축에 좀 더 집중적인 재정투자, 그리고 민간 도심 재개발사업에 대한 정부의 규제완화와 신속한 대응을 핵심으로 하는 시장개혁의 입장에서 지방도시개발정책의 변화를 강조했다고 볼 수 있다. 이와 같은 지방도시개발정책에서의 시장주의적 개혁 흐름은 2001년 모리 요시히로(森喜朗) 정권하에서 도시재생 프로젝트를 위한 도시재생본부의 창설로 이어지게 된다.

2) 메가시티를 위한 도시재생본부

도시재생 프로젝트는 모리 정권하에서 기본 계획이 수립되었고, 고이즈미 정권하에서 본격적으로 추진되었다. 모리 정권은 민간 도심 재개발을 촉진하는 도시재생 프로젝트를 경제 활성화 대책의 하나로 간주하였다. 모리 정권이 경제 활성화를 위해 제정한 긴급경제조치에서 도시재생 프로젝트는 '글로벌 도시를 구축하기 위해 대도시권의 미사용 도심지역을 활성화' 하는 대책으로 정의되고 있다. 또한 긴급경제조치에서 강조하는 지방자치

---

[3] 간사이 지역에서는 경제력이 도쿄에 집중되는 와중에 도쿄권과 동일한 지역개발에 대한 규제가 간사이 지역에도 적용되는 것에 반발이 있었다.

체와의 협조는 도쿄도의 재개발정책을 중앙정부의 지역개발정책에 흡수해서 발전시킨다는 의미로 사용되고 있다. 오부치 정권의 경제전략위원회의 구상과 마찬가지로 모리 정권의 긴급경제조치는 부동산 침체로 인한 불량채권을 해소하기 위해 대도시권의 민간 도심 재개발사업을 적극 지원한다는 내용을 담고 있다(五十嵐敬喜·小川明雄 2003, 148-150).[4]

2001년 4월 모리 요시히로에 이어 총리에 취임한 고이즈미는 이미 논의가 진척되고 있던 도시재생 프로젝트를 적극적으로 받아들였다. 5월에 취임하여 행한 첫 양원합동 연설에서 고이즈미는 '성역 없는 구조개혁'이라는 정권 기본 방침을 천명하는 동시에, 일본의 대도시권에서 도시재생 프로젝트를 적극 추진할 것을 표명하였다. 같은 달 도시재생 프로젝트를 추진하는 도시재생본부가 총리를 의장으로, 모든 내각대신들을 구성원으로 하여 관방장관실의 지도를 받는 특별조직으로 출범하게 되었다.

2001년 5월 18일 도시재생본부의 첫 번째 회의에서 고이즈미는 다음과 같은 도시재생 프로젝트의 기본원칙들을 천명하였다. 첫째, 그는 도쿄와 오사카의 도심지역이 낙후되어 세계적 경쟁력을 상실한 점을 지적하며, 이를 극복하기 위해 대도시권의 도심 재개발이 필요함을 다시 밝혔다. 둘째, 도시재생 프로젝트는 민간자본의 투자에 기초해야 하며, 셋째, 민간자본 투자를 촉진하기 위해 지방도시개발정책의 규제시스템을 재평가해야 한다고 주장했다. 넷째, 도시재생 프로젝트는 경제 활성화 대책인 동시에 민간자본을 제약하던 낡은 규제를 철폐하는 구조개혁의 일환임을 언급했으며, 마지막으로 도시재생 프로젝트를 추진하는 과정에서 민관협동 원칙이 기본이 되어야 함

4 1990년대 경기침체의 가장 큰 요인이 1990년대 초 부동산을 비롯한 자산가치의 폭락이기 때문에, 경기대책에서 부동산시장진흥책은 매우 중요한 부분으로 간주되었다.

을 강조하였다(都市再生本部 2001a). 이와 같은 기본원칙들에서 고이즈미는 도시재생 프로젝트가 민간자본을 위한 규제완화라는 것을 분명히 하였다.

도시재생 프로젝트가 적용되는 지역들을 지정하기 전, 도시재생본부는 2001년 하반기에 세 차례에 걸쳐 민간자본에 의한 대도시권 도심 재개발사업을 보조하기 위해 사전적(事前的) 공공사업을 입안하였다. 첫 번째 사업은 도심 재개발사업을 지원하는 공공사업과는 거리가 있는 것으로서 내진설계 강화, 고밀도 재활용시설 구축 등이었다(都市再生本部 2001b). 하지만 두 번째 사업은 대도시권에서 집중적인 공공사업을 벌여 민간자본의 재개발 사업을 보조하려는 명확한 의도하에 추진되었다. 바로 나리타 공항, 하네다 공항, 간사이 공항 등 대도시권 국제공항의 시설 향상, 30년 넘게 실현되지 못한 도쿄 외곽순환고속도로의 조속한 건설, 오사카 생명과학산업단지 신설 등으로 대도시권의 사회기반시설을 향상하려는 노력이었다(都市再生本部 2001c). 이와 같은 사업은 고이즈미 정권이 재정적자의 문제를 해소하기 위해 축소하고자 했던 대규모 공공투자를 필요로 했지만, 대도시권에 대한 이러한 공공투자는 일본 경제의 경쟁력을 강화한다는 판단하에 대체로 효율적인 정책으로 간주되었다. 그리고 마지막 세 번째 사업은 규제완화와 밀접한 연관이 있었다. 도시재생본부가 대도시권 도심의 재개발을 쉽게 할 수 있도록 토지이용제한의 유동화와 용적률 인상을 계획한 것이었다(都市再生本部 2001d).

이와 같은 세 차례의 사전 사업에서 도시재생본부의 목표는 부동산 개발업자들의 투자를 증진하는 것이었다. 1990년대 균형발전원칙에 입각한 전국적인 대규모 공공투자는 경제부흥에 도움을 주지 못했기 때문에, 고이즈미 정권은 경제적 효과가 높은 지역인 대도시권에 집중적인 공공투자와 규제완화를 시행함으로써 부동산경기를 부흥시키고자 하였다. 도시재생본부가 추진한 사전적 사업의 시장주의적 성격은 도시재생긴급정비지역의 지정을 통해 더욱 강화되었다.

3) 도시재생긴급정비지역

도시재생긴급정비지역의 지정은 도시재생 프로젝트의 핵심적 사업이었다. 민간 도심 재개발 가운데 중앙정부와 지방정부가 집중적으로 인센티브를 줄 수 있는 특별구역인 도시재생긴급정비지역은 실제로는 대도시권에서 집중적으로 지정되었다.

도시재생긴급정비지역의 지정은 '민간도시개발투자촉진을 위한 긴급조치'의 채택에 따른 후속 조치였다. 2001년 8월 도시재생본부의 세 번째 회의에서 채택된 이 긴급조치에서, 도시재생본부는 도심 재개발사업을 추진하는 민간업자들의 사업계획을 수집하고, 나아가 사업을 추진함에서 개선이 필요하다고 민간업자들이 생각하는 의견을 청취하고, 이를 반영해 규제완화의 정책이 적용되는 특별지역을 설정할 것을 명확히 하였다(都市再生本部 2001c). 2001년 11월까지 수집된 민간개발업자들의 도심 재개발사업계획 205건은 대부분 대도시권에 집중됐다. 특히 도쿄권의 재개발 사업이 절반을 넘는 132건이었다(그림 4-1 참조).

한편 도시재생본부는 민간개발업자들로부터 의견을 청취해 세 범주로 그 요구를 정리하였다. 민간개발업자들의 요구는 모두 지역개발에 대한 규제완화와 관련이 있었다. 첫째 범주는 재개발 사업을 위한 절차를 간소화해 달라는 것이다. 민간개발업자들은 재개발 사업에 필요한 거주민과 지주들의 동의율을 낮춰줄 것과 문화재조사기간의 단축, 대규모소매점포입지법(大規模小売店舗立地法, 약칭 대점입지법)에 의한 규제완화 등을 요구하였다. 둘째 범주는 대도시권 도심에서 산업시설 설치의 규제완화와 토지이용변경의 용이화, 항만인

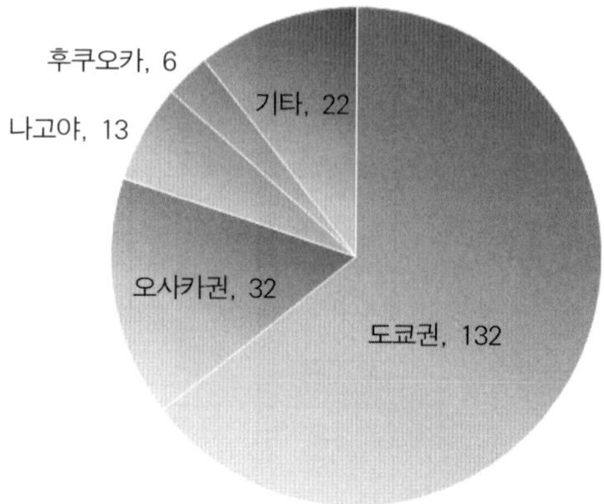

그림 4-1. 민간 재개발사업의 전국적 분포(2001)

출처: 도시재생본부 홈페이지 〈http://www.toshisaisei.go.jp〉.

접시설부지의 개발규제 해제, 용적률과 일조권 규제 완화 등 재개발사업의 효율성을 증진하기 위한 규제완화이다. 셋째 범주에는 도심 재개발사업의 진행에 동반되는 사회기반시설 구축에 대한 빠른 대응과 세제혜택 등의 유인책이 포함되어 있다(都市再生本部 2001d). 도시재생본부는 이와 같은 민간개발업자들의 요구를 반영해 2002년 도시재생특별조치법을 만들었고, 도시재생긴급정비지역의 지정에도 역시 민간개발업자들의 요구를 반영하였다.

도시재생특별조치법은 2002년 2월 각의를 통과하고 3월 의회를 통과하여 4월에 공포되었다. 도시재생특별조치법에 따라 도시재생본부는 도시재생긴급정비지역을 지정할 권한을 갖게 되었다. 이 지역에서 민간개발업자들은 거주민의 3분의 2의 동의만으로도 재개발사업을 추진할 수 있게 되었고 토지이용, 용적률, 일조권 등에 대한 규제도 완화되었다. 또한 정부에 의한 특별금융지원책도 인센티브로 제공되었다(五十嵐敬喜 · 小川明雄 2003, 68-70). 이 같은 입법을 통해 고이즈미 정권은 민간개발업자들의 청원을 받

그림 4-2. 도시재생긴급정비지역의 전국적 분포(2007)
출처: 도시재생본부 홈페이지 〈http://www.toshisaisei.go.jp〉.

아들여 시장주의적 지역개발정책을 펼치고자 한 것이다.

2002년 7월 도시재생본부는 첫 번째 도시재생긴급정비지역으로 17개 지구, 총 3,515헥타르의 부지를 지정하였다(도쿄 7개 지구, 2,370헥타르; 오사카 8개 지구, 947헥타르; 요코하마의 미나토미라이(みなとみらい) 지구, 141헥타르; 나고야의 나고야 역 동편 지구, 57헥타르). 2002년 10월에는 두 번째로 총 28개 지구, 2,246헥타르의 부지를 추가로 선정하였다. 4개 지구[삿포로(札幌)의 두 지구, 센다이(仙台), 다카마쓰(高松)]를 제외하고는 두 번째로 선정된 지구도 모두 대도시권에 집중되어 있었다. 2007년까지 선정된 총 65개의 도시재생긴급정비지역 가운데 3분의 2 이상이 도쿄와 오사카의 대도시권에 집중되어 있었다(그림 4-2 참조).

도시재생 프로젝트를 통해 도쿄, 오사카, 나고야 등 일본 대도시의 모습은 크게 변화하였다. 도쿄의 경우 1990년대에 추진되었던 시오도메(汐留)와 록본기(六本木)의 재개발 사업이 각각 2004년과 2006년에 완공되었다. 이들 지역의 재개발 사업은 도쿄 중심부인 도쿄 역 주변의 낡은 이미지를 심화시켰다. 1988년 이래로 오테마치(大手町), 마루노우치(丸の内), 유라쿠초(有楽町)에서 재개발촉진협의회가 형성되어 재개발사업이 추진되었으나 큰 진척이 없다가 2000년대에 들어와서야 도시재생긴급정비지역으로 선정되면서 재개발사업이 활기를 띠게 되었다. 이 지역에서는 총 18개의 민간 재개발사업이 진행되었는데, 대부분이 용적률 상향, 환경조사와 문화재조사 기간 단축 등의 혜택을 받았다(谷沢淳一 2007, 335-336).

이러한 양상은 오사카와 나고야에서도 비슷하게 나타난다. 오사카 역 주변지역과 나고야 역 주변지역은 모두 도시재생긴급정비지역으로 선정되었다. 오사카 역 주변지역에서는 총 11개의 재개발사업이, 나고야 역 주변지역에서는 총 9개의 재개발사업이 도시재생긴급정비지역의 혜택을 받았다. 대표적으로 도요타와 매일신문에 의해 추진된 나고야의 미들랜드 스퀘어 재개발사업은 용적률이 1,000%에서 1,500%로 상향되는 혜택을 받았으며, 오사카역사 재개발사업은 용적률이 600%에서 800%로 상향되는 혜택을 받았다(都市再生本部 2006).

고이즈미 정권하의 시장주의적 지방도시개발정책 개혁은 도시재생 프로젝트를 통해 대도시권에서 지배적으로 진행되었다. 민간자본의 투자를 촉진하기 위한 시장주의적 지방도시개발정책 개혁은 대도시권에서 가장 효과적인 결과를 낳을 수 있었기 때문에 고이즈미 정권은 의도적으로 대도시권에서의 지역개발 규제를 완화하는 프로그램인 도시재생 프로젝트를 통해 경제 활성화의 돌파구를 찾으려 하였다. 중앙정부, 대도시 지방자치체, 민간개발업자들의 이해관계가 맞아떨어지면서, 도시재생 프로젝트의 추진 과정에서 이들 간의 의견조율은 아주 원만하게 이루어졌다. 하지만 대도시권 지역개발의 규제를 완화하는 과정에서 현대 일본에서 지켜져 왔던 균형발전 원칙은 더 이상 유효하지 않았다.

3. 콤팩트시티를 위한 공동체 참여

1) 중심시가지활성화계획과 TMO

대도시권에서의 시장주의적 지방도시개발정책 개혁과 함께 전국적 차원에서의 공공사업에 대한 예산 삭감은 균형발전원칙에서 벗어나는 고이즈미 정권의 분명한 정책방향이었다. 시장주의적 지방도시개발정책 개혁의 혜택이 돌아가지 않는 지방도시권은 고이즈미 정권의 재정정책인 정부의 공공투자예산 삭감에 따라 타격을 받았다. 이를 보완하는 정책수단으로 2000년대에 들어 지방도시권에서 강조된 것은 지역개발에서의 공동체 참여였다. 이와 같은 공동체 참여가 강조된 대표적 지역개발 프로그램이 중심시가지활성화계획이라 할 수 있다.

중심시가지활성화계획은 1990년대 지방유통정책의 변화와 함께 도입되었다. 1973년 소규모 자영업자들을 보호하기 위한 대점법은 2000년 폐지되고 대점입지법으로 대체되었다. 1995년 WTO의 설립과 함께 국외로부터 대점법이 대규모 유통업체의 영업시간과 규모를 제한해 비관세장벽이라는 주장이 제기되자, 대점법은 폐지되고 대신에 점포 주변환경—주차시설, 교통여건, 소음, 폐기물처리 등—에 대해 규제하는 대점입지법이 신설된 것이다(福田敦 · 毒島竜一 · 小川雅人 2008, 190). 대점입지법은 점포 주변환경에 대한 규제였기 때문에 기본적으로 소규모 자영업자 보호를 위한 규제가 아니었다. 이에 따라 대형 유통업체의 수는 1990년대 후반 이래 크게 증가하였으며, 이러한 대형 유통업체는 대부분 지방도시권의 중심시가지 외곽의 교외지역에 자리 잡았다(細野助博 2007, 91). 이렇게 대형 유통업체가 교외지역에서 확산되자 지방도시권의 중심시가지가 쇠퇴했고, 이를 해결하기 위한 새로운 프로그램으로 중심시가지활성화계획이 입안되었다.

중심시가지활성화계획은 중심시가지에 있는 상인공동체의 자발적 참여를 통해 중심시가지의 재개발을 꾀하는 것을 목표로 출발했다. 중심시가지의 공동화 현상을 극복하는 방법으로서의 공동체 참여에 대한 정책적 지원인 중심시가지활성화계획은 마치즈쿠리 전통을 적극적으로 이용한다는 기본 방침에 입각해 있었다. 중심시가지활성화계획에서 주도적 역할을 맡게 되는 것은 중심시가지의 지역상업공동체이다. 이들이 낙후한 중심시가지의 재개발계획을 자발적으로 수립하면, 이에 대해 지방자치체가 보조적으로 도로, 주차장, 교통망 등의 기반시설 개선 사업을 수행하는 형태였다(福田敦·毒島竜一·小川雅人 2008, 191). 건설성의 주도로 중심시가지활성화계획이 입안되고 집행되었으나, 이는 상업·지역 정책과도 연결돼 있어서 통상산업성과 자치성도 개입하였다. 중심시가지활성화계획의 수립과 함께 신설된 중심시가지활성화본부는 각 시정촌 단위에서 하나의 계획을 접수해 조건에 부합한지를 판단한 후, 각 사업에 보조금을 주는 형태로 계획을 추진하였다.

기본적으로 사업이 중앙정부의 보조금 지급 형태로 출발했기 때문에 거의 모든 시정촌 단위의 지자체들이 사업신청을 하였다. 중심시가지가 소규모 자영업자들로 조성되어 있는 지자체라면 모두 자격조건을 충족하는 것이어서, 2006년 중심시가지활성화계획이 개정되기 전에만 606개 지자체의 690개 중심시가지가 이 계획의 보조금을 신청했다(細野助博 2007, 57). 중심시가지활성화계획의 혜택을 받기 위해서는 지역 중심시가지의 상인공동체가 참여하여 스스로 계획을 수립하고 이를 제출해야 했기 때문에, 지역상인공동체는 지자체와의 협조하에 TMO(town management organization)를 조직하여 계획에 참여하게 되었다.

마치즈쿠리 단체로도 불리는 TMO는 중심시가지활성화계획의 핵심이었다. TMO는 중심시가지활성화계획으로 선정된 지구의 상업진흥계획을 수립하고, 종합적 고객서비스를 제공하며, 상업지구의 재개발사업 추진을 담당하는 기구였다. TMO는 일반적으로 해당 지역의 상공회의소나 상인연합회에 의해 조직됐기 때문에 지역상인들의 대표적 지도자들이 구성원으로 참여하는 경우가 일반적이었다. 중앙정부로부터의 보조금은 기본적으로 TMO 활동에 대한 보조금이었다. 중앙정부와 지자체는 TMO가 수행하는 해당지역의 실태조사나 공청회 개최 등에 대해 비용을 전액 지원해 주는 한편, 고객서비스 활동이나 상업지구부흥이벤트개최 등에 쓰이는 비용의 3분의 2를 지원해 주었다. 이와 더불어 TMO는 중심시가지활성화계획과 연관성이 있는 사업에 대해 특별금융지원과 세제혜택을 받았다(小林敏樹 2007, 243). 이와 같은 인센티브를 통해 일본의 중앙정부는 대점법이 대점입지법으로 대체되면서 약화된 소규모 자영업자들에 대한 보호를 일정부분 보상하려 하였으며, 이 과정에서 지역공동체의 참여를 증진시키려 하였다. TMO는 지역사회 지도층 인사들과 지자체 간의 토론과 의사소통 장으로서의 역할과 함께, 해당지역 중심시가지의 총체적 운영을 관리하는 기구의 역할도 맡고 있었다. 2006년 중심시가지활성화법의 개정으로 TMO는 분화되어, 토론과 의사소통의 장으로서의 역할은 중심시가지활성화협의회가, 운영을 관리하는 역할은 마치즈쿠리 주식회사 또는 마치즈쿠리 NPO가 맡게 되었다.

2) 선택과 집중의 콤팩트시티

중심시가지활성화계획은 2006년 정책의 효과를 증진하기 위해서 개정되었고, 개정된 중심시가지활성화계획은 좀 더 적은 지역에 선택적으로 집행되었다. 또한 개정 중심시가지활성화계획에서는 중심시가지를 더 집중적으로 개발하여 콤팩트시티를 창출하는 것이 정책의 명확한 목표가 되었다.

중심시가지활성화계획의 개정은 기존 지정 지구의 부실한 정책결과에 대한 평가에서 출발한다. 2004년 총무성은 2000년 이전에 중심시가지활성화계획이 추진된 지구 중 121개의 사례를 조사하여 중심시가지활성화계획의 정책효과를 연구하였다. 그 결과는 인구, 점포 수, 매출액 등의 지표에서 전혀 나아진 점이 없다는 것이었다. 또한 일본상공회의소에서 실시한 설문조사에서 지역상공회의소 인사들의 70% 이상이 중심시가지활성화계획의 효과에 대해 부정적이었다(総務省 2004). 이와 같은 조사를 바탕으로 중앙정부는 중심시가지활성화계획의 전체적 틀에서 획기적인 변화를 추구했다.

기존 중심시가지활성화계획이 부실한 정책효과를 낸 데는 중심시가지활성화법 등장의 배경이 된 대점입지법의 영향이 크다. 점포 운영시간과 규모에 대한 규제가 아닌 점포 주변환경에 대한 규제를 중심으로 한 대점입지법하에서, 대형 점포들이 주변환경에 대한 규제를 가장 잘 피해나갈 수 있는 방법은 교외에 위치하는 것이었다. 또 1998년에 개정된 도시계획법에서는 농업용지에서의 신규 상업시설 건축에 대한 규제가 없었으므로 주변에 특히 농업용지가 많은 지방도시권에서 교외에 대규모 점포가 입지하는 경향이 강했다. 이에 따라 중심시가지의 공동화 현상은 중심시가지활성화계획을 통한 보조금 지급으로 보충하기에는 한계가 있었다. 또한 지자체와 지역상업공동체는 일반적으로 중심시가지활성화계획을 보조금을 획득하기 위한 수단으로 간주하는 경향이 강했다(福田敦 · 毒島竜一 · 小川雅人 2008, 197-207).

2006년 중심시가지활성화법의 개정은 대점입지법과 도시계획법의 개정과 함께 이루어졌다. 대점입지법과 도시계획법의 개정을 통해 농업용지에서 대규모 유통점포가 개점하는 것을 규제하는 조항을 삽입하였고, 대신에 중심시가지에 대규모 유통점포를 설치하는 것을 쉽게 했다. 중앙관료들은 대규보 유통섬포가 교외에 존재하는 것보다 중심시가지에 존재하는 것이 중심시가지의 소규모 자영업자들에게 유리하다는 판단하에 이 같은 정책변화를 추구했다(福田敦 · 毒島竜一 · 小川雅人 2008, 208-211). 중심시가지활성화법의 개정은 더 전면적으로 이뤄졌다. 기존 체제에서는 거의 모든 지역의 신청을 받아들였던 것에 비해, 개정된 체제에서는 좀 더 적은 수의 지역을 대상지구로 선정하여 집중적으로 지역개발을 추진하려 하였다(中心市街地活性化本部 2006).

개정된 중심시가지활성화계획 아래에서 중심시가지활성화본부는 2006년에서 2009년 6월까지 총 81개 시정촌에서 83개 지구의 계획만을 받아들였다. 기존 계획하에서 700여 개에 가까운 지구가 선정되었던 것에 비해, 개정된 계획에서는 선택과 집중의 원칙을 잘 보여주었다고 할 수 있다. 83개의 선정 지구 중, 인구 10만에서 50만 사이의 도시가 전체의 절반이 넘는 46개였다

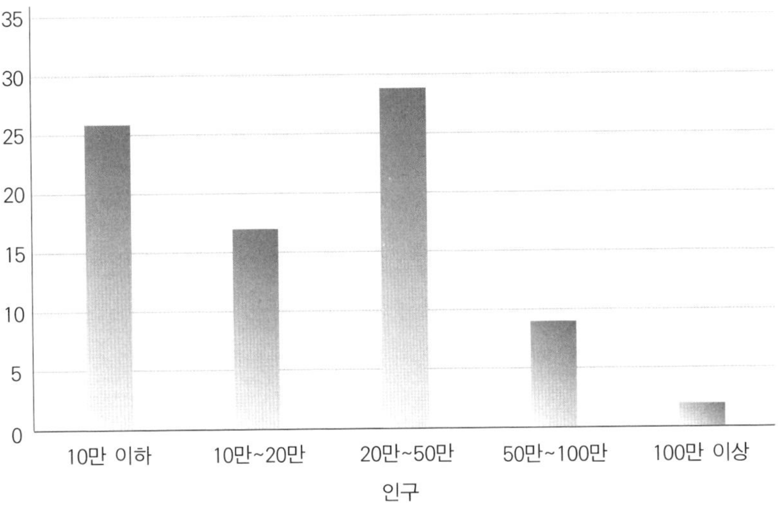

그림 4-3. 개정 중심시가지활성화계획 선정도시의 인구별 분포(2009)

출처: 국토교통성 중심시가지활성화계획 홈페이지 〈http://www.mlit.go.jp/crd/index/index.html〉.

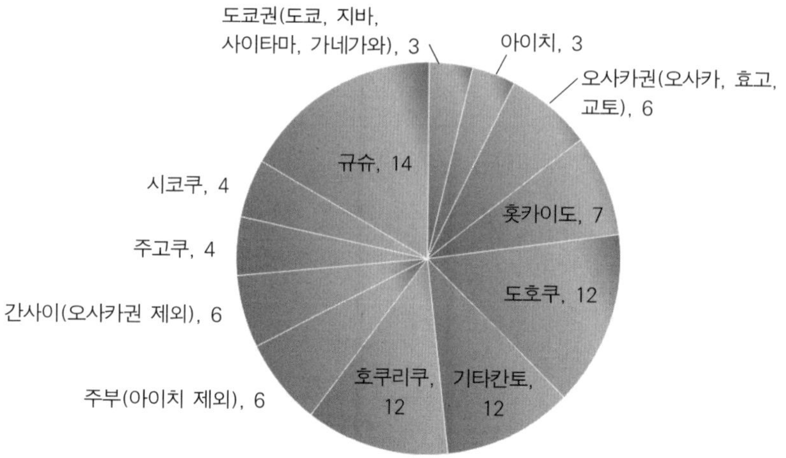

그림 4-4. 개정 중심시가지활성화계획 선정도시의 지역별 분포(2009)

출처: 국토교통성 중심시가지활성화계획 홈페이지 〈http://www.mlit.go.jp/crd/index/index.html〉.

(그림 4-3 참조). 또한 선정된 대부분의 지구는 대도시권 이외의 지역이었다(그림 4-4 참조). 대도시권에 위치한 지구는 12개뿐이었다. 이와 같은 선정사례의 지역적 분포에서 알 수 있는 것은, 개정 중심시가지활성화계획이 지방도시권에서 행정적·경제적 중심 역할을 하는 중심도시를 핵심 정책대상으로 한다는 것이다.

개정 중심시가지활성화계획은 콤팩트시티를 핵심적인 목표로 설정하였다. 과거 지방도시권의 지역개발정책이 교외의 미개발지에 상업시설, 주거시설, 공공시설을 신규 개발하는 방향으로 추진되었다면, 콤팩트시티의 지역개발은 상업, 주거, 공공 기능을 모두 중심시가지에 집중해서 개발하는 것을 목표로 하고 있다(中心市街地活性化本部 2006). 콤팩트시티는 이동수단을 사용하지 않고 도보로 모든 일상생활이 가능하게 도시공간을 창출하자는 아이디어이다. 영국에서 처음 제안된 콤팩트시티는 2000년대 일본에서 상당한 대중성을 획득했다. 콤팩트시티의 아이디어는 노령화 문제에 대처하고 친환경적인 지역개발이 되기 위해서 도시공간을 교외에 분산개발하기보다는 도심에 집중개발하는 것이 더 필요하다고 판단함에 따라 인기를 얻었다(久繁哲之介 2008, 39-61). 중심시가지활성화계획을 개정하면서 중앙관료들은 콤팩트시티의 아이디어를 적극 수용하여, 중심시가지활성화를 단순히 대규모 유통점포에 대한 규제를 완화하면서 보충적 보조금을 지급하던 것에서, 지역개발정책의 근본적 변화를 위한 틀로 이용하고자 하였다.

3) 중심시가지활성화협의회와 마치즈쿠리 주식회사

콤팩트시티를 지향하는 개정 중심시가지활성화계획은 선택과 집중을 통해 정책효과를 증진시키려는 목적과 함께, 기존에 공동체 참여의 장이 되던 TMO 단체의 역할을 분화시키고 좀 더 제도화함으로써 공동체 참여를 강화하려는 목적도 가지고 있었다. TMO 단체는 마치즈쿠리 주식회사나 마치즈쿠리 NPO로 특화되어 발전하였고, 대신 중심시가지활성화협의회를 새롭게 도입하여 지역사회 상업공동체의 참여를 제도화하였다.

중심시가지활성화협의회는 TMO의 의사결정 기능을 이어받았다. 지역상공회의소가 주도한다는 면에서 TMO와 유사하지만, 다양한 사회세력들의 참여와 지역사회공동체와 지자체 간의 관계가 명확하게 설정돼 있는 것이 특징이다(中心市街地活性化本部 2006). 이 협의회에는 일반적으로 지역 상공회의소, 상인대표, 지역 운수회사, 일반 사회단체 등의 폭넓은 인사가 참여하고 있으며, 지자체 공무원도 협의회 구성원 중 한 명으로서 참여할 수 있게 함으로써 TMO와 지자체 간의 비공식적인 관계를 명확히 하였다. 따라서 중심시가

지활성화협의회는 일종의 심의회 제도의 지방화 버전이라고 볼 수 있다.[5]

TMO는 중심시가지활성화계획의 개정 후에도 그 기능을 유지하고 있다. 다만 기존 TMO의 많은 수가 지자체, 지역 상공회의소 등의 출자를 통해 마치즈쿠리 주식회사로 변했다. 마치즈쿠리 주식회사는 TMO가 수행하던 중심시가지의 관리 기능을 그대로 수행했다. 주식회사화하지 않은 TMO의 경우는 NPO의 틀을 빌려 마치즈쿠리 NPO로 변화했다. 시민단체의 틀을 빌렸으나, 실제 기능은 마치즈쿠리 주식회사와 동일하다(小林敏樹 2007, 243-246).

개정 중심시가지활성화법에 따라 중심시가지활성화본부는 2007년 2월에 최초로 도야마(富山) 시와 아오모리(青森) 시를 활성화 지구로 선정하였다. 도야마 시와 아오모리 시에서 중심시가지활성화계획이 추진된 양상은 약간 다르다. 도야마 시에서는 지자체가 선도하여 지역상업공동체의 참여를 유도하는 양상을 보였다면, 아오모리 시에서는 지역 상공회의소가 계획을 선도하고 있었다.

도야마 시에서는 1990년대 후반 이래로 중심시가지의 공동화 현상이 심각해지고 있었다. 이 문제는 도심상업지구에 위치하던 세이부와 나가사키야 등 대형 점포가 2000년대 초반 영업을 중단함으로써 더욱 심화되었는데, 도야마 시는 이에 대해 도야마 상공회의소와 협조하여 마치즈쿠리 도야마를 창설하였다(富山市 2006). 마치즈쿠리 도야마는 도야마 시가 50%를 출자한 관변회사로, 개정 중심시가지활성화계획에 따라 마치즈쿠리 주식회사의 역할을 맡았다.[6] 개정 중심시가지활성화계획에 신청하기 위한 중심시가지활성화협의회의 구성 과정에서도 도야마 시는 지도적 역할을 발휘했다.

---

5 심의회는 일본 행정기관들의 정책에 대한 민간의 의견을 묻는 자문기관으로, 일본의 정책결정과정에서 매우 폭넓게 사용되어 왔다.

6 まちづくり富山 홈페이지 〈http://www.tmo-toyama.com/index.html〉.

아오모리 시는 중심시가지활성화법 개정 전에 이미 도심상업지구의 성공적인 재개발을 수행한 경험이 있었다. 도심상업지구를 재개발한 아우가 쇼핑몰이 도서관 등의 공공시설을 상업지구임에도 유치하였고, 이를 통해 아오모리 시는 도심상업지구로의 유동인구를 늘리는 데 성공했던 것이다.[7] 개정 전 중심시가지활성화계획의 성공사례로 손꼽히는 아오모리 시의 경우, 프로그램의 핵심기구인 TMO 아오모리는 아오모리 상공회의소의 전적인 영향력 아래에 있었다. 지자체의 관변조직으로 시작된 마치즈쿠리 도야마와는 달리, TMO 아오모리는 아오모리 상공회의소의 하부기구로 조직된 반면에 아오모리 시의 영향력은 한정적이었다. 개정체제에서도 아오모리 상공회의소의 주도적 영향력은 지속되고 있다. 도야마 시의 중심시가지활성화협의회는 지자체가 지역상업공동체를 초대하여 협의를 이끌어 내는 성격이 강하고 실제 계획을 운영하는 마치즈쿠리 도야마도 지자체의 통제하에 있는 것에 반해, 아오모리 중심시가지활성화협의회는 아오모리 상공회의소와 긴밀하게 조직적으로 연결된 TMO 아오모리를 협의회의 하부조직으로 직접 통제하고 있다.[8]

관에서 지역상업공동체를 이끄는 도야마의 사례와 지역상업공동체가 적극적으로 지역개발을 주도하는 아오모리의 사례에서 보이듯이, 중심시가지활성화협의회를 통해 도심상업지구의 지역개발에 참여하는 지역공동체의 양상은 일률적이지 않다. 하지만 두 곳 모두에서 중심시가지활성화협의회는 지자체와 지역상업공동체 간의 협의과정을 공식화하는 장으로서의 역할을 한다는 점에서 공통점이 있다.

일본의 지역사회에서 지자체 공무원과 지역사회지도층 간의 긴밀한 협

---

7 AUGA 쇼핑센터 홈페이지 〈http://www.auga.co.jp/com/index.php〉.

8 富山市中心市街地活性化協議会 홈페이지 〈http://www.tmo-toyama.com/torikumi/cyuusin2/index. html〉.

조 관계는 결코 새로운 현상이 아니다. 하지만 과거의 관계는 비공식적인 대면접촉을 통한 인간관계에 기초하는 성격이 강했다. 반면에 중심시가지활성화계획 같은 공동체 참여 증진을 요구하는 프로그램들은 지역사회지도층이 정책결정과정에 참여하는 공식적인 장을 제공함으로써, 지역사회공동체의 참여를 좀 더 제도화하고자 했음을 볼 수 있다.

4. 지방도시개발정책 개혁의 계획된 이중구조

2000년대 초반 고이즈미 정권하에서 지역개발정책은 균형발전원칙에서 벗어나 '관에서 민으로'라는 기본 방향에 따라 각 지방에서 민간의 자발적인 참여가 강조되었다. 도시재생 프로젝트와 중심시가지활성화계획은 각각 시장개혁과 공동체 참여를 대표하던 프로그램으로서 고이즈미 정권이 적극적으로 추진한 정책이다. 현대 일본의 정책과정에서 이러한 민관협동형 정책 메커니즘은 새롭지 않다. 일본은 국가주도형 정책 메커니즘에서도 민간과의 조정을 비교적 적극적으로 수행했던 사례로 꼽힌다(Samuels 1987; Okimoto 1989). 하지만 기존 일본의 국가-사회관계는 비공식적인 네트워크를 통해 그러한 조정을 수행해온 성격을 지니고 있으나, 고이즈미 정권이 추진했던 시장개혁과 공동체개혁의 방향은 모두 국가와 사회와의 비공식적인 조정 메커니즘을 더욱 제도화하려는 시도였다고 볼 수 있다.

하지만 이렇게 지방도시개발정책이 민간주도형으로 변화하자 민간기업과 지역사회공동체는 한 지역공간에서 잘 융합하지 않는 양상으로 발전하였다. 민간기업과 지역사회공동체가 각각 국가와 잘 연결되어 있지만, 두 민간 측은 각기 다른 지역적 공간에서 국가의 민간 측 파트너로서 존재할 뿐이다. 도시재생 프로젝트와 중심시가지활성화계획에서 보았듯이 시장개혁과 공동체 참여는 지역적으로 불균형을 이룬다. 시장개혁은 대도시권에서 적극적으로 수행되었으며, 공동체 참여는 지방도시권에서 주로 장려되었다. 이처럼 시장개혁과 공동체 참여가 다른 경제구조를 지닌 지역적 배경 속에서 작동하는 것은, 기본적으로 대도시권에서 시장개혁 효과가 가장 잘 나타나기 때문이었다. 대도시권에 대한 규제를 핵심으로 하는 균형발전원칙에서 벗어나 모든 지역이 동등한 시장 환경에 놓였을 때, 더 큰 잠재수요를 지닌 대도시권에서 시장개혁 효과가 더 높을 수밖에 없다. 공동체 참여는 탈균형발전 노선을 지지하는 고이즈미 정권이 대도시권의 규제완화로 인해 상대적으로 약화되는 지방도시권의 보호를 보완하려는 시도로 볼 수 있다 (中野敏男 2001; Ogawa 2009).

제5장

지방산업정책 거버넌스의 분화

고이즈미 준이치로(小泉純一郎) 정권 시기 지방산업정책 개혁의 사례는 고이즈미의 구조개혁에 대한 기존 평가의 한계를 잘 보여주고 있다. 2000년대에 들어 일본 정부는 시장주의적 개혁의 성격을 갖는 규제완화를 지방산업정책 분야에 도입함과 아울러, 공동체 참여형 개혁의 성격을 갖는 새로운 지방산업정책 프로그램도 도입하였다. 즉, 2000년대 일본의 지방산업정책 개혁에는 크게 두 노선이 혼재되어 있었다. 두 노선 모두 지역 제조업의 생산 활력을 되찾아 지방경제의 부흥을 꾀하는 성장전략이라는 공통점이 있지만, 외부로부터의 신규투자를 통해 지방에 새로운 생산 활력을 찾으려는 대외적 투자유치 접근법과, 기존에 존재하던 기업들 사이의 연계망을 강화하여 지방경제의 활력을 찾으려는 내재적 네트워크 강화의 접근법은 근본적으로 상이하다(清成忠男 1986, 5-10). 2000년대에 들어 대외적 투자유치를 위한 지방산업정책은 공업재배치촉진법(工業再配置促進法) 폐지와 구조개혁특구(構造改革特区) 제도의 도입으로 구체화되었다. 일본 정부는 공업재배치촉진법 폐지를 통해 대도시권에서 신규공업입지에 대한 규제를 완화하는 방법으로, 신규산업시설 유치에서 대도시권과 소외지방도시권 모두에게 동등한 자격을 부여하였다. 또 구조개혁특구제도의 도입을 통해 신규투자를 유치하는 과정에서 지방 차원의 규제완화를 가능하게 했다. 이와 동시에 일본 정부는 중소기업진흥책의 지방화와 산업클러스터(産業クラスター) 정책의 도입을 통해 일정한 지역에서 기존 기업들 간의 네트워크를 강화하는 접근법을 지방산업정책의 중요한 근간으로 삼고자 하였다. 이러한 두 노선의 접근법은 모두 경제산업성에 의해 추진되던 상보적 성격의 것이었다. 경제산업성은 시장주의적 개혁과 공동체 참여형 개혁이 대립되는 것이 아닌, 지역 간 재분배를 위한 기존 지방산업정책에 대한 대안으로서 공존하는 성격을 지니는 것으로 보았다(経済産業省 2004).[1]

하지만 이런 지방산업정책 개혁이 전국적으로 동일한 효과를 내지는 못했다. 대외적 투자유치를 위한 개혁은 주로 대도시권에서 대기업들이 신규투자를 증진하는 효과를 가져왔다. 이는 균형발전을 위해 정부가 대도시권에서 신규투자를 규제하는 대신에 지방도시권을 적극적으로 보호하고 지원하는 메커니즘이 사라진 상황에서, 대도시권이 대기업의 신규투자를 유치하는 데 좀 더 유리한 조건을 갖추고 있었기 때문이었다. 이러한 상황에서 지방도시권은 중앙정부가 제공한 내재적 네트워크 강화를 지방산업정책의 최우선 과제로 두고 지방경제 활성화에 힘쓰는 양상을 보이고 있다. 이 장에서는 고이즈미 정권의 구조개혁이 지방산업정책 분야에서 시장주의적 개혁과 공동체 참여형 개혁의 이중적 성격을 지니고 있었으며, 그것이 왜 지역적으로 분화되어 진전되었는지를 보여줄 것이다. 이를 통해 고이즈미 정권 시절 지방산업정책 분야의 이중적 성격은 일본 정부의 의도적 선택이었으며, 이 선택은 정치적 주도력보다는 경제산업성의 정책 통제력 속에서 이루어졌다고 주장하고자 한다. 또한 일본의 산업구조가 지닌 대도시권 중심성 때문에, 이러한 이중적 정책과제가 지역적 편차를 보이면서 집행될 수밖에 없음을 보여주고자 한다.

1. 전후 일본 지방산업정책의 변천

전후 일본의 중앙정부는 지역 재분배의 수단으로 산업 재배치를 사용하

1 2004년 경제산업성은 『신산업창조전략(新産業創造戦略)』이라는 보고서에서 해외시장에서 경쟁할 수 있는 첨단산업의 선도적 산업군과 지역진흥을 위한 산업군을 구별하고 각 산업군에 상이한 정책과제가 필요하다고 주장하였다. 이러한 판단은 일본 기업의 국제경쟁력을 확보하기 위한 시장주의적 개혁과 지방공동체에 배태되어 있는 중소기업을 주 대상으로 하는 공동체 참여형 개혁의 상이한 접근이 함께 필요하다는 주장으로 연결된다.

였다. 이는 대도시권에서 신규산업시설입지를 규제하고, 소외지방도시권으로 산업단지를 구축·육성하는 정책이었다. 일본의 중앙관료들은 1960년대 이래 국가적 차원에서 각 섹터별로 행정지도를 통해 급속한 산업화를 추진하는 동시에, 산업 재배치를 통해 지역 간 균형발전을 이루고자 하였다. 산업 재배치의 정책목표는 세 종류의 입법을 통해 구체적으로 시행되었다. 도쿄권과 오사카권의 공장등제한법(工場等制限法), 공업재배치촉진법, 공장입지법이 그것이다. 이 입법들은 대도시권에 대한 규제와 지방도시권에 대한 보호라는 패키지로, 전후 일본 지방산업정책의 근간을 이루고 있었다. 1980년대 테크노폴리스(テクノポリス) 정책은 지방도시권에서 신규산업투자를 촉진하기 위한 정부의 육성책으로 나온 것으로 일본 정부에 의한 최후의 산업 재배치 노력이다. 하지만, 1980년대 중반 이후 일본기업들이 해외직접투자를 늘리면서 지역산업 재배치는 정책적 실효성을 잃었고, 1990년대에 들어 새로운 정책이 등장하게 되었다.

1) 집중개발에서 산업분산으로

1970년대 초 다나카 가쿠에이(田中角栄) 정권은 지방산업정책에서 균형발전을 정책적으로 구조화하였다. 이미 1950년대 후반에 도쿄와 오사카 지역에 신규산업시설투자를 금지하는 입법이 성립되고, 1960년대에는 제1차 전국총합개발계획(全国総合開発計画)에 따라서 신산업도시(新産業都市) 구상이 태평양연안벨트 이외의 지역에 신규공업투자를 증진하는 정책으로 도입됐지만, 산업 재배치를 구체화한 것은 다나카 정권이었다.

전후 초기 일본 산업정책의 초점은 균형발전이 아닌 급속한 경제성장에 있었기 때문에 대도시권에 대한 집중투자는 불가피했다. 이로 인해 1950년대에 이미 지방도시권 출신 자민당 정치인들을 중심으로 지역 간 경제격차에 대한 정치적 불만이 분출되기 시작하였다(藤井信幸 2004, 239). 이에 대한 부분적인 정책적 대응이 도쿄와 오사카 지역에서 신규산업시설투자를 금지하는 입법이었다. 1959년에 제정된 도쿄권공장등제한법은 도쿄의 23개 특별구와 무사시노(武蔵野) 시, 미타카(三鷹) 시를 신규산업입지 제한지역으로 설정하였다. 이 지역에서는 1,600평방미터를 넘는 신규공업시설이 입지할 수 없도록 해서 도쿄를 중심으로 한 수도권으로 산업이 집중되는 것을 부분적으로 막고자 하는 것이었다. 1962년에는 1,000평방미터를 넘는 신규공업시설의 입지를 금하는 것으로 규제가 한층 강화되었으며, 1964년에는 가나가와(神奈川) 현의 요코하마(横浜) 시, 가와사키(川崎) 시, 사이타마(埼玉) 현의 가와구치(川口) 시까지 규제지역이 확대되었다. 이와 동시에 오사카권공장등제한법을 통해 오사카(大阪) 시, 사카이(堺) 시, 히가시오사카(東大阪) 시, 교토(京都) 시, 아마가사키(尼崎) 시, 아시야(芦屋) 시, 고베(神戸) 시를 규제지역으로 하는 동일한 형태의 규제를 오사카권에도 도입하였다(八田達夫 2006, 제2장).

하지만 이 같은 대도시권 신규산업입지에 대한 규제는 1960년대 일본 정부의 주된 정책적 방향은 아니었다. 1960년대 초 이케다 하야토(池田勇人) 정권은 소득배증계획을 모토로 삼고, 이를 실현하기 위해 태평양연안벨트 중심의 집중개발을 산업정책의 중점과제로 삼았다(藤井信幸 2004, 234-237). 이에 1962년에 시작된 제1차 전국총합개발계획에서 이케다 정권은 공업정비특별지역(工業整備特別地域)계획을 통해 대도시권 인근 지역에 신규산업입지를 구축하려는 계획을 갖고 있었다. 하지만 동시에 자민당의 반발에 대응하는 차원에서 태평양연안벨트 이외 지역에 신규산업단지를 구축하는 신산업도시구상도 함께 채택했다.

집중개발에서 산업분산으로의 정책전환은 다나카가 정권을 잡은 1970년대에 본격화되었다. 총리에 취임하기 전 다나카는 자민당 간사장 시절에 『도시정책대강(都市政策大綱)』을, 통상산업성 대신 시절에 『일본열도개조론(日本列島改造論)』을 발간하면서, 전 국토의 산업화를 통한 균형발전을 강하게 주장했고, 총리에 취임해서는 자신의 정책노선을 산업 재배치를 통해 실현하고자 하였다(田中角栄 1972; 本間義人 1996). 일본열도개조론의 핵심 주장은 산업재배치를 통해 전국적으로 인구 25만 이상의 신도시를 고르게 창출하여 균형발전을 이룬다는 것이었다. 공업재배치촉진법은 이와 같은 정치적 상황에서 1972년에 입법화되었다. 이 촉진법은 전국을 산업유출촉진지역과 산업성장촉진지역으로 구별하여 산업유출촉진지역에서 신규산업입지를 제한하고, 산업성장촉진지역에서 신규산업단지를 구축하는 것을 골자로 하였다(伊藤正昭 2000, 70). 이 촉진법은 도쿄권공장등제한법과 오사카권공장등제한법의 규제지역보다 더 넓은 지역을 규제지역으로 설정함으로써 소외지역으로의 산업 재배치를 더욱 효과적으로 추진하고자 하였다.

1972년 공업재배치촉진법을 만들면서 일본 정부는 산업 재배치의 구체적 목표를 설정하였다. 하지만 1973년 제1차 석유파동으로 일본 정부는 목표치를 낮출 수밖에 없었다. 1972년에 만들어진 초기계획은 1974년부터 10년간 산업 재배치를 시행하여 1985년에는 산업유출촉진지역에서의 산업비중을 절반으로 줄이는 것이었지만, 1977년의 수정계획에서는 산업유출촉진지역에서의 산업비중 축소 목표가 하향 조정되어, 태평양연안벨트지역이 차지하는 산업생산 비중을 1985년까지 68%에서 60%로 줄이는 것으로 결정되었다. 반면, 홋카이도(北海道)의 산업비중은 2%에서 4%로, 도호쿠(東北)는 5%에서 8%로, 시코쿠(四国)는 2.8%에서 3%로, 규슈(九州)는 6%에서 8%로 늘린다는 계획이었다(日本立地センター 1983). 이를 위해 일본 정부는 새로운 보조금제도를 도입했다. 산업성장촉진지역에 신규투자를 하는 민간기업이나

신규투자를 유치한 지자체에는 신규시설의 크기에 비례해 산업재배치촉진 보조금을 지원하였다. 또 지방토지공사를 통해 신규산업단지를 개발하고 이를 저렴하게 민간기업에게 제공하는 프로그램을 구축하고, 산업성장촉진 지역으로 산업시설을 이전하는 민간기업에게는 금융혜택도 지원했다.

공업재배치촉진법은 부분적으로는 성공했다. 1974년에서 1984년 사이 일본 전체 신규산업시설투자의 66%가 산업성장촉진지역에서 이루어졌다. 하지만 태평양연안벨트지역이 차지하는 산업비중은 1974년 68%에서 1984년 67%로 별다른 변화가 없어 당초 60%까지 낮추겠다던 목표는 달성되지 못했다. 또한 산업성장촉진지역에서 신규산업단지의 개발 속도는 정부계획보다 더뎠다. 일본 정부는 1984년까지 10년간 4만 헥타르의 신규산업단지를 산업성장촉진지역에서 개발하려고 하였으나 7천 헥타르만이 개발되었다(日本立地センター 1983).

산업 재배치 계획은 1970년대 다나카 정권의 주도하에 일본의 지방산업정책을 지배하였지만, 태평양연안벨트에 산업생산이 집중된 구도를 전면적으로 깨트리는 데는 실패했다. 이에 1980년대에 들어서는 테크노폴리스 정책이 지역 간 균형발전을 위한 시책으로 대두되었다.

2) 테크노폴리스 정책

테크노폴리스 정책은 산업 재배치를 통한 지역 간 균형발전을 시도하려 했던 전후 일본의 마지막 정책이라고 할 수 있다. 1970년대 후반 이래로 반도체, 컴퓨터, IT, 생명공학과 같은 신규첨단산업들이 새로운 성장 동력으로 인식되면서 기존의 기계, 에너지, 설비 산업 중심이었던 산업정책의 전환이 필요해졌고, 이에 따라 산업 재배치의 초점산업도 변화했다. 1980년대 테크노폴리스 정책은 신규첨단산업을 소외지역에 배치하여 지역 간 균형발전을 도모하는 것이 목적이었다.

1970년대 후반에 계획된 제3차 전국총합개발계획은 테크노폴리스 정책의 근간이 된다. 오히라 마사요시(大平正芳)의 '전원도시' 구상에 영향을 받은 제3차 전국총합개발계획은 전 국토의 산업화를 목표로 했던 1970년대 다나카의 산업 재배치 전략을 환경친화적이지 못하다고 비판하였다(内務省地方局有志 1980).[2] 제3차 전국총합개발계획에서는 '지방의 시대'를 모토로 환경친화적 지역발전이 우선목표로 제기되었기 때문에 화학, 기계, 금속 등 1970년대 산업 재배치 정책의 중점산업 대신, 환경오염이나 물류비용의 부담이 적은 첨단산업이 지방도시권의 발전에 적절한 산업으로 간주되었다.

통상산업성은 1979년 이래로 첨단산업의 신규 입지에 대한 구상을 발전시켜 1981년에 테크노폴리스 건설계획을 발표하였다. 통상산업성은 애초에 한두 개 지역을 선정해 첨단산업을 소외지역에 유치하려고 계획했다. 하지만 테크노폴리스 건설계획이 발표된 후 40개의 지방자치단체가 유치를 신청하면서 이는 바로 정치적 이슈로 변하였다. '테크노폴리스 열병'으로 불리는 유치경쟁이 벌어지고, 정치인들의 관심이 높아지면서 지역 간 균형적 배분은 불가피한 것이 되었다(竹内章悟 2006, 83-92). 그 결과 1982년 19개 도시가 테크노폴리스로 선정되었다. 테크노폴리스로 선정되기 위해서는 인구 15만 이상의 모(母)도시, 공과대학의 존재, 공항이나 항구 등 물류시설 접근성 등의 조건을 충족해야 했지만, 실제로 선정과정에 가장 큰 영향을 미친 것은 균형발전에 대한 정치적인 고려였다. 선정된 테크노폴리스는 태평양연안벨트에

2 오히라 마사요시는 1960~70년대 급속한 공업화 속에 대두된 환경문제에 대한 대안으로, 당시 영국에서 논의되고 있던 '정원 도시(Garden City)' 개념을 빌려 친환경적인 지역개발을 주장하였다.

위치한 대도시권 밖 소외지역에 고르게 분포했다. 1986년까지 선정된 총 26개의 테크노폴리스는 홋카이도, 아오모리(青森), 이와테(岩手), 아키타(秋田), 미야기(宮城), 야마가타(山形), 후쿠시마(福島), 도치기(栃木), 니가타(新潟), 도야마(富山), 야마나시(山梨), 나가노(長野), 시즈오카(静岡), 효고(兵庫), 오카야마(岡山), 히로시마(広島), 야마구치(山口), 가가와(香川), 에히메(愛媛), 후쿠오카(福岡)/사가(佐賀), 오이타(大分), 나가사키(長崎), 구마모토(熊本), 미야자키(宮崎), 가고시마(鹿児島)로서 전국적으로 분포하였다(伊東維年 1998, 3-14).

애초에 첨단산업을 소외지역에 유치해 더욱 자발적이고 지속가능한 지방경제를 만들겠다던 구상은 전국적 차원에서 공평한 공공투자로 변질되어 시행되었다. 이는 통상산업성의 최초 계획에 비해 과도한 중복투자를 초래했다. 당시 대장성 관료들은 테크노폴리스 정책을 비판하면서 이러한 새로운 산업입지를 구축하기 위한 공공투자가 경제적 수요공급의 고려 없이 이루어졌다고 지적하였다(竹内章悟 2006, 91).

전후 일본 지방산업정책의 역사에서 테크노폴리스 정책의 큰 의미 중 하나는 현 단위 지자체들이 그들 스스로 테크노폴리스의 구체적 계획을 마련한다는 것이었다. 그 이전의 산업 재배치 전략이 중앙집권적이었다면, 테크노폴리스 정책은 지방 차원의 구상이 더 많이 반영될 수 있는 여지가 있었다. 하지만 결과적으로 대부분의 지자체들은 첨단산업을 유치하는 데 필요한 산업단지를 마련한다는 아이디어에서 큰 차이점이 없었다(伊東維年 1998, 76-82). 통상산업성이 애초에 구상했던 것과는 달리 대부분의 지자체들은 첨단산업 유치 이후 어떻게 지역 내 산학연계를 발전시킬 것인지에 대해서는 구체적 계획이 없었다.

통상산업성의 중앙관료들은 테크노폴리스 정책을 전통적 산업 재배치와 지방산업네트워크 구축이라는 새로운 아이디어가 함께 담겨 있는 것으로 인식했다. 그들은 이러한 아이디어를 테크노폴리스 정책에 담아내려 했으나 1980년대에도 균형발전의 대명제 속에서 지방도시권의 지방산업육성책의 핵심은 외부로부터의 신규산업투자였다. 지방산업네트워크 구축의 아이디어는 1990년대 이후 점진적으로 발전했다.

3) 산업공동화에 대한 이중적 대처법

산업 재배치 전략은 1980년대 후반 이래 경제환경이 변화함에 따라 유효성을 잃게 된다. 많은 일본기업들이 해외직접투자를 늘리게 된 것이다. 1985년 플라자협정 이후 엔화가 평가절상되면서, 일본기업들은 국내에서 해외로 눈을 돌려 산업설비투자를 하였다. 그리고 1990년대 경제불황에서도 일본기업들은 생산성 향상을 위해 해외직접투자를 줄이지 않았고 해외생산 비중을 계속 늘렸다. 1988년에서 2002년 사이 일본기업들의 해외생산 비중은 5%에서 18%로 증가하였으며, 제조업 분야에서는 13%에서 37%까지 증가하게 되었다(経済産業省 2002).

일본기업의 급증하는 해외직접투자 속에서 산업공동화는 국가적 이슈가 되었다. 일본경제에서 제조업이 차지하는 비중은 1990년 24%에서 2001년 22%로 축소되었고, 제조업에 종사하는 인구의 비중은 24%에서 20%로 감소하였다(経済産業省 2002). 실제 일본경제에 해외직접투자로 말미암은 산업공동화는 그다지 심각하지 않다는 평가와는 별개로, 해외직접투자의 증가로 인한 산업공동화에 대한 국가적 염려는 일본의 지방산업정책에 영향을 주었다.[3]

---

3 해외직접투자가 산업공동화를 야기해 일본경제에 해가 되었다는 평가에 대해서는 반론이 존재한다. 링컨은 해외직접투자가 정량적으로 볼 때 일본경제에 전반적으로 이득이라고 주장한다(Lincoln 2002). 하지만 이토가 보여주듯 1992년에서 2002년 사이에 산업시설의

민간기업들에게 국내투자보다 해외직접투자가 더 큰 이점이 있는 환경에서, 지방도시권으로 민간기업을 유치하려는 산업 재배치 전략은 적실성을 잃게 된 것이다. 오히려 신규산업투자를 오랫동안 규제해 왔던 대도시권에서 규제를 완화하라는 요구가 강하게 제기되었다. 일본 정부는 산업공동화 대처의 일환으로, 대도시권 규제완화로 정책우선순위를 천천히 이동시켰다. 하지만 정치적 혼란과 지역 재분배에 강하게 연결된 보수 정치 세력의 요구로 인해 대도시권 규제완화는 쉽게 현실화되지 못했다.[4] 대도시권에서 신규산업투자에 대한 규제완화는 2000년대 초에 들어선 고이즈미 정권이 도쿄권공장등제한법, 오사카권공장등제한법, 공업재배치촉진법 등을 폐지하면서 실현된다.

한편, 기존에 역내에 있는 민간기업들을 중심으로 내재적 창의발전을 꾀하는 접근이 1990년대 지방산업정책의 중요한 노선으로서 부상하게 되었다. 이미 제3차 전국총합개발계획과 그 영향 아래에 있던 테크노폴리스 정책에서는 역내기업들의 내재적 창의발전이 중요한 정책목표로 제시되었다. 테크노폴리스 정책에서 지방산업네트워크의 강화는 외부에서 신규투자를 유치한 이후 지방의 경제 활력을 극대화하는 방안으로 벌써부터 고려되고 있었다. 테크노폴리스의 첫 단계(1983~1990)에서는 외부로부터 신규산업투자를 유치하는 것이 일차적 목적이었지만, 제2단계(1991~1995)에서는 정책의 초점이 지방산업네트워크의 강화를 통한 내재적 발전으로 옮겨 갔다(竹内章悟 2006, 89).

산업 재배치는 가장 쉬운 지역경제활성책이었지만 이것이 지방경제에 미치는 영향에 대해서는 회의적인 시각이 존재했다. 외부로부터 신규투자

해외 이전으로 인하여 100만 명 규모의 일본 국내의 고용 감소 효과가 있었다(Ito 2004).

4 펨펠은 일본의 자민당은 국제주의자(internationalists)와 보호주의자(protectionists) 간의 연합 형태로 구성되어 있었으며, 이들 간의 자유화와 규제완화에 대한 상반적 입장의 대립이 1990년대의 부진한 개혁의 원인으로 파악하고 있다(Pempel 1998).

를 유치하기가 어려운 환경이었을 뿐만 아니라, 산업 재배치가 지방경제발전에 얼마나 큰 도움을 주었는지에 대한 근본적인 물음이 제기되었기 때문이다(萕瀨信己 2008, 53-72). 이 같은 산업 재배치에 대한 회의적인 시각은 내재적 네트워크 강화로 정책 방향을 돌리는 데 영향을 미쳤다. 1998년의 신사업창출촉진법(新事業創出促進法), 1999년의 중소기업신사업활동촉진법(中小企業新事業活動促進法) 등은 이 같은 정책방향에서 나온 입법들이다. 이들은 각 지역에 이미 존재하던 민간기업들이 역내에서 협력을 통해 혁신을 가져오는 것을 지원하는 입법으로, 2000년대 초 산업클러스터 정책으로 이어지는 일본 지방산업정책의 변화를 보여준다.

산업공동화에 대한 염려 속에 등장한 이러한 두 가지 새로운 일본 지방산업정책의 노선은 2000년대 고이즈미 정권의 출범과 함께 현실화되어 일본의 지방산업정책 개혁의 큰 골격을 형성하였다.

2. 대외적 투자유치

2000년대 초 일본의 지방산업정책에서 대외적 투자유치 노선의 대표적인 개혁은 구조개혁특구의 도입과 공업재배치촉진법의 폐지이다. 고이즈미 정권은 이러한 규제완화를 통해 지역 간 균형발전을 도모함에 대도시권과 지방도시권에 상이하게 접근하는 방법을 버리고, 모든 지방단위가 동등한 출발선에서 민간기업의 투자유치에 경쟁하도록 했다. 거의 모든 지방자치체가 새로운 산업시설의 투자유치를 위해 세제감면과 보조금 지급과 같은 인센티브 시스템을 구축하였다. 하지만 풍부한 노동자원, 관련 연구기관과 기업들에 대한 접근성, 물류 용이성 등에서 이점을 보이는 태평양연안벨트의 대도시권과 그 인접 지자체들이 대외적 투자유치에 유리한 위치를 점하여 더 많은 투자를 유치할 수 있었다.

1) 구조개혁특구의 도입

구조개혁특구는 전국적으로 주어지는 획일적인 규제망을 각 지역의 독특한 실정에 맞게 완화하도록 하는 정책적 목표에 따라 도입되었다. 구조개혁특구제도는 지방산업정책의 영역을 넘어 다양한 분야에서 지방화된 규제완화를 위한 신규 제도였고, 많은 대도시권 지자체들은 산업시설에 대한 기존 규제를 벗어날 수 있는 방편으로 구조개혁특구를 이용하였다.

구조개혁특구제도는 2002년에 도입되었다. 국가적 차원에서의 규제완화는 관련 이해당사자, 행정부처, 정치인들 사이에서 장기간의 토론이 필요했기 때문에, 더 신속한 규제완화를 위해 지름길의 방법으로 구조개혁특구제도가 선택된 것이다(西尾勝 2007, 15). 구조개혁특구는 고이즈미 정권하에서 구조개혁을 선도하던 규제개혁위원회(規制改革委員会)와 경제재정자문회의(経済財政諮問会議)에서 논의되어 도입되었다. 2002년 3월 규제개혁위원회에서 규제개혁특구제도를 처음 제안했고, 그해 4월 개최된 경제재정자문회의에서 4명의 민간위원, 즉 게이단렌(経団連) 회장인 오쿠다 히로시(奥田碩), 경제동우회(経済同友会) 고문인 우시오 지로(牛尾治朗), 오사카대 교수인 혼마 마사아키(本間正明), 도쿄대 교수인 요시카와 히로시(吉川洋)와 당시 경제산업성 대신이었던 히라누마 다케오(平沼赳夫)는 규제개혁특구제도를 도입해야 한다고 강력하게 주장했다(規制改革委員会 2002; 経済財政諮問会議 2002년 4월 24일 회의기록). 총무성 대신인 가타야마 도라노스케(片山虎之助)는 구조개혁특구를 통해 지방화된 규제완화가 진척되면 전국적 차원에서 여전히 존재하는 규제망과 혼란이 빚어질 수 있다고 우려했지만, 경제재정자문회의의 구성원들은 규제완화를 위한 지름길로서 구조개혁특구의 존재의미에 대해 폭넓게 동의했고, 고이즈미가 강력한 규제완화에 대해 정치적 방침을 세웠기 때문에, 구조개혁특구제도는 매우 빠르게 도입될 수 있었다(西尾勝 2007, 16-17). 2002년 4월 경제재정자문회의에서 도입하기로 결정한 구조개혁특구제도는 곧 그해의 경제정책대강에 추진사업으로 포함되었고, 그해 6월 내각 내에 창설된 구조개혁특구추진실은 곧바로 구조개혁특구본부로 격상되었다. 그해 7월과 8월 구조개혁특구본부는 지자체로부터 첫 구조개혁특구 신청을 받아 본격적으로 활동을 시작했다.

구조개혁특구의 가장 큰 특징은 중앙정부의 특별보조금이 없다는 것이다. 중앙정부는 특구 지정의 권한을 가지고 있었지만 보조금은 없었기 때문에 지자체는 특구 지정과 실행에 재원이 필요할 경우 자체적으로 그 비용을 마련해야 했다. 구조개혁특구본부는 지자체의 신청을 받아 유관 중앙부처와 함께 신청의 적합성과 효과성을 함께 검토하여 특구 선정작업을 진행한다는 기본원칙이 있었다. 하지만 지자체로부터 들어온 특구 지정 신청은 대부분 획일적인 형태였는데, 그것은 구조개혁특구본부가 특구 선정에 대한 사례 매뉴얼을 작성해 지자체에 가이드라인으로 제시하였기 때문이었다(西尾勝 2007, 21-24). 전국적 차원에서 규제입법이 폐지되거나 개정되면, 구조개혁특구로 지정된 지역에서 이루어지는 지방화된 규제완화는 더 이상 필요없게 되었다. 따라서 전국적 차원에서 규제입법이 전면적으로 폐지 또는 개정되면, 이와 함께 많은 구조개혁특구들이 자격을 상실했다.

기본적으로 구조개혁특구는 특정 정책 분야에만 국한되지 않고 복지정책, 교육정책, 산업정책은 물론 행정체계까지도 포함하는 다양한 분야를 대상으로 하였다. 구조개혁특구본부는 13개의 특구 카테고리[국제물류, 산학협동, 산업진흥, IT, 농업진흥, 도농협력, 교육진흥, 개호(介護, 돌봄서비스), 복지, 마치즈쿠리, 지방행정개혁, 환경/에너지, 국제협력]를 작성해 지자체들에게 제시하였다(構造改革特別区域推進本部 2009). 이는 정책담당자들이 구조개혁특구제도를 거의 모든 정책 분야에서 규제완화를 위한 지름길로 사용하겠다고 판단하였음을 보여준다. 2009년 7월 20번째 특구지정신청까지 총 1,082개의 구조개혁특구가 지정됐는데, 그중 721개는 전국적 규제완화로 특구지정이 해제돼, 361개의 특구가 남았다(構造改革特別区域推進本部 2009).

13개의 특구 카테고리 중에서도 산업진흥의 카테고리가 지방산업정책과 긴밀하게 연결된다. 산업진흥의 카테고리에서, 2009년까지 선정된 69개의 특구 중 남아있는 32개 특구는 대부분 양조업에 대한 규제완화의 내용을 담고 있지만, 해제된 37개 특구는 지방산업정책에서 투자유치를 위한 규제완화와 긴밀히 연관된다. 해제된 37개 특구 중 17개 특구는 지방자치체가 출자해 설립한 토지개발공사가 마련한 공영토지를 민간기업에 임대할 수 있도록 규제를 완화하는 것을 내용으로 하고 있다(21世紀政策研究所 2004, 7). 2003년 4월 기준으로 1,555개 지방공사가 개발한 총 2만 6,667헥타르의 공영토지 중 7,540헥타르는 최소한 10년 넘게 미사용인 상태로 남아있었다. 공사에 의해 개발된 공영토지는 공공의 목적에 사용해야 한다는 규제하에서 지방공사들이 이 토지를 민간기업에 임대할 수 없었기 때문이었다. 산업진흥 카테고리의 17개 특구에서는 이러한 규제망을 넘어 민간기업에 공영토지를 임대할 수 있게 되었다. 이 같은 구조개혁특구를 통해 효고 현은 2만 5,000평방미터를, 미에(三重) 현은 5,200평방미터를, 후쿠오카 현은 8,600평방미터를, 와카야마(和歌山) 현은 40만 평방미터를, 이바라키(茨城) 현은 10만 9,600평방미터를, 이시카와(石川) 현은 8,000평방미터를 민간기업에 임대할 수 있게 되었다. 공영토지의 민간기업 임대는 투자유치를 위한 좋은 유인으로 작용하였다. 예를 들어 효고 현 다카사고(高砂) 시는 미쓰비시 브랜드 산업과 가고메 주식회사의 신규공장을 유치할 수 있었다(21世紀政策研究所 2004, 8). 공영토지의 민간기업 임대에 관한 특구는 곧 전국적인 유행이 되었다. 공영토지를 민간기업에 임대하기 위한 규제완화와 유사하게, 지바(千葉) 현은 공항주변 토지의 공공기관 독점 개발에 대한 규제완화를 위해 산업진흥 카테고리의 구조개혁특구를 신청하였다. 이를 통해 지바 현은 나리타공항 주변토지 개발에 미국 토지개발회사 에이엠비(AMB property corporation)의 투자를 유치할 수 있었다(21世紀政策研究所 2004, 9).

산업진흥 카테고리의 특구 중 세 개의 특구는 공업재배치촉진법의 규제에서 벗어나 신규산업시설투자유치를 목표로 하였다. 오사카 현의 사카이 시와 히가시오사카 시, 그리고 효고 현의 아마가사키 시가 그 사례다(葊瀬信己 2008, 61). 이들 지역은 공업재배치촉진법이 적용되는 산업유출촉진지역이어서 신규산업시설 유치에 제약을 받고 있었다. 이 도시들은 2006년 공업재배치촉진법의 폐지 이전인 2004년과 2005년에 특구를 신청해 첨단산업시설을 유치하고자 하였다. 효고 현의 아마가사키 시는 특구선정을 통해 마쓰시타의 신규투자를 유치할 수 있었다.

산업진흥 카테고리의 구조개혁특구 사례들은 지방산업정책에서 구조개혁특구제도가 대도시권의 신규산업시설투자에 대한 규제를 완화하여 대외적 투자를 유치하는 데 사용되고 있음을 보여준다. 구조개혁특구로 부분적으로 실현된 신규산업시설투자에 대한 규제완화는 공업재배치촉진법의 폐지를 통해 전면적으로 실현된다.

2) 공업재배치촉진법의 폐지

고이즈미 정권은 오랫동안 남아있던 도쿄권공장등제한법, 오사카권공장등제한법, 공업재배치촉진법 등을 모두 폐지했다. 지역 간 균형발전을 위한 전후 일본 지방산업정책의 산물인 이들 입법의 폐지는 일본 재계의 오랜 요청이었다. 게이단렌은 산업유출촉진지역과 산업진흥촉진지역의 이분적 구역 설정은 산업구조의 중심이 첨단산업으로 이행하는 현실에서 시대에 뒤떨어진 것이라고 주장해 왔다(伊藤正昭 2003, 242-244). 중앙행정부처에서도 1990년대 후반 이래 동일한 주장이 계속 대두되었다. 통상산업성의 산업구조심의회(産業構造審議会)는 1990년대 후반에 공업재배치촉진법의 폐지를 권고하였다. 고이즈미 정권하에서 이러한 주장은 더 강화되어, 실제 지역 간 균형발전을 위한 대도시권의 신규산업시설투자를 제한하는 입법들이 모두 폐지된 것이다.

2001년 6월 규제개혁위원회는 산업입지에 대한 규제 입법들을 재고할 것을 권고하였고, 국토교통성의 국토심의회(国土審議会)는 2001년 11월 도쿄권공장등제한법과 오사카권공장등제한법이 실효성이 없기 때문에 폐기되어야 한다고 선언하였다(伊藤正昭 2003, 242-244). 대도시권의 신규산업시설투자 제한은 일본의 소외 지방에 대한 투자보다 해외직접투자를 더 많이 야기한다는 이유 때문이었다. 이와 같은 흐름 속에 2002년 6월 도쿄권공장등제한법과 오사카권공장등제한법이 폐기되었다. 대도시권의 경기활력을 증진시켜 일본 전체의 경기부흥을 꾀한 고이즈미 정권의 정책목표하에서 이들 입법의 폐지는 불가피하였다. 도쿄권공장등제한법과 오사카권공장등제한법의 폐지는 2002년 이후 일본 대기업들을 일본 국내로 귀환시켰다. 2004년 한 해에만 584개의 일본기업들이 일본에 신규산업시설을 투자하는 형태로 귀환하였는데, 그 기업들의 투자처는 대부분 대도시권이었다(日本立地センター 2008).

이 같은 추세 속에 2006년 4월 공업재배치촉진법이 폐지되고, 대신에 기업입지촉진법(企業立地促進法)이 2007년에 입법되었다. 기업입지촉진법은 공업재배치촉진법과는 달리 대도시권과 지방도시권 간에 대처법이 상이하지 않았다. 기업입지촉진법하에서 모든 지방은 동일한 자격으로 투자유치에 경쟁하는 상태로 변화한 것이다(葊瀨信己 2008, 58).

3) 투자유치를 위한 지자체 경쟁

신규산업시설투자에 대한 규제완화의 흐름 속에서 일본의 지자체들은 투자유치를 위해 자체적 투자유인책을 고안해 냈다. 대부분의 지자체들이 고안한 투자유인책은 투자유치담당부처의 설치, 보조금 지급, 세제혜택, 원스톱서비스센터의 운영 등으로 그 성격이 유사하다.

2007년 기준 47개 현 단위 지자체와 18개 정령지정시 중 총 51개 지자체가 신규투자에 최대 10억 엔의 혜택을 제시했다. 하시모토 도루(橋下徹) 지사 당선 이전의 오사카 현은 최대 150억 엔의 혜택을 제시하였고, 11개의 지자체가 최대 50억 엔이 넘는 혜택을 약속하였다(葊瀨信己 2008, 59). 이 같은 고액의 유인책 제시는 2000년대 초반 첨단산업시설의 신규투자유치를 둘러싼 경쟁에서 비롯된다. 2002년 미에 현의 가메야마(亀山) 시가 샤프의 LCD TV 공장을 유치하는 데 성공한 뒤 투자유치를 위한 경쟁이 격화되었다. 한편 이들 65개의 현 단위 지자체와 정령지정시들 중 90%는 지사나 시장의 직할 조직으로 투자유치담당부서를 운영하고 있으며, 70%는 신규투자의 민간기업을 위한 원스톱서비스센터를 운영하고 있다(葊瀨信己 2008, 59).

현 단위 지자체와 정령지정시에 비해 일반 시정촌 단위의 지자체들은 대외적 투자유치를 위한 대응이 상대적으로 더딘 편이다. 일본입지센터에 의한 설문조사에 의하면, 2007년 기준 시정촌 단위 지자체들 중 단지 30%만이 투자유치를 위해 노력하고 있다고 답했다. 지자체의 규모가 중요한 변수로 작동하여, 인구 50만이 넘는 시의 90%가 투자유치를 정책과제로 생각한다고 답한 반면, 인구 1만 명 이하의 시정촌에서는 그런 답변이 극히 적었다(莽瀨信己 2008, 60).

대부분의 현 단위 지자체, 정령지정시, 인구 50만 이상의 일반 시가 모두 대외적 투자유치를 위해 노력했지만, 그들의 투자유치의 결과에서는 뚜렷한 지역적 편차가 발견되었다. 2002년 이래 산업시설 분포에서 3대 대도시권의 비중은 계속 증가해 왔다. 2000년에서 2007년까지의 산업시설 분포에서 도쿄권의 비중은 6.9%에서 8.4%로, 오사카권의 비중은 6.8%에서 7.5%로, 나고야권의 비중은 12%에서 17.1%로 증가하였다(그림 5-1 참조).

2000년대 일본 대기업들은 대도시권과 그 인접지역에 신규산업시설투자를 늘렸다. 주목할 만한 대규모 신규투자의 예로, 샤프가 미에 현 가메야마 시에 LCD TV 공장을 신축한 것과 더불어 오사카 현 사카이 시에는 LCD 패널 공장을 신축했고, 파나소닉은 효고 현 아마가사키 시와 지바 현 모바라(茂原) 시에 플라즈마 TV 공장을 신축했다. 이 대기업들은 첨단산업 신규사업장들에서 연구개발과 생산을 동시에 수행하며 전 세계로 제품을 수출해야 하기 때문에, 관련 연구기관과 이웃해 있으면서 연구인력을 고용하기가 쉽고 물류 접근성이 좋은 태평양연안벨트의 대도시권에 입지하기를 바랐다(日本立地センター 2008). 대도시권에 산업입지를 제한하는 입법들이 폐지되면서, 첨단산업부문의 신규투자를 위한 경쟁은 대도시권과 그 인접지역들만의 경쟁이 되었다. 태평양연안벨트의 대도시권 이외의 소외된 지방도시권은 첨단산업의 신규투자를 유치하는 데 어려움을 겪고 있다. 차선책으로 은행, 보험회사, 통신사업자, 유통회사 등의 콜센터처럼 인건비가 저렴한 산업의 투자유치를 꾀하고 있다(日本立地センター 2008).

오사카권은 오랫동안 대도시권에 대한 신규투자 규제 속에서 가장 큰 경

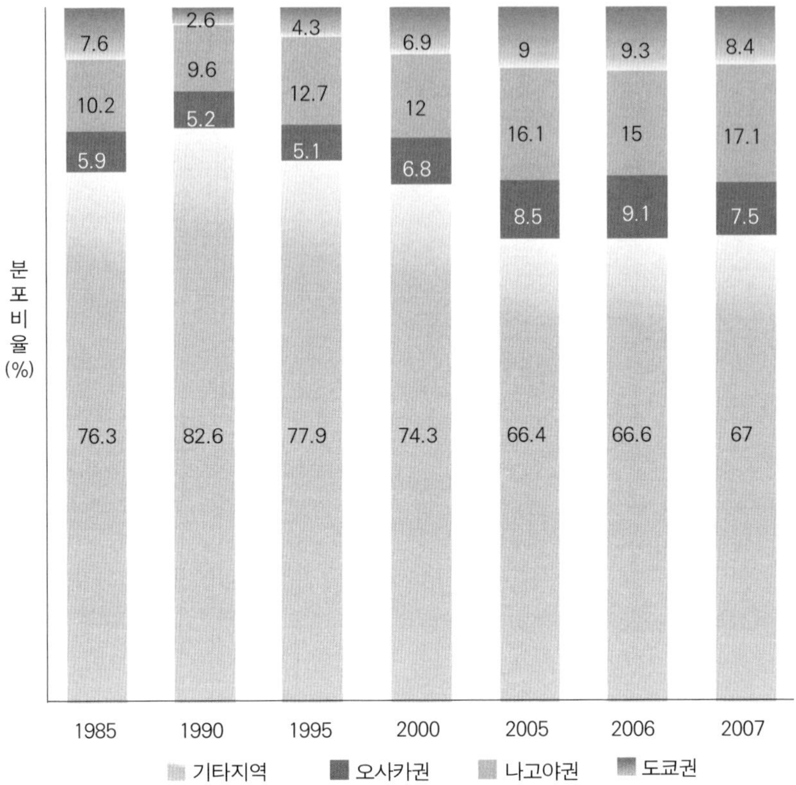

그림 5-1. 산업시설 분포 변동의 추이, 1985-2007

출처: 日本立地センター(2008).

제적 피해를 본 지역이다. 제2차 세계대전 이전의 일본 산업구조를 오사카일극산업구조로 부를 만큼 간사이 지방은 일본 산업생산의 중심이었으나, 전후 균형발전을 위한 규제 때문에 1970년대 이래 오사카지역에 있었던 많은 기업들이 생산시설을 나고야지역 등으로 이전하였다. 하지만, 2002년 오사카권공장등제한법이 폐지된 후 오사카권은 신규산업시설투자에서 연간 평균 10%가 넘는 성장세를 보였다(그림 5-2 참조).

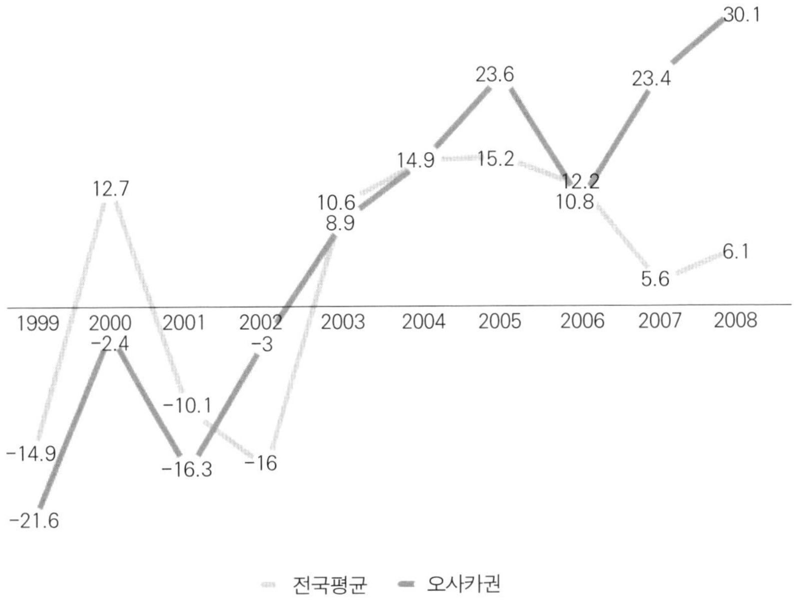

그림 5-2. 신규산업시설투자 변동(전국평균과 오사카권), 1999-2008

출처: 日本立地センター(2008).

4) 사카이 시의 투자유치 사례

오사카 현의 사카이 시는 2000년대 대외적 투자유치의 대표적 사례 중 하나이다. 사카이 시는 2007년 7월 31일 샤프의 LCD 패널 공장을 유치하였다고 발표하였다. 2002년 샤프 LCD TV 공장의 유치 경쟁에서 미에 현에 패한 오사카 현과 사카이 시는 실패를 반복하지 않기 위해 공격적인 투자유치에 나서 샤프의 LCD 패널 공장 유치에 성공했다. 샤프는 2007년 11월부터 총 380억 엔을 투자해 LCD 패널 공장을 신축하고 2010년부터 생산을 시작하였다.

사카이 시는 전국시대 이래 오랫동안 상업의 중심지로 널리 알려졌지만, 20세기 일본제철의 제철소가 입지하면서 산업도시의 이미지를 갖게 되었다. 하지만 일본제철이 1990년에 제철소 운영을 중단하면서 사카이 시는 233헥타르의 광활한 미사용 부지를 갖게 되었다. 샤프는 이 부지를 60억 엔에 매입하여 신규사업장을 건설했다.

오사카 현과 사카이 시는 샤프에 보조금과 세제혜택을 주었다. 오사카 현은 샤프의 투자가 결정되기 바로 직전, 즉 투자가 논의되는 도중에 기업입지촉진조례를 수정하여, 현 내 신규산업시설투자에 대한 보조금 상한선을 대폭 인상하였다(莽瀬信己 2008, 61-62). 또한 샤프가 일본제철로부터 구입하는 토지에 대한 토지취득세를 대폭 감면해 주었다. 샤프가 구입한 용지는 오사카 현의 기업집적촉진조례에서 세제혜택을 받는 구역에 속해 있지 않았지만, 샤프와 투자가 체결된 후 조례가 개정되어 세제혜택을 받을 수 있게 되었다. 사카이 시는 이미 2005년에 제정된 기업입지촉진조례에서 사카이 시에 신규로 투자하는 기업이 납부하는 재산세의 5분의 4를 10년 동안 감면해 줄 것을 명시하였다(大阪自治体問題研究所 2008, 30-44). 이 조례에 따라 샤프는 2010년에서 2019년까지 총 50억 엔의 세제혜택을 받을 것으로 예측된다. 오사카 현과 사카이 시는 대규모 신규투자로 말미암은 고용과 소비의 증진 효과가 보조금과 세제혜택의 비용을 상쇄할 것으로 판단한 것이다.[5]

2000년대에 들어 대도시권의 신규산업투자에 대한 규제 철폐는 사카이 시의 사례와 같이 대도시권에서 대규모 투자유치가 증가하는 효과를 가져왔다. 고이즈미 정권은 지역 간 균형발전을 위해 대도시권을 규제하는 것이

5 사카이 시에 건설된 샤프의 LCD 패널 공장은 액정패널의 세계적 공급과잉에서 샤프의 경영이 악화되는 원인이 된다. 샤프와 대만계 혼하이그룹의 자본제휴와 인수 과정에서 샤프의 사카이공장이 중심적 역할을 하였다.

일본 경제 전체의 생산성을 저해한다고 판단하여 이 같은 지방산업정책 개혁을 추진한 것이다. 그리고 그 결과는 대도시권에 대한 신규투자의 집중이었다. 하지만 2000년대 일본의 지방산업정책에는 대외적 투자유치를 위한 규제완화의 노선과 양립하는 내재적 접근법이 공존하고 있었다.

3. 내재적 네트워크 강화

2000년대 고이즈미 정권의 지방산업정책에서 또 다른 축은 지역에 존재하는 기업들의 네트워크를 강화하여 창의발전을 유도하는 것이었다. 이러한 접근법의 구체적 정책프로그램인 신규사업혁신촉진법이나 산업클러스터 정책 등은 1990년대 말부터 통상산업성(2001년에 경제산업성으로 개편)의 중앙관료들에 의해 주도되어 발전되었으며, 2000년대 고이즈미 정권하의 시장주의적 규제완화를 보완하는 형태로 존재하고 있었다. 대도시권에 대한 규제와 지방도시권에 대한 보호 및 진흥의 패키지라는 전후 지방산업정책의 기본 틀이 허물어지는 와중에, 경제산업성은 지방도시권이 현실적으로 채택할 수 있는 지방산업정책으로서 내재적 네트워크를 강화하는 접근법을 제시하였다.

1) 중소기업정책의 지방화

전후 일본의 중소기업정책의 핵심 목표는 보호였다. 중소기업들이 고용의 많은 부분을 차지했기 때문에, 중소기업에 대한 보호는 좀 더 균질적인 재분배를 통한 사회안정의 추구라는 정치적 관점에서 중요한 정책과제 중의 하나였다(Calder 1988, 312-348). 하지만 1990년대 이래로 중앙관료들은 중소기업정책의 초점을 보호에서 창의발전에 대한 지원으로 변환시켰다. 1968년에 제정된 중소기업기본법(中小企業基本法)은 대기업과 중소기업 간에 생산효율과 임금수준의 격차를 축소하려는 분명한 목적을 가지고 있었다. 중소기업기본법에 의거하여 중소기업의 근대화와 기계화를 지원하는 조치들이 1960~70년대 중소기업정책의 핵심을 이루었다(伊藤正昭 2003, 82-83). 하지만 1970~80년대에 많은 중소기업들이 높은 수준의 기술발전을 이루면서, 중소기업정책의 초점은 점차 근대화에서 기술혁신으로, 기존기업 보호에서 신규사업지원으로 옮겨 갔다(伊藤正昭 2003, 84-90).

1990년대 후반에 들어서 중소기업정책의 두드러진 특징은 중소기업의 기술혁신과 신규사업진출에 대한 지원을 지방차원에서 추구하는 여러 입법들이 등장하였다는 것이다. 1997년의 특정산업집적법(特定産業集積法), 1998년의 신사업창출촉진법, 1999년의 중소기업신사업활동촉진법 등이 이러한 흐름 속에서 법제화되었다. 이들 입법의 목적은 지방에 집적되어 있는 중소기업의 장점을 살려내고자 하는 것이었다. 산업집적은 일반적으로 정보네트워크와 학습효과 등의 이점을 통해 중소기업에 더욱 안정적인 사업환경을 제공해 줄 수 있다.

일본 중소기업의 산업집적은 세 가지 유형으로 구분된다(伊藤正昭 2003, 39-43). 첫째 유형은 대도시권 지역의 산업집적이다. 기계산업, 금속산업에 속하는 많은 중소기업들이 도쿄권, 오사카권, 나고야권의 대도시권에 집적되어 있다. 둘째 유형은 기업타운형 산업집적이다. 이는 모회사 주위로 하청 중소기업들이 한 도시공간에 집적되어 있는 형태로, 위계적 생산체계 속에서 작동한다. 셋째 유형의 산업집적은 지장산업(地場産業)이다. 특정지역의 대표적 생산물을 생산하는 중소기업들이 집중되어 있는 형태로 존재하는 지장산업은 전국적으로 분포해 있는데 섬유, 세라믹, 가구 등 내구소비재나

고급품을 주 생산품으로 한다. 1990년대 경기침체 와중에 1992년에 입법된 특정중소기업집적법(特定中小企業集積法)은 중소기업 산업집적의 유형 중 첫째 유형인 대도시권 주변의 기계산업, 금속산업 부문의 중소기업들을 지원하고자 하는 목적으로 탄생하였다. 이후 1997년에 제정된 특정산업집적법은 기업타운형 산업집적의 형태로 존재하는 중소기업과 지장산업 집적의 형태로 존재하는 중소기업들을 모두 지원하려는 법이었다. 한편 1998년의 신사업창출촉진법은 중소기업의 기존 산업집적을 최대한 이용하여 기업들의 협동을 통한 혁신을 정책적으로 지원하려는 시도로 만들어졌다(伊藤正昭 2003, 95-96). 이는 중소기업들의 존재양상이 특정 지역에 얽혀 있다는 것에 초점을 두고 중소기업에 대한 지원을 지방화하여 추진하려는 시도이다. 중소기업정책의 지방화는 기존 중소기업에 대한 보호와 새로운 신규사업 진출에 대한 지원이 복합적으로 추진되었다.

특정공간에 유사업종의 중소기업이 집적되어 있는 형태에 착안하여 고안된 내재적 창의발전 접근법은 1999년의 중소기업신사업활동촉진법으로 수렴된다. 중소기업신사업활동촉진법은 중소기업들의 신사업을 위해 지자체의 적극적인 역할을 강화하였다. 이 촉진법에 따라 현 단위 지자체와 정령지정시는 기존의 중소기업지원센터를 지역 내 중소기업들의 신사업 촉진을 위한 원스톱센터로 전환하고, 지역 중소기업들의 정보망을 연계해서 네트워크가 강화되도록 지원하고 있다(日本中小企業学会 2007, 101-106). 중소기업신사업활동촉진법에서는 지자체 행정당국과 지역 내 집적된 산업섹터 간의 민관협동 강화가 중요한 정책과제가 되었다. 일본의 지방사회에서 지방 정관재계 인사들 사이의 비공식적 네트워크의 존재는 결코 새로운 현상이 아니었다. 하지만 중소기업신사업활동촉진법은 중소기업정책의 지방화 속에서 지역 내 네트워크의 제도화를 정책적 목표로 삼고 있다고 볼 수 있다.

2) 후쿠이 현의 지방중소기업정책 사례

후쿠이(福井) 현에서 중소기업의 네트워크를 강화하는 내재적 접근법은 후쿠이 현의 대표적 집적산업인 섬유산업에서 찾아볼 수 있다. 섬유산업은 안경산업과 함께 후쿠이 현의 대표적인 지장산업이다. 섬유산업은 후쿠이 현 제조업 생산의 27%를 차지하고, 제조업 고용인구의 24%를 차지하고 있다. 하지만 1990년대에 걸쳐 섬유산업의 생산량, 고용인구, 사업자 수 등은 계속 하락세에 있었다. 후쿠이 현의 섬유산업은 중국의 저렴한 노동력과의 경쟁에서 밀려 어려운 시기를 겪을 수밖에 없었다(河藤佳彦 2008, 130-135).

1971년 지방공사로 설립된 후쿠이산업지원센터는 중소기업신사업활동촉진법 아래에서 원스톱센터로서의 역할을 맡았다. 후쿠이산업지원센터는 현 내 중소기업들에 대한 금융지원과 네트워크 강화를 주요 정책과제로 하고 있다. 후쿠이산업지원센터는 개별 중소기업에 대한 저리융자뿐만 아니라, 중소기업들이 협동사업을 할 경우에 특별 금융혜택을 제공하였다(河藤佳彦 2008, 151-154). 이러한 협동사업에 대한 특별 금융 혜택은 대외적 투자유치가 아닌 내재적 창의발전에 입각한 지방산업정책의 구체적인 대응책이었다.

한편, 역내 중소기업 간 네트워크를 강화하기 위해서 후쿠이 현은 2007년 지역자원이용기금을 만들었다. 이 기금은 후쿠이산업지원센터에 의해 선정된 중소기업에 주는 보조금으로 활용되었다. 보조금 지원 사업에 2007년에서 2009년 사이에 56개 과제가 선정되었는데, 이 중에는 개별기업이 신청한 것도 있었지만, 중소기업 간의 공동생산이나 신상품 공동개발 같은 과제가 대부분이었다(福井県 2009).

후쿠이 현의 대표적 집적산업인 섬유산업은 후쿠이산업지원센터의 네트워크 강화 정책 속에서 신상품 생산을 위해 공동개발에 나설 수 있었다. 이와 같은 지방화된 중소기업정책은 통상산업성 혹은 경제산업성의 중앙관료들이 의도한 형태의 민관협동이라고 할 수 있다.

3) 산업클러스터 정책

특정 지역 안에서 기업들의 네트워크를 강화하여 지방경제 활성화를 꾀하는 접근법은 2000년대 산업클러스터 정책을 통해 지방산업정책의 전면에 드러나게 되었다. 경제산업성의 중앙관료들은 마이클 포터(Michael Porter)의 산업클러스터 개념을 인용하여 2001년에 산업클러스터 정책을 출범시켰다. 포터는 클러스터를 '특정 관련기업들이 공동성, 보조성에 기반하여 지리적으로 집적되어 있는 상태'로 정의하였다(Porter 1990). 포터의 클러스터 개념을 바탕으로 다양한 나라의 산업정책전문가들은 산업정책에서 집적의 이익을 최대화할 수 있는 방법을 찾고자 하였다. 일본 경제산업성도 클러스터 개념을 지방 단위에서 산업활력과 기술혁신의 방법론으로 인용한 것이다(産業クラスター研究会 2005, 16). 이에 따라 산업클러스터 정책은 지방화된 중소기업 정책과 큰 연관성을 지닌다.

경제산업성은 산업클러스터 정책에서 현이나 시 단위를 넘어서 여러 개의 현을 포괄하는 범위를 하나의 지역단위로 설정하였다. 2001년에서 2005년까지 산업클러스터 정책의 제1단계에서는 총 19개의 프로젝트가 수행되었다(그림 5-3 참조). 19개 프로젝트의 단위는 간사이, 주부, 간토, 도호쿠, 홋카이도, 규슈, 시코쿠, 주고쿠, 오키나와로 대부분 인접한 몇 개의 현을 하나로 묶어 그 지역 내 기업들의 네트워크를 강화하고자 하였다. 경제산업성의 지역분소는 각 프로젝트를 실행하는 중심적인 역할을 맡았다. 각 프로젝트 단위와 경제산업성 지역분소의 담당지역 범위가 일치했기 때문에, 각 프로젝트는

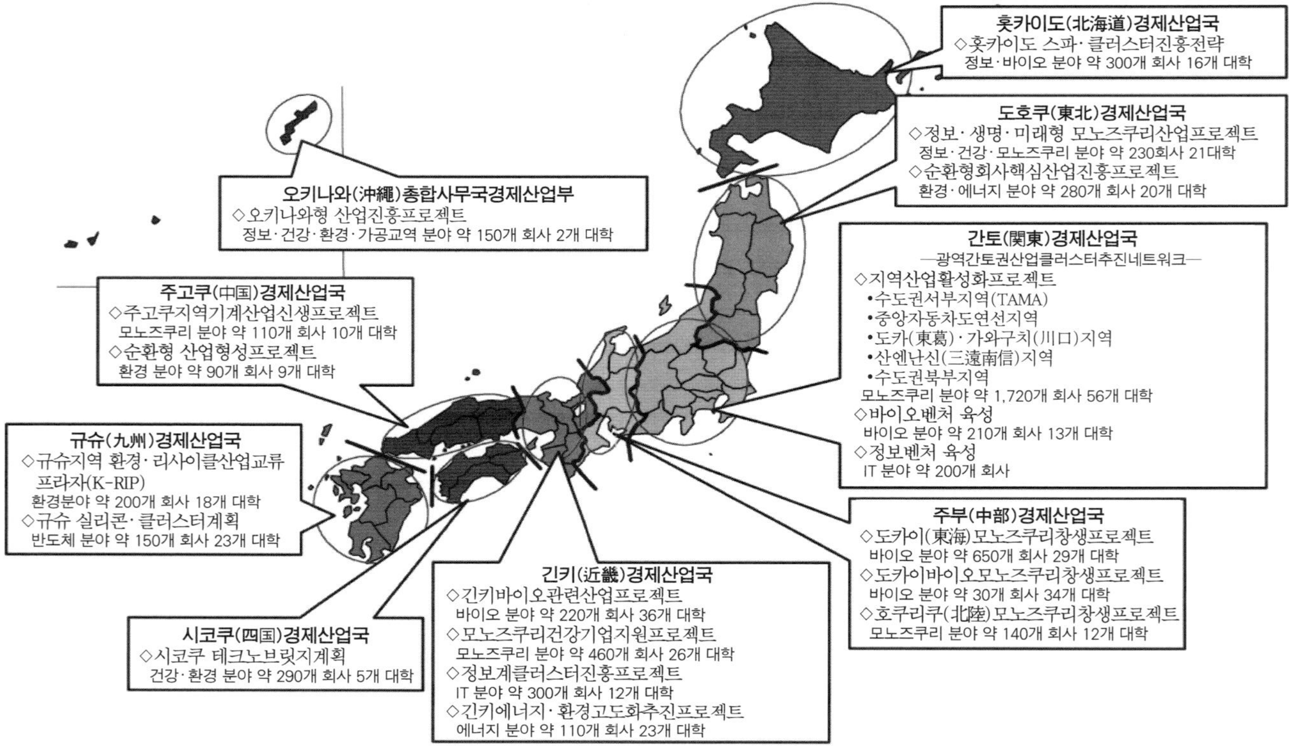

그림 5-3. 제1단계 산업클러스터 계획의 전국적 분포

출처: 経済産業省(2006).

경제산업성 지역분소의 지도하에 추진되었다(西川太一郎 2008, 109).

경제산업성은 각 프로젝트에서 지역 내 네트워크를 강화하기 위해 새로운 형태의 기업단체가 형성되도록 유도했다. 이들 클러스터 기업단체는 경제산업성 지역분소와의 민관협동을 통해 더 넓은 지역에서 유사 업종 기업가 간의 회합을 주선하여 네트워크를 제도화하려는 뚜렷한 목적을 가지고 만들어졌다(西川太一郎 2008, 122-123). 기업단체는 일본의 산업정책의 역사에서 중요한 역할을 해왔다. 발전국가 모델에서 중앙관료의 행정지도는 특정 산업섹터의 기업단체와 협조하면서 이루어졌다(Johnson 1982; Okimoto 1989). 또한 각 현이나 시 단위에서 지역 차원의 기업단체가 조직화되어 지방산업정책의 파트너로서의 역할을 수행했다. 산업클러스터 정책 속에서 새롭게 형성된 기업단체는 섹터기준으로 조직된 기업단체와 지자체 단위로 조직된 기업단체의 중간에 위치한다. 경제산업성은 일본의 각 산업섹터가 지역별로 집적되어 있다는 점에 착안하여, 클러스터 기업단체를 통해 한편으로는 섹터 차원에서 기업의 협조를 이끌어내는 동시에 지방산업정책의 일환으로 산업클러스터 정책을 사용하려 한 것이다.

산업클러스터 정책에 따라 각 광역지역 단위에서 각기 다른 프로젝트가 추진되었다 하더라도 산업정책을 전면적으로 분권화하려는 시도로 산업클러스터 정책을 해석할 수는 없다. 경제산업성은 지역화된 네트워크를 통해 특정 지역에 집적된 산업섹터에 대한 행정지도를 유지하는 형태로 산업클러스터 정책을 발전시켜 왔다. 산업집적이라는 산업구조가 지방화한 산업정책을 통해 특정 산업섹터에 대한 중앙관료의 개입 또는 지도로 이어지는 조건이 되고 있고, 이를 체계적으로 이용하려는 시도가 경제산업성의 산업클러스터 정책이다.

경제산업성은 대도시권의 산업클러스터와 지방도시권의 산업클러스터에서 다른 정책목표를 지니고 있다. 경제산업성은 산업클러스터를 세 개의 범주로 구분하고 있는데, 첫째 범주는 대도시권에서의 산업진흥을 목적으로 하는 산업클러스터이다. 대도시권에 많은 대기업과 관련 중소기업들이 공존해 있어서 이 산업클러스터의 정책목표는 관련 산업섹터에서 대기업과 중소기업 간의 협조체계를 강화하는 것이다. 둘째 범주는 지역의 산업구조와는 상관없이 실리콘밸리처럼 연구기관의 벤처사업을 육성하는 산업클러스터이다. 여기에서는 대학과 연구기관의 역할이 중요하다. 셋째 범주는 지방도시권에서 중소기업의 집적으로 발전되어 온 지장산업들을 진흥하기 위한 산업클러스터이다. 지방도시권에서 관련업종의 중소기업 사이에는 이미 비공식적 기업네트워크가 형성되어 있는데, 산업클러스터 정책으로 이러한 비공식적 기업네트워크를 좀 더 제도화하는 것이 정책 목표이다(二神恭一 2008, 제6장).

산업클러스터 정책의 제1단계에서 지정된 19개의 프로젝트는 모노즈쿠리,[6] IT, 생명공학, 에너지 등 4개의 산업부문으로 구분된다. IT, 생명공학, 에너지 산업은 첫째 및 둘째 범주와 연관돼 있다. 반면, 모노즈쿠리의 클러스터 프로젝트 중 일부는 지방도시권의 지장산업 진흥과 긴밀히 연관돼 있다. 하지만 똑같은 모노즈쿠리 클러스터 프로젝트로 정의되었더라도, 도카이(東海) 모노즈쿠리 프로젝트(아이치, 미에, 기후)와 호쿠리쿠(北陸) 모노즈쿠리 프로젝트(이시카와, 도야마, 후쿠이)는 실제로는 매우 다른 산업섹터를 진흥 대상으로 하고 있다. 도카이 모노즈쿠리 프로젝트는 지역에서 다양하게 발전한 자동차, 금속, 생명공학, 기계 등의 첨단산업에서 대기업과 중소기업 간의 협력을 위한 네트워크 강화를 주된 목표로 하고 있다. 반면에 호쿠리쿠 모노

---

6 모노즈쿠리는 물건(もの)과 만들기(づくり)의 조어로, 1980년대 후반 이후 일본 '장인정신의 혼'이 깃든 제조업 진흥의 의미로 사용되고 있다(関満博 2006).

즈쿠리 프로젝트의 중심 산업섹터는 섬유산업 등이며, 대기업보다는 집적된 중소기업 간의 네트워크 강화에 초점을 두고 프로젝트가 진행되었다(經濟産業省 2006).

산업클러스터 정책은 대외적 투자유치를 위한 규제완화와 함께 지역 내 기업 네트워크 강화를 통한 내재적 산업발전이 2000년대 일본 지방산업정책의 한 축으로 작동하고 있음을 보여준다. 기업 네트워크 강화를 통한 내재적 산업발전은 대외적 투자유치와 배타적인 관계에 있지 않다. 대도시권의 경우 대외적 투자유치에 강점을 지닌 동시에, 대기업을 중심으로 한 네트워크 강화는 지역산업 활력 증진에도 도움이 된다. 반면에 지방도시권에서는 대외적 투자유치에 대한 유인이 적은 상태에서 선택의 폭이 제한적일 수밖에 없었고, 이에 내재적 산업발전을 위한 중소기업 중심의 네트워크 강화에 정책이 집중될 수밖에 없었다.

4. 지방산업정책 개혁의 전국적 실행과 상이한 지역적 결과

2000년대 일본의 지방산업정책은 대외적 투자유치 접근법과 내재적 네트워크 강화 접근법을 양대 축으로 하여 진척되어 왔다. 두 접근법은 모두 지역 간 균형발전원칙에 입각한 1970년대 일본의 지방산업정책에서 벗어나려는 개혁 과정에서 나온 것이다. 하지만 두 접근법은 대도시권과 지방도시권에서 다른 양상으로 발전하고 있다. 오랫동안 유지되었던 정부 규제에서 벗어나면서 대도시권은 곧 일본 국내의 신규산업투자유치에서 더 많은 비중을 차지하게 되었다. 그것은 그 지역이 대외적 투자유치에 더 유리한 환경을 갖고 있었기 때문이다. 일본 산업생산의 지역적 분포가 지닌 이중구조 — 대도시권으로의 산업집중과 지방도시권의 소외 — 는 정부의 규제가 사라지면서 더욱 강화될 수밖에 없었다. 정부의 대도시권에 대한 규제완화는 그 자체로 지방도시권에의 투자유치 이점을 축소하는 요인이기 때문에, 지방도시권들은 대외적 투자유치의 접근법에서 경쟁력을 지니기가 쉽지 않게 되었다. 이러한 상황에서 지방도시권에서의 중심적 접근법은 내재적 네트워크 강화의 접근법으로 귀결된다. 대외적 투자유치 접근법과 내재적 네트워크 강화 접근법이 각각 대도시권과 지방도시권에서 중심적 접근법으로 정착되어 가는 지역적 분화는 균형발전을 위한 산업입지에 대한 국가의 규제장치가 철폐되는 정책적 변화 속에서 피할 수 없는 결과이다. 정부의 규제가 철폐된 상황에서 민간기업들은 더 높은 효율성을 낳을 수 있는 입지를 찾게 되고, 그에 따라 대도시권에 더 큰 흥미를 갖기 마련이다.

고이즈미 정권은 경기침체를 벗어나려는 정책 목표를 지니고 있었기에 균형발전원칙에 따른 대도시권에서의 신규투자에 대한 규제를 철폐하고자 하였고 마침내 이를 실현했다. 이러한 대도시권에서의 규제완화에 대한 적극적 찬성은 고이즈미 이전에도 많은 정치지도자들에 의해서 주장되었다. 하지만 이러한 대도시권에서의 산업입지제한의 규제완화는 지방도시권을 배경으로 하는 많은 보수 자민당 정치인들에게는 받아들일 수 없는 것이었다. 그래서 대도시권에서의 산업입지제한의 규제가 1990년대에 많은 비판 속에서도 지속되었던 것이다. 고이즈미가 대도시권에서의 규제를 완화할 수 있었던 배경에는 자민당 내의 합의를 중요하게 여기지 않는 그의 정치 스타일이 존재한다.[7] 고이즈미는 자민당 내 다양한 이해를 대변하는 집단들 사

---

7 고이즈미는 미디어를 통해 대중과 직접 소통하는 '극장형' 리더십을 선보였다(清水真人 2005).

이의 정책합의보다는 자신의 중요 정책과제를 밀어붙이는 방식에 의존해서 다방면의 정책개혁을 추구했고, 이와 같은 스타일로 대도시권에서의 규제완화도 이루어 낼 수 있었다.

지방산업정책 분야에서 시장주의적 개혁에 대한 선호는 고이즈미와 그의 정치적 정책자문그룹만의 것이 아니었다. 경제산업성의 관료그룹도 일본 기업의 국제경쟁력을 증진하기 위해서는 시장주의적 개혁을 통한 지역 간 균형발전원칙의 극복이 필요하다는 데 동의하고 있었다. 하지만 경제산업성의 관료그룹은 대도시권에 집중될 규제완화가 야기할 지방도시권의 소외 문제를 더 잘 인지하고 있었다. 그들은 한편으로 대도시권에서의 규제완화를 지지하면서 동시에 대도시권에서의 규제완화가 가져올 지방도시권에의 신규투자 감소를 지역 내 기존 기업들 사이의 네트워크 강화를 통해 보충할 계획을 가지고 있었다. 네트워크 강화 접근법은 실제 정책집행과정에서 무난하게 정착하였다. 네트워크 강화 접근법은 일본의 사회구조에 끈끈하게 유지되는 사회적 연대망을 좀 더 제도화하고 동원해 내려는 일본 정부의 정책적 노력의 산물이었다. 하지만 이 접근법은 대도시권에서의 대기업에 의한 신규투자 증가의 경제효과를 따라갈 만한 경제적 성과를 단기간에 낼 수 없는 방법이다. 장기적이고 안정적으로 지방경제활력을 불러일으키는 데는 효과가 있을지 모르지만, 단기간에 투자유치에 상응하는 효과가 나타나기는 어렵다. 이 때문에 지역 간 균형발전을 위한 전후 지방산업정책의 근간을 벗어나려는 고이즈미 정권 시절의 개혁 노력은 지역격차에 대한 지방도시권의 불만을 야기하는 정치적 결과를 초래하였다.

제6장

지방공공시설관리정책 거버넌스의 분화

공공시설 관리를 위한 새로운 협동 프로그램은 2000년대에 전국적으로 적용되었다. 하지만 민간투자 유치능력 때문에 주요 대도시에서는 PFI(Private Finance Initiative)가 실시된 반면, 지정관리자제도(指定管理者制度)는 지방의 경제조건과 관계없이 전국적으로 실시됐다. 하지만 지방산업정책 분야에서 산업클러스터(産業クラスター) 계획이 주요 대도시와 지방도시권에서 서로 다른 성격을 가지고 있었던 것과는 달리, 지정관리자제도는 일본 전역에서 지방협력을 유사하게 보여주었다. 공공시설관리정책 분야에서 지정관리자제도의 가장 눈에 띄는 특징은 공공시설 관리에서 전문적인 민간기업이 지방공동체 그룹과 파트너 지위를 놓고 경쟁한다는 것이다. 주로 대형 건설사(제네콘[1])가 PFI를 지배한 반면, 지방공동체 그룹과 전문 관리업체들은 지정관리자제도 안에서 공공시설에 대한 책임을 띤 실체로 공존했다.

PFI와 지정관리자제도 모두 행정개혁에서 공공시설 관리를 외주화함으로써(그리고 PFI의 경우 공공시설 건설도 외주화) 재정 부담을 줄이는 방법으로 도입되었다. 따라서 두 개의 프로그램은 신공공관리 담론에서 유래했는데, 신공공관리 담론은 공공서비스 제공의 핵심 원칙이 공공성에서 효율성으로, 또 실행기관은 정부관청에서 민간섹터로 이행하는 것에 대해 논리를 제공했다. 국가주도 시스템에서 지자체는 지방의 공공시설을 직접적으로 관리하거나 공기업을 통해 관리했다. 하지만 새로운 협동 프로그램들은 공공기관이 공공시설 관리에 직접 개입하는 것을 줄이고, 민간섹터에 의한 전문적 관리를 강화하려 했기 때문에, 이들 프로그램은 관리 거버넌스 프로그램으로 분류할 수 있다.

---

1 제네콘(ゼネコン)은 'general contractor'의 일본식 약자로 각종 토목건축사업을 일괄로 발주하는 대형 건설회사를 지칭한다.

1980년대 이후, 일본 지도자들은 행정개혁을 통한 관리 거버넌스의 도입에 대해 토론해 왔다. 행정개혁에서 규제 시스템을 완화하고자 했고, '관제시장'[2]을 민간섹터에 개방하려고 노력했다. 관제시장 개방은 행정개혁을 위한 여러 위원회에서 주요 단골 주제였다(晴山一穂 2005, 31-40). PFI와 지정관리자제도는 이 맥락에서 도입되었기 때문에 공공시설 관리의 효율성을 극대화하는 것이 목적이었다.

하지만 공공시설 관리 분야에서 개혁의 목적은 시설관리의 효율성 강화만이 아니었다. 공공시설 운영에서의 효율성과 밀접하게 관련 맺고 있었지만, 공공투자를 위한 새로운 시장을 만들어서 성장을 극대화하는 것이야말로 PFI의 최우선과제였다. 1990년대에 일본 정부는 민간업체에 도시개발 프로젝트를 권장하면서 동시에 PFI를 경기쇠퇴의 해결책으로 간주했다. 제네콘과 같은 대기업에 새로운 사업기회를 빌려 주었던 PFI는 성장지향적 거버넌스의 시장 모델을 강화하기 위한 프로그램이었다.

또한 지정관리자제도도 지방의 경제여건을 강화하는 방법이었다. 일본 정부는 지정관리자제도를 통해서 지방공동체의 직접적인 시민참여를 전문 관리업체와 결합시키려 했다. 지정관리자제도 안에서 지방공동체 그룹과 전문 관리업체가 지방 공공시설을 책임질 수 있기 때문에, 지방은 관리 거버넌스와 성장지향적 거버넌스의 공동체 모델 사이에서 선택권을 가질 수 있었다.

지정관리자제도의 시행에서는 지방 간에 중요한 편차가 없었지만, PFI는 주요 대도시권에서 주로 실시됐다. PFI는 수익성을 확보하기 위해 어느

2 관제시장은 공공서비스 제공사업의 운영주체를 '관에서 민으로' 이관함으로써 공공서비스의 효율성을 증대하고 민간기업에 새로운 성장기회를 제공하는 목적의 민영화와 외주화가 발생하는 공공서비스 분야를 통칭하는 일본식 표현이다.

정도의 규모를 필요로 했기 때문에 민간기업에 유리한 프로젝트가 주요 대도시에 더 많았다. 따라서 PFI는 낙후된 지역에서는 고치(高知)의료센터같이 대규모 프로젝트가 계획되는 곳에서만 발견된다. 반면에 지정관리자제도에서는 지방공동체 그룹의 참여가 지배적이었지만, 전문 관리업체도 눈에 띄게 성장했다. 긴밀한 사회적 네트워크는 지방공동체 그룹의 참여를 전국적으로 유도한 한편, 전문 관리업체들은 이들 그룹의 라이벌로 성장했다.

1. 민간기업의 블루오션, PFI

1) PFI 정책의 도입

PFI 정책은 1999년 하시모토 류타로(橋本竜太郎) 정권하에서 처음 도입되었지만, 2000년대에 들어 고이즈미 준이치로(小泉純一郎) 정권 시절 매우 폭넓게 공공시설의 건설 운영에 이용되었다. 일본 정부는 PFI 정책 도입의 명확한 두 가지 목표를 제시하였다. 행정개혁 차원에서 공공시설 건설의 효율성을 추구한다는 목표와 경기침체 속에서 어려움을 겪는 건설업체들에게 새로운 투자기회를 제공하여 경기침체 극복에 도움을 준다는 목표가 그것이다. 일본 정부는 1999년 '민간자본의활용에의한공공시설정비촉진법'의 제정과 함께 PFI 정책을 도입하였다. 1990년대 초 이래 영국에서 민간자본의 활용을 위해 처음 등장했던 PFI 정책은 공공사업으로 인한 정부부채 문제를 해결하는 하나의 수단으로 일본의 정책 담당자들에게 인식되었고, 이를 모방하는 형태로 일본에 도입되었다. PFI 정책은 신공공관리론에 입각한 하나의 행정개혁 수단이었다. 공공서비스 제공의 민영화된 한 형태인 PFI 정책은 신공공관리론에 가장 부합하는 전략 중의 하나이다(林宜嗣 2006, 211-224).

1990년대 후반 하시모토 정권은 공공시설의 민영화 전략에 대한 구상을 제출하도록 중앙 행정부처 관료들에게 요구하였다. 자치성이 정책 주도권을 쥐고 있었지만, 여타의 많은 행정부처들도 개입하였다. 통상산업성과 건설성은 1997년에 PFI 도입에 대한 연구그룹을 만들었다. 또한 경제기획청도 1998년 PFI촉진연구회를 만들어 PFI 도입에 대한 구상을 발전시켰다(尾林芳匡 · 入谷貴夫 2009, 127-129). PFI 정책의 주도권을 잡기 위한 중앙 행정부처 간의 경쟁이 있었으나, PFI 정책의 도입이 특정 행정부처의 관할권을 침해하는 성격이 아니었기 때문에 PFI 도입에 대한 관료의 반대는 존재하지 않았다. 또한 PFI 정책의 도입에서 자민당 정치인들의 심각한 반발도 없었다.[3] 다만 자민당은 PFI 프로그램에 입각한 공공시설 건설에 정부의 직접투자와 부채부담의 의무를 명확히 하여, 공공시설을 이용하는 주민들의 불안감을 해소하는 안전장치를 추가하고자 하였다(尾林芳匡 · 入谷貴夫 2009, 128). 하지만 이러한 안전장치의 추가는 PFI를 1980년대 민활법(民活法) 속에 등장한 제3섹터(The Third Sector)와 큰 차이가 없는 것으로 만드는 것이었다. PFI 도입을 통해 정부의 재정부담을 줄이려는 정부의 입장에서 볼 때 정부에 의한 안전장치의 추가는 정부의 재정부담을 오히려 심화시킬 수 있는 불안요소를 갖는 것이어서 받아들일 수 없는 것이었다. 중앙부처와 자민당 사이의 협상과 조정을 통해 정부에 의한 명시적 안전장치를 추가하지 않고 PFI 법은 1999년에 입법화되었다(尾林芳匡 · 入谷貴夫 2009, 128).

PFI 프로그램의 기본원칙은 VFM(value for money)이다. PFI 정책을 관할하

3 제2장에서 서술하였듯이, 기관위임사무 폐지나 삼위일체개혁과 같은 경우에는 중앙부처 관료들의 갈등과 반대가 심하였다.

기 위해 내각부에 설치된 PFI추진실이 제공하는 PFI 프로그램의 기본 가이드라인에 입각해서, 공공기관들은 공공시설에 대한 직접투자보다 민간자본을 활용하는 PFI 방식이 더 효율적이라는 것을 계산하여 PFI 프로그램을 추진할 수 있었다. VFM은 이 계산 시에 사용되는 개념이다. VFM은 이중으로 측정된다. 우선 공공기관들은 직접투자에 의한 비용과 건설과 운영에서 발생할 수 있는 위험을 수치화한다. 직접투자 시의 총비용과 위험의 합은 PSC(public sector comparator)로 불린다. 그다음으로 공공기관은 공공시설이 민간자본에 의해 건설되고 운영될 경우 그 민간자본에 지불해야 하는 비용과 PSC를 비교한다. PSC와 민간자본이 제시한 건설운영비용의 차가 VFM이며, VFM이 양(+)일 때, 즉 PSC가 민간자본이 제시한 건설운영비용보다 클 때 PFI 프로그램은 공공시설 건설에 이용될 수 있는 것이다. 기본적으로 PFI에 참여하는 민간자본은 위험부담을 감수해야 한다. 공공기관이 민간자본에 의해 건설된 공공시설의 재정상태를 완전하게 보증하는 것이 아니기 때문에 민간자본도 자체적으로 VMF를 계산해야 한다. 이를 통해 일본 정부는 PFI 프로그램에서 민간자본의 도덕적 해이를 극복하려고 하였다(林宜嗣 2006, 215-216).[4]

2) 민활법과 PFI의 비슷한 점과 다른 점

PFI 프로그램은 1980년대 나카소네 야스히로(中曾根康弘) 정권 시기에 도입된 민활법과 매우 비슷하다. 1980년대 활황의 요소이면서 동시에 1990년대 심각한 제3섹터 적자문제의 요소로 간주되는 민활법은 사회기반시설의 건설에 민간자본을 끌어들인다는 점에서 PFI 프로그램과 그 성격이 비슷

[4] 하지만 VMF 계산을 둘러싸고 지자체와 민간기업들 사이의 갈등은 후술할 고치의료센터의 사례와 같이 PFI 프로젝트들에서 지속적으로 발견된다.

하다. 하지만 PFI 프로그램은 목표하는 공공시설의 유형과 위험부담 관리의 면 등에서 민활법과 차이가 있다.

우선 공공기관은 PFI 프로그램에 입각한 공공시설의 건설운영에 직접 투자가 금지되어 있다. 민활법에서는 공공기관이 건설운영의 주체가 되는 반관반민 회사, 즉 제3섹터의 주주로서 직접 투자하였다. 민활법에 입각한 공공시설 건설에서 공공기관의 직접투자는 대도시권의 경우 총 비용의 35%, 지방도시권의 경우 총 비용의 47%에 이르렀다(林宜嗣 2006, 200-201). 민활법에서 민간자본의 투자는 공공기관의 투자를 보조하는 형태로 이루어졌다고 할 수 있다. 반면에 PFI 프로그램에서 공공기관은 투자자가 아닌 고객의 입장에 서있다. 공공기관의 직접투자 없이 민간자본은 공공시설 건설운영을 위한 회사의 유일한 투자자로서 공공시설을 제공하고, 이 공공시설의 건설과 운영의 이용에 대한 비용을 공공기관이나 이용자가 지불하는 방식으로 프로그램이 설계되었다.

둘째로 민활법이 대규모 사회기반시설의 건설에 민간자본의 투자를 지향했던 것에 비해, PFI 프로그램은 더 광범위한 생활밀착형 공공시설을 민간자본에 개방하고자 하였다. 민활법이 적용되던 15개 범주의 공공시설은 대형 연구기관, 통신시설, 공항, 항만, 철도, 대형 상업시설 등 대규모 공공시설이었다(宮木康夫 2000, 77-82). 반면에 PFI 프로그램은 도입 시에 PFI 기법이 도입될 수 있는 7개 범주의 공공시설 유형을 제시하였는데, 그것은 1) 교육문화시설(학교, 도서관 등), 2) 생활복지시설(노인복지시설 등), 3) 건강환경시설(의료시설, 폐기물처리시설), 4) 산업시설(관광시설, 상설시설, 상하수도처리시설 등), 5) 마치즈쿠리시설(도로, 공원 등), 6) 공공안전시설(경찰서, 소방서, 교도소 등), 7) 정부청사와 숙소이다(PFI Promotion Office 2008). PFI 프로그램은 대규모 사회기반시설에의 민간자본 투자를 넘어서 더 광범위한 범위의 생활밀착형 공공시설에까지 민영화를 지향하고 있다.

셋째로 PFI 프로그램에서는 공공기관이 민간자본 투자의 위험부담에 대해 책임지지 않는다는 점에서 민활법과 다르다. PFI 프로그램에서 공공기관은 해당 공공기관 건설운영 주체회사의 주주가 아니기 때문이다. 대신 PFI 프로그램 도입을 계약할 때 공공기관은 민간자본과의 계약서에 해당 공공시설의 운영 중 손해발생 시에 공동책임을 진다는 항목을 삽입한다. 하지만 이러한 항목들은 위험의 구체적 내용과 책임분배를 자세하게 밝히지 않기 때문에, 적자가 발생할 때 공공기관과 투자 민간자본회사 사이의 논쟁점이 되곤 한다.

PFI 프로그램이 기본적으로 민간자본의 투자에 대해 공공기관이 모든 책임을 지지 않는다는 원칙에 따라 도입되었더라도, PFI 프로그램 운영의 구체적인 방식에서 민간자본의 투자가 안정적으로 이루어지게 하는 메커니즘이 존재한다.

3) PFI의 운영방식

PFI 프로그램에는 BOT, BTO, BOO라는 세 가지 방식이 존재한다. BOT(Build-Operate-Transfer) 방식은 민간회사가 건설해서 일정 기간 동안 운영한 후, 소유권은 공공기관으로 이전하는 방식이다. BTO(Build-Transfer-Operate) 방식은 민간회사가 건설 후, 소유권을 공공기관으로 이전한 뒤 계약을 통해 일정기간 운영권을 갖는 방식이다. BOO(Build-Own-Operate)는 소유권을 공공기관에 이전하지 않고 민간회사가 계속 유지하면서 운영하는 방식이다. 2008년 8월 기준으로 PFI 프로그램에 해당하는 총 323개 사례 중 69%인 224개의 사례가 BTO 방식으로 운영되고 있다(그림 6-1 참조). 공공기

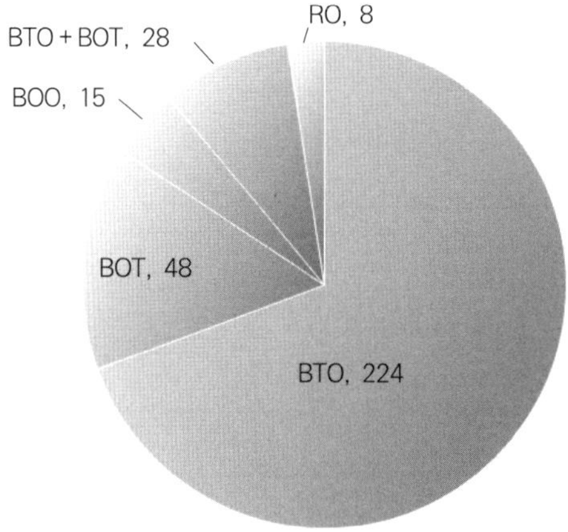

그림 6-1. PFI 추진방식 현황(2008)
출처: 内閣府 PFI推進室(2008).

관들은 공공시설의 공공성 확보를 위해서 소유권을 좀 더 빨리 획득하는 것을 선호했다. 한편 민간회사 입장에서 BTO 방식은 공공시설 건설 부분의 위험부담만 지고, 운영 부분의 위험부담은 지지 않을 수 있는 방법이 된다. 만약 운영 중의 부채가 운영을 담당했던 민간회사의 잘못임을 명백하게 입증하지 않는다면, 공공시설의 소유권이 공공기관에 있는 한 운영 중의 부채는 공공기관의 책임이 되는 것이기 때문이다. 예상치 못한 요인으로 생긴 운영문제나 당초의 수요예측과 다른 이용률 등은 민간회사의 잘못이 아니며, 민간회사의 운영상의 잘못은 밝히기가 매우 어려운 부분이다.

PFI 프로그램에 따라 운영되는 공공시설의 이용비용을 지불하는 방식은 두 가지로 나뉜다. 서비스구입형은 공공기관이 이용비용을 일괄적으로 운영회사에 지불한 후 주민이 이용하도록 하는 방식이다. 독립채산형은 공공시설을 이용하는 이용자가 운영회사에 직접 이용료를 지불하는 방식이다. 2008년

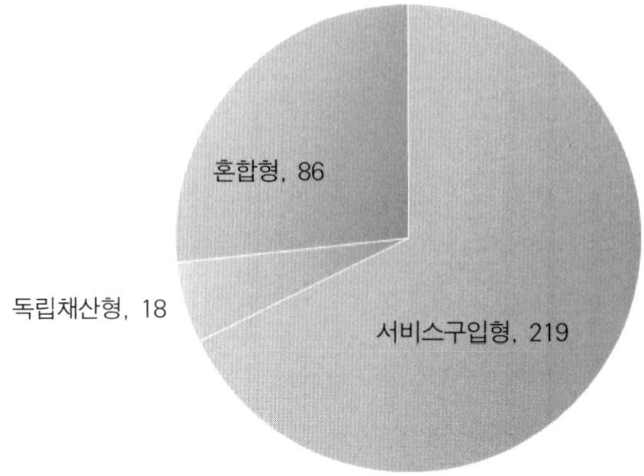

그림 6-2. PFI 공공시설 이용 지불방식 현황(2008)

출처: 内閣府 PFI推進室(2008).

기준 67%의 PFI 프로그램의 공공시설이 서비스구입형에 입각해 이용비용이 지불되고 있다. 27%가 혼합형으로 이루어지는 것을 고려하면 독립채산형은 6% 정도밖에 차지하지 않는다(그림 6-2 참조). 서비스구입형은 민간자본회사에게 최소한의 수입을 보장해 주는 방식이기 때문에 선호되는 방식이다.

BTO 방식과 서비스구입형 모델 속에서 민간자본의 투자는 공공기관의 직접투자 없이도 상당한 안전장치를 확보할 수 있었다. 또한 PFI 프로그램에 참여하는 민간자본회사에는 여러 인센티브가 주어졌다. 중앙정부는 모든 공공시설의 건설에 보조금을 제공하기 때문에 공공시설 건설의 주체가 민간회사여도 보조금을 받아 건설비용을 줄일 수 있었다. 더불어 공공시설을 민간자본에 발주하는 공공기관들은 일반적으로 공용토지를 무상으로나 매우 저렴하게 임대해 주는 방식의 인센티브를 제공하였다.

4) PFI와 제네콘

이러한 PFI 프로그램은 일본의 대기업 특히 건설업 관련 기업에 새로운 시장개척의 의미로 받아들여졌다. 1998년 게이단렌(経団連)의 조사에서 94%의 건설업 관련 기업들이 PFI가 입법화되면 참여하겠다는 뜻을 밝혔으며, 74%가 PFI를 사업영역 확대의 기회로 파악한다고 응답했다(経団連 1998). PFI 도입을 누구보다 반긴 것은 대형 부동산 개발업체와 건설회사들이었다. 이들의 기업단체인 일본프로젝트산업협의회(JAPIC)는 PFI의 도입을 적극적으로 옹호하면서 PFI를 건설업계의 활력을 되찾게 하는 하나의 수단으로 간주하였다(日本プロジェクト産業協議会 1999, 3-4). PFI가 중앙행정부처에서 논의되고 있을 때 대형 건설회사들은 PFI 대책팀을 구성하여 PFI 프로그램이 제공하는 새로운 시장을 선점하고자 하였다(尾林芳匡 · 入谷貴夫 2009, 160).

일반적으로 건설회사와 금융기관은 팀을 구성하여 PFI 프로젝트에 참여한다. 입찰 시에 건설회사는 해당 공공시설을 건설하고 운영하는 신규회사를 설립하고, 이 신규회사는 금융기관으로부터 프로젝트에 필요한 자금을 빌리고, 건설을 위해 모회사인 건설회사와 계약을 한다. PFI 프로젝트를 수행하는 데는 계획, 건설, 유지 등의 복합적 능력이 필요하기 때문에 대형 건설회사들이 큰 이점을 지니고 있다고 할 수 있다. 이 때문에 대형 건설회사들은 PFI 프로젝트를 압도한다. 2008년 기준으로 대형 건설회사인 제네콘은 PFI 프로젝트 수주의 상위랭킹을 점하고 있다(그림 6-3 참조).

PFI 프로그램의 대형 건설회사 친화적 성격은 해당 공공시설이 위치하는 지역에서 불만의 목소리를 야기하곤 한다. 따라서 지방공공기관이 발주하는 PFI 프로젝트의 경우, 많은 지방공공기관은 해당 지역의 중소건설업체가 건설과정에 참여하고 지역주민이 건설과정과 운영과정에 고용되도록 요구

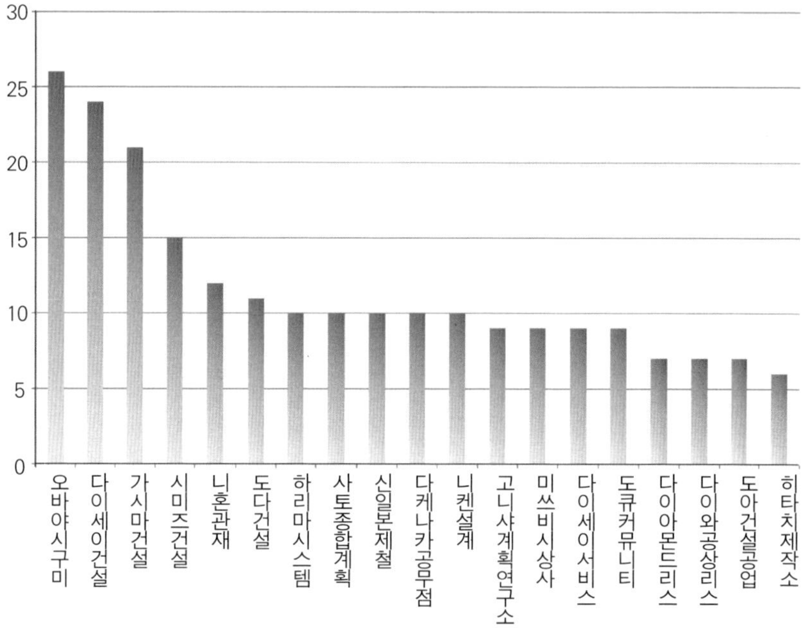

그림 6-3. PFI 사업의 유치 현황(2008)

출처: 内閣府 PFI推進室(2008).

한다. 지방공공기관은 PFI 프로젝트를 통해 지역업체와 지역주민의 많은 참여를 이끌고 지역경제 활성화에 도움이 되고자 하는 의도를 지니고 있었다. 하지만 PFI 프로젝트의 경제효과는 대부분 대형 건설업체에게 돌아가고, 지역경제 활성화에 돌아가는 혜택은 한계가 있을 수밖에 없었다(尾林芳匡 · 入谷貴夫 2009).

대신에 고치의료센터의 예에서 볼 수 있듯이 대도시에 기반을 둔 민간회사와 지역공동체 간의 갈등이 두드러지는 현상이 발생하기도 한다. 고치의료센터는 PFI 프로그램에 의해 건설되고 운영된 최초의 의료시설이다. 고치 현과 고치 시는 고치 시의 교외에 고치현립병원과 고치시립병원을 하나로 묶어 새로운 병원을 건설하기로 결정한 후 그 건설과 운영방식에서 PFI 기법을 도입하기로 2000년에 결정하였다. 입찰을 통해 2002년에 오릭스 컨소시엄은 미쓰이 컨소시엄을 누르고 고치의료센터의 건설운영 주체로 선정되었다. 고치의료센터의 PFI 프로젝트는 PFI 프로그램으로 건설된 최초의 의료기관이라는 점과 더불어 오릭스 회장인 미야우치 요시히코(宮内義彦)가 고이즈미 정권의 규제개혁위원회(規制改革委員会) 위원장으로서 규제완화의 이익을 옹호하는 주장을 활발하게 펼치고 있었다는 점에서 주목되었다(有森隆 2006).

오릭스 컨소시엄에 의해 고치의료센터 건설과 운영을 위해 설립된 특정목적회사 고치의료PFI는 2002년부터 2030년까지의 고치의료센터 운영권을 획득하였다. 고치 현과 고치 시는 오릭스 컨소시엄에 의해 제안된 PFI 계획을 통해 병원의 건설과 2030년까지의 운영에서 186억 엔의 비용을 줄일 수 있다고 판단하였다. 하지만 2005년에 개원한 고치의료센터는 계획보다 많은 운영비용을 필요로 해서 고치 현과 고치 시에 재정부담을 주었다. 2005~2008년까지의 4년 동안 고치의료센터는 81억 엔의 적자를 낳았다. 오릭스는 PFI 입찰에 응할 때 재료비를 병원 수입의 23.4%로 삭감하여 운영한다는 계획을 제출하였다. 하지만 4년 동안 재료비는 항상 30%를 상회했고, 그 부분이 그대로 적자로 연결되었다. 고치의료센터가 BTO로 운영되었기 때문에 고치 현과 고치 시는 운영적자에 대한 책임을 지고 있었다. 고치 현과 고치 시의 적자 삭감 요구에 대해 특정목적회사 고치의료PFI는 의료시설의 특성상 어쩔 수 없는 부분이라고 주장하였다. 이 같은 갈등 속에 결국 2009년 고치 현과 고치 시는 특정목적회사 고치의료PFI와의 PFI 해약체결을 맺었다(『日本経済新聞』 2009년 7월 23일). 고치의료센터의 사례는 PFI 프로그램에 책임부담의 불명확성 등과 같은 많은 허점이 있음을 보여준다(尾林芳匡 · 入谷貴夫 2009).

PFI 정책은 하시모토 정권하에서 입법화되었지만, 고이즈미 정권하에서 구조개혁의 중요한 수단으로 사용되었다. 신공공관리론에 입각한 PFI 정책은 규제완화와 관제시장의 민간개방이라는 민영화 방향에 잘 부합하는 정책으로, 고이즈미 정권은 PFI 방식을 지방공공기관의 공공시설 건설과 운영에 적극적으로 추천하였다. 지방정책 차원에서 민간자본을 유인하여 공공시설을 지속적으로 공급하는 PFI 정책은 지방도시권으로 가는 공공투자를 줄이는 탈균형발전개혁노선을 보완하는 정책프로그램으로 자리 잡고 있다.

2. 지정관리자제도에서의 다양한 파트너

지정관리자제도는 관제시장을 민간섹터에 개방하려는 노력의 일환이기도 했다. 이 제도는 2003년 공공시설 관리의 관리자격을 공공기관에서 지정관리자로 이전하면서 도입되었다. 지정관리자제도 도입의 원래 목적은 효율성을 극대화하는 것이었지만, 또한 지방공동체를 동원해 지방경제를 활성화하려는 시도이기도 했다. 따라서 이 제도는 관리 거버넌스의 성격과 성장지향적 거버넌스의 공동체 모델 성격을 모두 가지고 있었다.

지정관리자제도에서는 지방공동체 그룹이 공공시설 관리에 참여하는 일이 전국적으로 증가했다. 여기에 더하여, 지방공기업이었던 외곽단체들은 지자체로부터 점점 더 독립적이고, 지방공동체에 좀 더 많이 기반을 두는 형태로 변화했다. 반대로, 공공시설 관리 특권을 넘겨받으려 했던 전문 관리업체도 전국적으로 확장되었다. 이에 따라 지방공동체 그룹과 전문관리에 특화된 기업 간에 경쟁이 나타났다.

1) 지정관리자제도의 도입

PFI 프로그램처럼 지정관리자제도는 행정개혁의 일환으로 시행되었다. 지정관리자제도는 중앙정부가 느린 이행을 계획했다는 점에서는 점진적인 행정개혁이었지만, 전국적으로 적용되었다는 점에서는 과감한 접근이기도 했다.

규제개혁위원회에서는 민간섹터의 잠재력을 이용하는 새로운 프로그램이 PFI같이 공공시설 관리로 확대돼야 한다고 제안했지만(規制改革委員会 2002), 경제재정자문회의(経済財政諮問会議)는 중앙관료들의 구체적인 계획을 통해 이의 법제화를 추진했다. 고이즈미 내각이 경제재정자문회의의 2001년 골대의 방침에서 언급된 구조개혁의 하나인 관제시장의 민간섹터 개방을 선언하자, 경제산업성과 총무성의 중앙관료들은 관제시장을 어떻게 개방할지에 대해 계획을 짜기 시작했다. 고이즈미 내각의 강력한 리더십 아래, 지방공공시설 관리 개혁에 대한 총무성의 계획은 지정관리자제도로 발전했다.

총무성이 개혁플랜의 하나로 경제재정위원회에 지정관리자제도 도입안을 제출했을 때(지방행정개혁, 지방재정개혁과 함께), 지방재정개혁 플랜과는 달리 신속한 실행에 대한 합의가 이뤄졌다. 총무성의 지방재정개혁 플랜(삼위일체개혁)에 대해서는 재무성이 강력하게 반대했지만, 지정관리자제도의 도입은 상대적으로 순조로웠다. 지정관리자제도는 다른 중앙부처에게도 중점적 이해관계가 걸린 영역이 아니었기 때문에, 총무성의 계획에 대해 다른 부처의 반대는 없었다(上山信一 · 桧森隆一 2008, 117-123).

논쟁 끝에, 법안이 지방자치법의 개정된 형태로 의회에 제출되었다. 개정안은 지자체가 지방공공시설 관리에 다양한 민간섹터를 참여시켜야 한다고 명기했다. 지방자치법 개정안은 2003년 6월 통과되었고, 지정관리자제도는 같은 해 9월에 발효되었다.

지정관리자제도의 도입은 1968년부터 유지되어 온 지방공공시설 관리제도의 대변화를 의미한다. 지방공공시설은 지방자치법에 의하면 '(지방)주민의 삶의 질을 증진시키는 시설'로 정의되어 있다. 이 개념은 1968년에 개정된 지방자치법에도 포함돼 있었다(出井信夫 2005, 5-9). 그 전에는 모든 공공시설이 공공기관에 의해 관리되는 재산으로 묘사됐다. 공공시설에 대한 새로운 정의와 함께, 1968년에 개정된 법에서 공공시설에 대해 관리위탁제도(管理委託制度)가 만들어졌다. 관리위탁제도에서 지정관리자제도로의 이행은 공공시설 관리를 위한 자격의 변화를 가리킨다. 2003년에 개정된 지방자치법에서는 다양한 민간섹터가 공공시설을 관리하는 것을 허용했다.

관리위탁제도와 지정관리자제도는 몇 가지 점에서 서로 다르다. 가장 눈에 띄는 차이점은 공공시설을 관리하기 위한 단체의 자격이다. 관리위탁제도에서는 공기업과 공공적 기관만이 공공시설의 관리 주체로서 인정된다. 공기업은 공공기관의 전액 투자로 설립된 정부 조직이다. 이 기업들은 일반적으로 특정 공공시설의 관리만을 위해 설립된다. 공공적 기관은 농협, 임협, 수협, 자치회 등을 포함한다.

1991년 지방자치법 개정 이후, 외곽단체들은 공공시설 관리자로서의 자격을 얻었다. 외곽단체들은 특정 공공시설 관리를 위한 재단이나 기업인데, 지자체의 관리하에 공공시설을 관리한다는 점에서 대부분의 공기업의 상황과 유사했다. 그러나 외곽단체와 공기업의 차이점은 민간섹터가 외곽단체에 투자할 수 있다는 점이다. 단, 공공기관이 외곽단체 출연금의 절반 이상을 투자할 경우, 그 외곽단체는 공공시설을 관리할 수 있었다. 따라서 공공시설 관리를 위한 외곽단체는 여전히 공공기관의 영향력 아래에 있었다.

반대로, 지정관리자제도는 공공시설 관리를 위한 어떠한 자격도 요구하지 않았다. 어떤 단체든 새로운 시스템하에서는 공공시설의 관리자가 될 수 있었다. 새로운 입법은 자격을 결정하는 데서 법인을 요구하지 않는다. 하지만 법적으로 개인에 의한 관리는 금지되었다. 따라서 공공시설 관리는 이제 공기업, 공공적 기관, 외곽단체뿐만 아니라 민간기업, 지방공동체 단체, 비영리기구에까지 개방돼 있다. 지정관리자제도는 공기업, 공공적 기관, 외곽단체 등 전통적인 관리자와 민간기업, 비영리기구 같은 민간섹터 기관 모두에게 공공시설을 관리할 수 있는 기회를 제공하고 있다(出井信夫 2005, 42).

두 번째 차이점은 공공시설 관리를 위한 선정절차이다. 전통적인 관리위탁제도에서는 공기업이나 외곽단체가 경쟁입찰 없이 공공시설 관리를 위한 주체로 지정되거나 특정 공공시설의 관리 목적만을 위해 새로운 공기업 또는 외곽단체가 설립되었다. 하지만 지정관리자제도는 경쟁입찰을 요구한다. 입찰을 통하지 않을 특수 예외가 인정되기도 하지만, 입찰 시스템은 지정관리자제도에서 원칙이었다(出井信夫 2005, 42-43).

세 번째 차이점은 계약기간인데, 이는 전통적인 관리위탁제도에서는 명문화되지 않은 것이었다. 어떤 단체가 공공시설 관리를 위한 주체로 지정되거나 설립될 경우, 이 단체는 우선적인 지위를 지킬 수 있었다. 하지만 2003년 개정된 지방자치법하에서, 공공시설 관리자로 지정된 단체는 그 우선권을 보장받지 못했다. 공공기관은 경쟁입찰을 통해 선택된 단체와 계약해야 했다. 게다가 공공시설 관리자는 실적에 대한 연례보고서를 공공기관에 제출해야 했다(出井信夫 2005, 44-45).

계약, 입찰, 다양한 민간섹터의 참여 등 지정관리자제도의 몇 가지 새로운 규칙은 관리 거버넌스와 관련된 특징을 보여준다. 하지만 지정관리자제도는 공동체 모델과 관련된 특징도 가지고 있다. 지정관리자제도는 지방공동체 단체에 자격을 부여하면서, 입찰 규칙에 예외를 두어 지방공동체 단체가 지정관리자로 지정되는 것을 쉽게 하는 길도 마련해 놓았다.

2) 지정관리자제도의 전국적 추세

지정관리자제도는 모든 지방에 강제적으로 적용되었다. 따라서 제도의 시행이 어떤 특정 분야나 지방에만 집중되지 않았다. 2003년 개정된 지방자치법하에서는 지자체가 직영을 선택하지 않는 한, 지정관리자제도가 유일한 선택지였다. 지정관리자제도 시행에 대한 유예기간이 있었지만 중앙정부는 지자체가 지정관리자제도와 직영 중 하나를 선택할 것을 요구했다. 그리고 그 후에는 지정관리자제도가 전국적으로 적용되었다.

2009년 4월에는 7만 22개의 공공시설이 지정관리자제도의 관리에 들어갔다. 현청은 6,882개의 공공시설에 새로운 시스템을 도입했고, 정령시는 6,327개의 시설에 이를 적용했다. 또 시청은 지정관리자제도를 실시할 시설로 5만 6,813개를 선택했다(総務省 2009a). 대부분의 지방은 지정관리자제도를 도입했다. 현(県) 정부의 공공시설 중에서 공공거주시설을 제외하고 지정관리자제도를 시행한 비율은 오키나와(沖縄)의 21%부터 아이치(愛知)의 90%까지 다양했다. 시행률에서 아이치가 1위를, 오사카(大阪)가 3위(77%)를 차지했지만 도쿄(東京)는 국가 평균을 살짝 웃도는 수준에 머물렀다. 지정관리자제도의 도입과 지방의 크기 및 인구 간에는 별다른 인과관계가 없다. 2위인 야마나시(山梨)(80%), 4위인 구마모토(熊本)(75%)는 아이치나 오사카에 비교될 만한 지방경제나 인구를 가지지 못했다. 게다가 홋카이도(北海道)는 지정관리자제도를 실시하는 공공시설의 수가 현 정부, 정령시, 시정촌을 합하여 5,717개로 전국에서 제일 많다. 지정관리자제도의 도입에서 눈에 띄는 지방적 편차는 존재하지 않았다(総務省 2009a)(그림 6-4 참조).

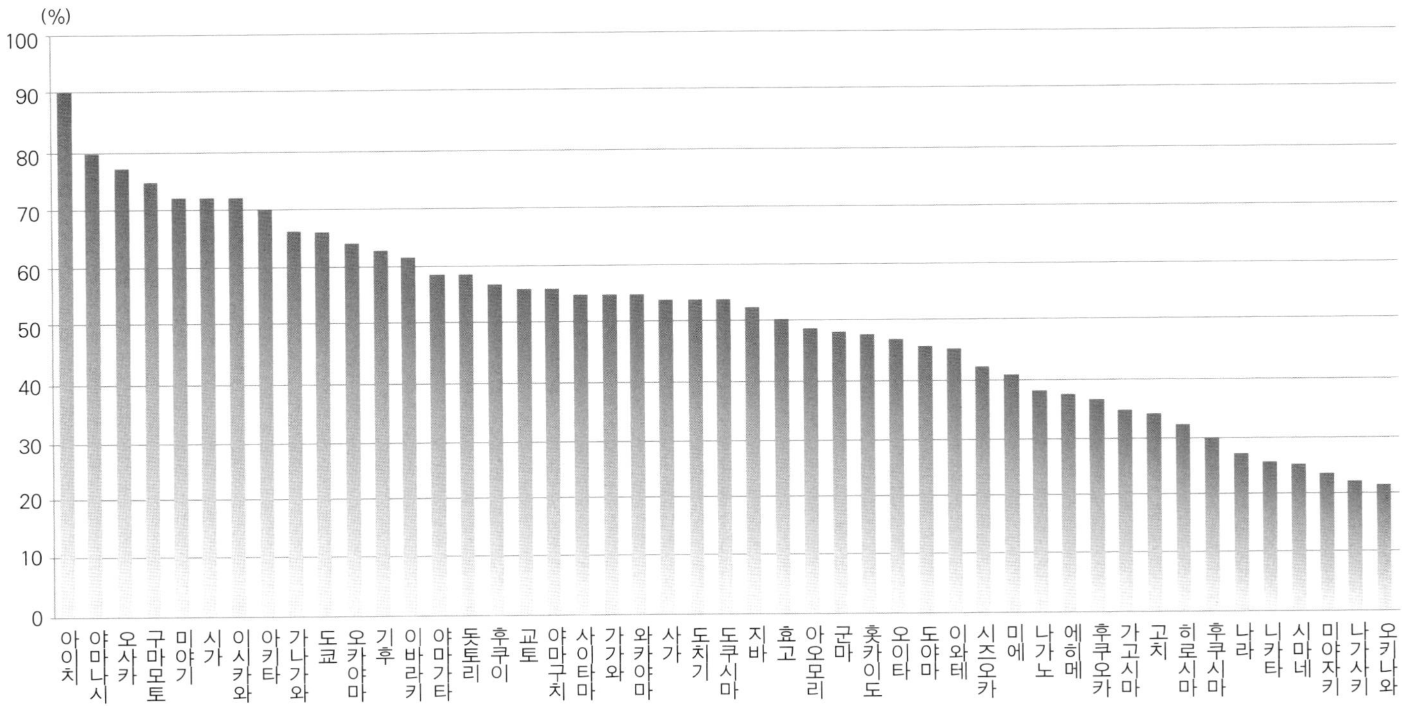

그림 6-4. 지정관리자제도의 전국적 추세(도도부현별, 2009)

출처: 総務省(2009a).

표 6-1. 지정관리자제도의 영역과 주체(2009)

	민간기업		외곽단체		공기업		공공적 기관		자치회, 촌락회*		NPOs		기타		전체	
오락·스포츠시설	3,925	28.6	4,956	36.1	110	0.8	2,036	14.8	1,169	8.5	894	6.5	1,821	13.3	13,742	100
산업시설	1,614	22.6	1,037	14.5	29	0.4	3,197	44.8	1,576	22.1	185	2.6	1,076	15.1	7,138	100
사회기반시설	3,440	15.6	9,348	42.3	177	0.8	5,674	25.7	2,861	12.9	210	1	3,252	14.7	22.101	100
문화시설	1,003	7.3	2,377	17.3	40	0.3	8,783	64	7,937	57.9	532	3.9	982	7.2	13,717	100
사회복지시설	393	2.9	1,557	11.7	78	0.6	10,134	76.1	2,308	17.3	490	3.7	672	5	13,324	100
전체	10,375	14.8	19,275	27.5	434	0.6	29,824	42.6	15,851	22.6	2,311	3.3	7,803	11.1	70,022	100

출처: 総務省(2009a).

* 이 표에서 자치회, 촌락회는 바로 왼쪽 줄의 공공적 기관 내에 포함된 숫자들임.

지정관리자제도는 오락 · 스포츠 시설(체육관, 수영장, 골프장, 휴양시설 등), 산업시설(전시관, 정보센터 등), 사회기반시설(주차장, 공원, 상하수도 등), 문화시설(커뮤니티 센터, 박물관 등), 사회복지시설(노인케어센터 등)에 적용된다. 총무성의 소사에 따르면, 문화시설이 지정관리자제도의 시설 중 가장 많은 비율을 차지하고(31.5%), 다른 분야의 시설들은 약 20%로 비슷한 비율이다(総務省 2009a).

지정관리자제도는 공공시설 관리에 민간기업, 지방공동체 단체, 비영리기구의 새로운 참여를 만들어 냈다. 전국적으로 민간기업에 의해 운영되는 시설은 1만 375개(14.8%)이며, 비영리기구가 운영하는 시설은 상대적으로 적은 2,311개(3.3%)이다. 하지만 전통적인 관리위탁제도하에서 발달한 단체인 외곽단체(27.5%), 공기업(0.6%), 공공적 기관(42.6%) 등이 여전히 공공시설 관리를 지배하고 있다. 공공적 기관 중에서는 자치회와 촌락회가 해당 마을 회관 등 공용시설의 절반(전체의 22.6%)에 대한 통제력을 유지하고 있다(総務省 2009a)(표 6-1 참조).

이러한 결과는 공공시설 관리에서 연속성과 변화를 보여준다. 외곽단체는 지징관리자제도하의 관리기관으로 변모하고 있지만, 그들의 본래 목적과 기능은 여전히 유지되고 있다. 하지만 지정관리자제도는 공공시설 관리에 대한 외곽단체의 태도를 바꾸어 왔다. 그들이 계속 관리할 수 있을 것이라는 보장이 없기 때문에, 그들은 좀 더 좋은 평가를 받기 위해 좀 더 좋은 결과를 만들어 내려고 노력한다(中川幾郎 · 松本茂章 2007, 178-196).

공공적 기관은 많은 공공시설, 특히 문화시설을 여전히 관리하고 있다. 공공적 기관은 문화시설의 64%를 관리하는데, 그중에서도 자치회와 촌락회가 모든 문화시설의 57.9%를 관리한다(総務省 2009a). 대부분의 커뮤니티 센터와 거주자밀접 문화시설은 여전히 지방공동체 단체의 관리하에 있다. 지방공동체 그룹의 손에 있는 문화시설의 거의 대부분이 경쟁 입찰 없이 지정관리자제도를 이용하고 있음에도, 이들 그룹은 계속 관리하기 위해서는 지자체와 계약을 맺어야 한다. 이는 지정관리자제도 아래에서 이들 그룹의 역할을 공식화한다.

공공시설 관리 영역에서 민간기업의 성장은 괄목할 만하다. 그들은 현재 1만 개의 시설을 운영하고 있다. 그들의 활동은 오락 · 스포츠 시설과 기본 산업시설과 같이 이용자의 직접 지불을 요구하는 시설에서 뚜렷하게 나타난다. 정책입안자가 기대했듯이 민간기업은 지정관리자제도를 통해 새로운 시장을 만들 수 있다. 또한 공공기관은 공공시설을 민간기업에 외주화함으로써 재정부담을 줄일 수 있다. 장차 민간기업에 의해 운영되는 공공시설은 더 증가할 것으로 기대되고 있다(中川幾郎 · 松本茂章 2007, 150-164).

3) 지정관리자제도에서의 외곽단체, NPO, 민간기업

지정관리자제도에서, 외곽단체와 비영리기구(NPO)는 가끔 사회적 네트워크의 장이 되었다. 반면 전문 관리업체는 공공시설 관리에서 점점 그 존재감을 키워 나갔다.

외곽단체는 공공시설 관리에서 지자체로부터 독립되어 갔지만, 동시에 지방의 사회적 네트워크에 점점 많이 기반하게 되었다. 예를 들어, 미에(三重) 현의 외곽단체인 미에 현 문화증진회사는 전적으로 현의 출연으로 설립됐지만 지정관리자제도하에서 변모해 왔다. 이 회사는 1994년부터 미에 현의 문화센터를 운영해 왔는데, 회사 설립 자체가 이 문화센터의 운영을 위한 것이었다. 이 회사는 센터의 관리자이기는 했지만 센터의 피고용자 중 절반(1999년에 70명 중 35명)은 현의 공무원이었다. 센터는 지정관리자제도를 적용한 미에 현의 첫 번째 공공시설이었다. 처음 지정관리자 선정 입찰에 이 회사와 다른 후보들이 지원하였고, 2004년 10월에 이 회사가 센터의 지정관리자가 되었다. 이 회사는 자신의 경험을 강조하고, 운영시간 연장과 새로운 지불시스템과 같은 서비스 향상을 위한 몇 개의 계획을 제안했다. 지정관리자제도에서, 이 회사는 재평가와 재선정 때문에 더 효과적으로 시설을 운영해야 했고, 이에 따라 회사는 좀 더 자율적인 방법과 행사를 고안했다.

그리하여 이 회사는 2006년 지정관리자로 재선정되었다. 두 번째 입찰에서 거의 10개의 민간기업이 현청이 주최한 설명회에 참여했다. 하지만 이 회사는 유일한 지원자였고 센터의 지정관리자로서 남았다. 이는 전통적인 관리위탁제도에서 지정관리자제도로 이행하는 동안 전형적으로 나타나는 패턴이었다. 거의 대부분의 외곽단체는 선정절차에서 자신의 경험을 강조했고, 지정관리자로서 자격을 유지했다(中川幾郎 · 松本茂章 2007, 66-84). 게다가 외곽단체들은 지방의 기관 · 비즈니스 · 문화 · 학계 인사들의 인적 네트워크에 깊이 개입돼 있었다. 이러한 단체들은 지방사회 유력인사들을 위한 네트워크의 무대가 되었다(上山信一 · 桧森隆一 2008, 129-131).

하지만 몇몇 외곽단체들은 지정관리자를 뽑는 경쟁입찰에서 탈락했다. 예를 들어 군마(群馬) 현이 소유한 군마발전회사는 군마 현 골프장의 지정관리자를 선정하는 입찰에서 탈락했다. 대신에 민간업체가 새로운 관리자가 되었다. 이 밖에 문화국제교류재단도 도쿄의 가쓰시카 구에 있는 문화시설인 가쓰시카 심포니홀과 가메아리리리오홀(かめありリリオホール)에 대한 입찰에서 예술공연전문운영회사인 교도(キョードー)도쿄주식회사에 패배했다(上山信一·桧森隆一 2008, 131-132).

지정관리자제도에서 비영리기구의 참여 역시 지방사회 유력인사들의 사회적 네트워크와 깊이 연관을 맺고 있었다. 예를 들어, 비영리기구인 뱅크 오브 오카야마(the Bank of Arts Okayama)는 오카야마(岡山) 현의 미술시설인 르네스 홀(Renaiss Hall)의 지정관리자이다. 현은 일본은행의 오카야마 지점이었던 건물을 복원한 뒤 2005년 10월에 르네스 홀을 개방했다. 르네스 홀을 열었을 때 오카야마 현은 르네스 홀의 지정관리자로 뱅크 오브 오카야마를 지정했다. 현이 르네스 홀 관리의 경쟁입찰을 위한 설명회를 개최했을 때, 민간기업 세 곳이 뱅크 오브 오카야마와 함께 설명회에 참석했다. 하지만 실제로 입찰에 참여한 곳은 뱅크 오브 오카야마와 지방 방송사인 OHK뿐이었다. 뱅크 오브 오카야마는 르네스 홀의 개장 1년 전에 설립됐다. 설립 때부터 르네스 홀의 관리를 목적으로 했고, 다양한 지방기업인들로 구성됐다. 뱅크 오브 오카야마로 불리기 전까지는 일본은행 오카야마 지점 건물 보존 협회(the Association for the Preservation of the Building of the Former Okayama Branch of the Bank of Japan)로 불렸다. 이 보존 협회가 해당 건물을 관리하는 비영리기구가 되어 지정관리자로 선정된 것이다. 처음에 이 단체는 1999년 지방기업인과 현이 협력해 역사적 건물을 리노베이션하기 위해 구성되었다. 이들 기업인들은 시가지의 새로운 예술시설이 지방경제를 되살릴 것으로 믿었다. 오카야마 현은 유력한 기업의 참여를 통해 리노베이션 계획을 위한 지방공동체의 지원을 모으려고 했다. 그리고 지정관리자제도가 시설관리를 위해 요구되자, 이 협회는 비영리기구인 뱅크 오브 오카야마로 법인화한 것이다(佐藤正平 2010, 36-39). 이런 사례는 지정관리자제도에서의 비영리기구의 참여가 지방의 유력인사들 간의 지방사회 네트워크에 기반하고 있음을 보여준다. 지방사회 네트워크는 지정관리자제도하에서의 시민사회 참여에 매우 중요한 것이다. 이들 지방공동체 그룹은 지정관리자제도에서 공식적인 민간 파트너가 되었다.

반대로 산토리 퍼블리시티 서비스(Suntory Publicity Service) 같은 몇몇 민간기업들은 공공시설 관리를 전문으로 다루게 되었다. 이 회사는 2009년에 전국적으로 8개의 공공시설을 관리했다. 시마네(島根) 현 미술관, 요코하마 가나가와(神奈川) 구 문화센터, 도쿄 에도가와(江戸川) 구 문화센터, 야마구치(山口) 현 문화홀, 가마쿠라(鎌倉) 예술센터, 오사카 센트럴 퍼블릭 홀(Central Public Hall), 도쿄 치요다(千代田) 구 도서관, 오카자키(岡崎) 시 시민센터가 그것이다.[5] 산토리그룹이 산토리홀의 관리를 위해 설립한 산토리 퍼블리시티 서비스는 지정관리자제도를 활용해 사업영역을 확장했다. 산토리 퍼블리시티 서비스는 문화시설 관리에 광범위한 경험을 가지고 있었기 때문에 지방 문화시설을 위한 지정관리자를 인수하는 것을 목표로 삼았다. 산토리 퍼블리시티 서비스처럼 몇몇 민간기업들은 지정관리자제도의 시작 이후 시설 관리를 전문화했다. PFI가 대규모 건설 비즈니스에 그랬던 것처럼 지정관리자제도는 민간기업들에게 새로운 시장을 만들어 주었다.

지정관리자제도는 관리 거버넌스와 성장지향적 거버넌스 공동체 모델의 특징을 모두 가지고 있다. 이 제도는 그 시작에서부터 지방사회의 네트워

5 산토리 퍼블리시티 서비스 홈페이지 〈http://www.sps.sgn.ne.jp〉.

크를 동원함과 동시에 정부의 재정부담을 줄이려 했다. 지정관리자제도는 민영화가 효율성을 증가시키는 유일한 선택지가 아님을 보여주었다. 지방공동체 동원은 유력인사로 이루어진 지방사회 네트워크를 사용함으로써 정부의 부담을 더는 한 방법이었다.

3. 공공시설관리정책 개혁의 지방밀착성과 탈지방성

PFI와 지정관리자제도는 공공시설관리에 효율성을 강화하기 위해 도입되었다. PFI가 대기업을 활용한 반면, 지정관리자제도는 지방공동체와 민간기업 모두를 제도의 체계에 참여하도록 이끌었다. 따라서 두 프로그램의 원래 목적은 효율적인 공공시설 관리를 통해 관리 거버넌스를 구축하는 것이었지만, PFI는 시장 모델에 적합했던 반면, 지정관리자제도는 커뮤니티 모델의 특색을 흡수하려 했다.

대기업, 특히 큰 건설기업은 PFI 프로그램을 지배했다. PFI 프로그램은 대규모 금융투자와 고도로 전문화된 건설 경험을 요구한다. 따라서 대기업은 PFI 프로그램에서 유리한 위치에 있었다. 반대로 지정관리자제도에서는 민간기업의 활동이 급속히 증가하고 있지만, 지방공동체 그룹과 연계된 단체가 지정관리자로 많이 채택되었다. 공공시설 관리를 위한 지방화된 단체는 지방사회의 네트워크에 깊숙이 연계되어 있다. 따라서 지정관리자제도는 지방사회 인사들의 역할을 강화했다. 하지만 지방화된 단체와 전문화된 민간기업 간 경쟁은 증가하고 있다. 얼마나 많은 민간기업이 이들 단체를 대체하게 될지 예측하는 것은 아직 너무 이르다. 하지만 민간기업이 성장하고 있다고 하더라도 지방사회 그룹의 참여 역시 지정관리자제도를 통해 공식화 · 체계화되고 있다.

공공시설 관리 개혁을 위한 PFI와 지정관리자제도는 전국적으로 적용되었다. 하지만 PFI 프로젝트는 규모의 중요성 때문에 주요 대도시에 집중되었다. 이에 따라 낙후된 지역에서는 엄청난 규모의 PFI만이 가능했다. 반대로 지정관리자제도의 시행은 주요 대도시와 다른 지역 간에 지방적 편차를 찾기가 어려웠다. 대신 지방과 분리된 전문화된 민간기업과 지방에 갇힌(locked) 지방공동체 그룹이 지정관리자제도에서 민간파트너로서의 지위를 획득하기 위해 경쟁했다.

제7장

지방화된 민관협동하에서의 국가, 시장, 사회

앞 장들에서 설명한 새로운 지방 프로그램은 민관협동이라는 구호 아래 민간영역의 역할을 어떻게 활성화하는지에 대한 일본의 실험이었다. 그리고 이것은 지난 수십 년 동안 세계적으로 하나의 유행이 되었다. 민관협동에 대한 일본의 개혁담론은 종종 더 지방화된 정책 메커니즘을 혁신시키는 과정에서의 민간섹터의 역할 증가가 일본의 정치경제 시스템 모델을 전체적으로 다원주의적으로 변화시키고 있다고 주장한다. 하지만 모든 정치제도가 민간섹터와의 관계에서 고유의 개별적 역사를 갖고 있고, 그렇게 해서 형성된 특징이 있기 때문에 민관협동을 강화하기 위한 개혁은 결국 어떻게 기존의 국가-사회 관계를 변화시키는가에 대한 질문과 동떨어질 수 없다. 일본 지도자들은 지난 십여 년 동안 국가-사회 관계의 형태를 급격하게 변모시키지 않았다. 국가 우위가 일본 정치경제 시스템의 특징 중 하나였지만, 일본 정부는 전후 시기 내내 대기업이나 지방공동체와 같은 민간섹터와 상당히 높은 수준의 협조 관계를 유지해 왔다. 일본에서 민관협동은 새로운 현상이라기보다는 기존 국가-사회 관계의 성격을 유지하면서 이를 재구축하는 것이라고 볼 수 있다.

일본의 중앙정부는 친숙한 국가-사회 관계를 지방경제성장 전략으로 재창조하는 과정에서 여전히 중심적 역할을 맡고 있다. 시장 모델과 공동체 모델이라는 새로운 지방경제성장 전략이 국가주도에서 탈피해 민간영역에 좀 더 우선권을 주는 것으로 간주됐지만, 일본 중앙정부는 새로운 사회주도적 지방경제 전략을 짜는 데서 지도적 지위를 유지했다. 중앙정부는 새로운 지방경제성장 전략을 짤 때 대기업과 지방공동체의 협동적인 특징을 잘 활용했으며, 더 자율적인 지방경제성장을 위해 전국적인 지역 재분배 시스템 대신 지방화된 협동 시스템의 구축을 이끌어 내려고 노력하였다. 일본 정부는 설계자와 감독자로서의 지위를 유지하면서 통치를 쉽게 하는 사회적 자원을 효과적으로 동원하는 방법을 찾아내고자 하였다. 그리하여 자신의 정책 주도성을 줄이기보다는, 자신의 역할과 민간섹터의 역할을 재조정해 왔다.

하지만 지난 10년간 지방경제정책 영역에서 민관협동 개혁은 전후 시장과 지방사회 간에 균형을 유지해 왔던 일본 방식에 혼란을 야기했다. 지방경제정책에서 민관협동개혁은 시장개혁과 시민참여 양면에 기반을 두고 있다. 하지만 민관협동이라는 구호 아래 활성화된 시장개혁과 시민참여는 유기적으로 결합되었다고 보기 어렵다. 시장개혁은 주요 대도시에 정착한 반면, 시민참여는 대도시 외 지역에서 더 잘 나타났다. 일본의 정치지도자들은 개혁의 지역적 차별성을 받아들였고, 때로는 이를 유도하기도 했다. 정치지도자들은 주요 대도시에서의 시장개혁 효과를 알아차렸지만, 전국적인 지역 재분배 메커니즘이 아닌 지방공동체의 참여가 사회통합을 위한 대안이 될 수 있기를 바랐다. 하지만 지방경제정책 영역에서 시장개혁과 시민참여 간에 균형을 맞추는 것은 정치적 맥락에서 성공적이지 못했다. 지방도시권(대도시 외 지역)에서 지방공동체의 적극적인 참여로는 지역 재분배 조치 축소를 메꿀 수 없었다. 시장개혁이 단기적인 관점에서 눈에 띄는 경제적 효과를 만들어 낸 반면, 지방공동체의 참여는 눈에 보이지 않는 장기적인 효과를 지니는 것이기 때문이다. 지방경제정책 영역에서 시장개혁의 눈에 띄는 결과로 생긴 지역격차에 대한 담론은 자민당에게는 정치적인 재앙이 되었다. 2007년과 2009년 두 번의 선거에서의 자민당 패배는 지방공동체들이 주요 대도시에서 시장모델의 우위에 대해 불만족스러워하고 있음을 보여 주는 것이었다.

1. 전후 일본 지역 재분배 메커니즘의 유산

고이즈미 준이치로(小泉純一郎) 집권하에서 민간섹터의 참여를 촉진하는 개혁은 시장과 사회의 균형을 붕괴시키는 결과를 초래했다. 일본 정부가 전후 대기업, 지방공동체와 고도의 협력관계를 유지해 왔고, 분권개혁 시기 민관협동 개혁을 실행하는 과정에서 이런 협력을 이용해 왔음에도, 대기업과 지방공동체 간에는 뚜렷한 협력적 연계가 존재하지 않았다. 일본은 조합주의와 유사한 시스템을 만들어 냈지만, 일본의 지도자들은 대기업이나 민간섹터 각각과 암묵적이고 비공식적인 정치적 협력 네트워크만을 발전시켰다. 민관협동 개혁은 대기업이나 지방공동체 모두와 협력적 연계를 이용할 수 있었지만 양측을 모두 단일한 틀 안에서 통합시키지는 못했다. 시장개혁과 시민참여는 각각의 영역에서 제 기능을 발휘할 뿐이었다.

제4장부터 6장까지에서 언급된 내용들은 민관협동의 구호 아래 장려되었던 시장개혁과 시민참여가 전국적인 수준에서는 잘 결합하지 못했음을 보여준다. 시장개혁은 주요 대도시권에서 지배적이었던 반면, 시민참여는 지방도시권에서만 활발했다. 지방경제환경에 맞는 지방화된 프로그램들은 분권개혁의 시대에 가장 바람직한 것으로 인식되었다. 고이즈미와 그 지지자들은 '지방 정책은 가능한 한 지방의 손에 맡기자'는 정책 원칙과 함께 이런 조치들에 환호를 보냈다(村野雅義 2002, 18-19). 고이즈미 내각은 시장개혁과 시민참여와 같은 지방경제성장 전략의 지역적 편차를 수용했고, 때로는 이를 이끌기도 했다.

하지만 지방화된 프로그램들과 그것들의 지역적으로 차별화된 효과성은 대기업과 지방공동체를 연계하는 정치적 협력 메커니즘을 심각하게 훼손했는데, 대기업과 지방공동체의 연계는 도쿄의 자민당과 중앙관료를 통해서만 연결되어 오던 것이었다. 1970년대 이후, 국가균형발전원칙에 기반을 둔 지역 재분배 메커니즘은 일본 정치경제 시스템의 차별적인 특색으로 유지되고 있었다. 다나카 가쿠에이(田中角栄)가 높은 수준의 공공투자라는 지역 재분배 메커니즘을 구축한 뒤, 지방경제정책은 부의 재분배를 위한 가장 중요한 수단이었다(Calder 1988, 274-311). 낙후된 지역을 위한 공공투자가 지방경제정책의 핵심이었기 때문에 재정정책은 지역 재분배 시스템을 유지하는 데 중요했다(Dewit and Steinmo 2002, 166-171). 복지를 재분배 메커니즘의 중심에 두었던 유럽의 복지국가와는 달리, 일본은 지역 균형에 기반을 둔 재분배 메커니즘을 지속했고 일본 지도자들은 이러한 일본식 재분배 기제 아래에서 지방민들에게 정치적 지지를 획득할 수 있었다.

하지만 고이즈미와 그 동료들은 지역 재분배 메커니즘을 위한 공공투자 구조를 해체시키려 했다. 대신에 그들은 새로운 지방경제 프로그램에서 지방공동체의 적극적인 참여가 지역 재분배 메커니즘의 대안이 되기를 바랐다. 지방의 경제·사회 공동체는 오랜 세월 동안 적극적으로 지자체와 정책과정에서 협의해 온 역사가 있었고, 매우 튼튼하고 비공식적인 대면 네트워크에 기반하고 있었기 때문에 지방공동체 자원 동원은 효과적으로 작동하였다. 하지만 경제적 기준이라는 관점에서 보자면 이는 지역 재분배 시스템의 대안이 될 수 없었다. 공동체 모델에 입각한 새로운 프로그램들의 핵심 목표였던 지방공동체 네트워크의 강화는 단기간에 눈에 띄는 경제적 성과를 만들어 내기가 힘들었다. 반대로 시장 모델에 입각한 프로그램은 주요 대도시 지역에서 새로운 공업시설이나 다용도 건물의 건설과 같이 가시적인 경제적 성과를 만들어 냈다. 고이즈미 집권기까지 주요 대도시 외 지방도시권의 주민들은 자민당을 계속 지지하고 있었는데, 그 이유는 자민당이 전후 지역 재분배 메커니즘의 파수꾼 역할을 해왔기 때문이었다. 하지만 주요 대도시 외 지역의 주민들은 고이즈미의 자민당이 더는 그들이 원하는 바대로 움직이지 않자 2007년과 2009년 선거에서 자민당에 대한 지지를 거두었다. 시장과 지방사회를 엮어 주었던 자민당과 중앙관료 간의 정치적 조정 시스템은 고이즈미 집권하에서 더는 작동하지 않았다. 그 대신, 제3장에서 본 바와 같이 시장개혁연합과 균형발전연합 간의 정치적 대립이 증폭되었다. 두 번의 선거 패배에서 자민당의 쇠퇴가 드러났고, 이는 자민당이 주요 대도시의 시장개혁과 지방도시권의 공동체 참여를 결합시킴으로써 지역 재분배 시스템을 대체하려고 했던 것이 정치적으로 파괴적이었음을 보여준다.

지역 격차 담론은 고이즈미의 시장개혁에 대한 반작용이었는데, 고이즈미의 시장개혁은 국민통합의 근간이었던 지역 재분배 시스템을 훼손한 것으로 비난받았다. 지역 격차 담론은 고이즈미 집권 이후 국가 정치를 지배했다. 이른바 격차 사회는 2000년대 후반 일본 지식인과 언론의 주요 관심사가 되었다. 전후 일본인 대부분이 스스로를 중산층으로 인식하고 있었기 때문에, 격차를 둘러싼 토론은 일본 국민의 심리상태에도 큰 영향을 주었다. 많은 연구자들은 고이즈미 내각의 자유시장개혁이 일본 사회의 격차를 전반적으로 증가시켰다며 비난했다(山家悠紀夫 2007, 36-42). 소득, 직장, 복지, 교육의 격차 증가 문제와 함께 지역 격차는 국민통합에 대한 위협으로 인식되었는데, 국민통합은 전후 일본인들이 자신들의 성취로 자랑스럽게 생각한 가치였기 때문이다.

지역 격차는 새로운 이슈가 아니었다. 지역 격차는 1950년대 이후 항상 정치적인 이슈였기 때문에 중앙정치인들은 발전된 지역에 대한 규제와 낙후된 지역에 대한 보호를 결합해 이를 수정하려 했다(Calder 1988, 298-311). 국가균형발전원칙이라는 전후체제는 지역의 경제적 격차를 수정하기 위한 정치적 산물이었다. 하지만 대도시권과 지방도시권이 같이 성장하는 중에 그 속도에서 차이가 나던 고도성장기의 경험과는 달리, 2000년대의 지역 격차는 대도시권의 성장과 지방도시권의 침체라는 성격을 지닌다(그림 7-1과 7-2).

고이즈미 집권 동안, 지방에 대한 공공투자의 축소는 낙후된 지방에서

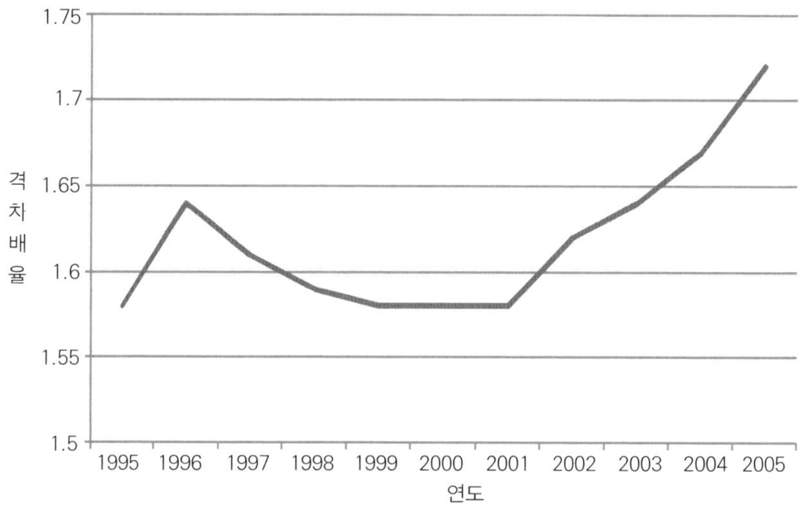

그림 7-1. 지역 간 소득격차의 추이(1인당 현민소득의 상위 5개 현 평균과 하위 5개 현 평균의 격차), 1995-2005

출처: 内閣府, "県民経済計算(平成8年度-平成21年度)".
〈http://www.esri.cao.go.jp/jp/sna/data/data_list/kenmin/files/contents/main_h21.html〉.

경제 성장이 지연되는 결과로 이어진 반면, 민간 토지 개발이나 공업 입지에 대한 규제를 완화한 것은 주요 대도시 지역에 상대적으로 더 경제적 활력을 증진시키는 데 도움을 주었다. 지역 격차의 실제적 크기에 대해서는 논쟁이 존재했다. 하지만 낙후된 지역의 주민들은 이를 고이즈미의 정치적 선택이 초래한 결과로 인식했다. 이러한 인식이 초래한 정치적 영향은 컸다. 국가 정치로부터 따로 떨어져서 보호를 못 받고 있다고 느끼는 지역주민들의 감정은 격화됨과 동시에, 대도시권에서 시장 모델을 강화하려는 정부의 지원에 대한 불만까지 쌓였고, 이는 자민당 쇠퇴의 결정적인 이유가 되었다.

하지만 고이즈미는 집권기 동안 지역 격차 담론 때문에 골치를 썩지는 않았다. 고이즈미의 정치적 선택은 자민당 내에서, 그리고 야당과의 경쟁에서도 성공적이었다. 그는 2005년 중의원 선거에서 우정민영화법안을 둘러싸고 자신에게 반대했던 자민당 의원들을 내쳤다. 그는 낙후된 지역에서 자민당의 정치적 지배를 유지함과 아울러 대도시 지역에서도 민주당을 포함한 야당들을 반개혁적 정치 그룹이라고 낙인찍으며 압도적인 승리를 거두었다(Hiwatari 2006, 22-36).

하지만 격차 담론은 고이즈미 퇴진 이후 정치적 풍경을 바꾸어 놓았다. 고이즈미의 후임인 아베 신조(安倍晋三)는 고이즈미의 시장개혁 방침을 확연하게 따르고 있었음에도 격차 이슈에 대해 반응해야 할 필요성을 인정했다. '재도전 정책(rechallenge policy)'은 시간제 노동문제를 해결하려는 그의 노력이었다. 하지만 아베는 자유시장개혁이라는 고이즈미의 정책 틀을 바꿀 수도 없었고 바꾸지도 않았다. 아베는 대신에 헌법 개정이나 교육 같은 비경제적인 보수 의제로 그의 주 관심사를 돌렸다(渡辺治 2007, 51-86). 그는 경제

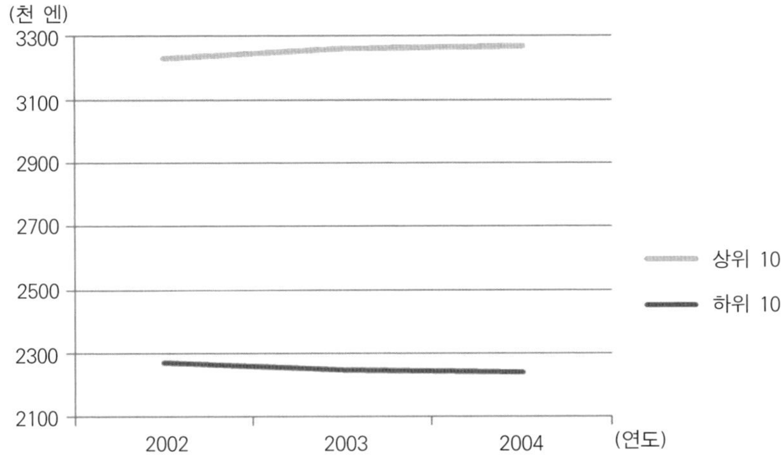

그림 7-2. 1인당 소득의 상위 10개 현과 하위 10개 현의 추세, 2002-2004

출처: 内閣府, "県民経済計算(平成8年度-平成21年度)".

〈http://www.esri.cao.go.jp/jp/sna/data/data_list/kenmin/files/contents/main_h21.html〉.

적 자유화에 대해서는 모호한 입장을 취했다. 그는 경제 자유화에 대한 광범위한 불만을 인정했지만, 그의 내각은 경제적 이슈에 관한 한 고이즈미 내각과 같은 입장을 취하고 있었다. 자민당이 전적으로 고이즈미와 그 정책 지향성의 영향하에 있었기 때문에, 고이즈미의 후임이 자민당의 정책 방향을 바꾸기는 쉽지 않았다.

아베 신조는 주요 정치 이슈를 경제 자유화로 인한 격차로부터 헌법 개정과 같은 보수적 정치 의제로 바꾸고 싶어했지만, 민주당은 2007년 참의원 선거에서 격차담론을 성공적으로 활용했다. 민주당 총재인 오자와 이치로(小沢一郎)는 '가장 중요한 것은 지방과 삶의 질'이라는 구호로 선거를 치렀다. 오자와도 한때 경제 자유화의 지지자이기는 했지만(御厨貴 2009, 제2장), 2000년대에는 노동시장에서 격차를 확대하는 자유주의적 개혁과 국가균형발전원칙에 입각한 전후체제의 종식에는 명백히 반대하는 입장이었다. 이러한 정책노선은 2007년 참의원 선거에서 민주당이 주요 대도시 외 지역의 소선거구에서 효과적으로 자민당에게 승리하고 다수당이 되는 데 도움이 되었다(山口二郎 2007, 176-179). 민주당과 연립정당은 3~4명을 뽑는 중선거구 의석 44개 중에서는 23개를 획득(53%)하였지만, 대부분 지방도시권인 29곳의 소선거구 중 23개의 의석을 획득(79%)하는 성과를 낳았다.

오랫동안 자민당을 지지했던 지방도시권의 주민들은 2007년 선거에서 민주당으로 돌아섰고, 그 흐름은 2009년 중의원 선거에서도 이어졌다. 지역격차의 심리가 낙후된 지방의 변심을 야기한 결정적인 요인이었다. 전후 정치경제하에서 지방사회는 자민당에 대한 지지를 통해 중앙 수준의 정치 조정 시스템에 연결되어 있었다. 하지만 고이즈미 내각이 주요 대도시 지역의 성장을 촉진할 목적으로 규제완화를 강조하고, 낙후지역에 대한 보호를 축소시키자, 지방이 국가 정치로부터 분리되고 보호받지 못한다는 지역 주민들의 감정은 격화되었고 자민당에 대한 반감이 높아졌다. 민주당은 지역 격차 담론을 활용해 지역 주민들의 이런 감정을 성공적으로 투표에 연결시킨 것이다.

고이즈미의 후임인 아베 신조, 후쿠다 야스오(福田康夫), 아소 다로(麻生太郎)는 지방 주민들로부터 정치적 지지를 회복하지 못했다. 그들은 자유주의적 개혁의 속도를 높이지도 않았지만, 낙후된 지방의 보호를 위한 새로운 틀도 만들지 않았다. 따라서 2009년 중의원 선거에서 자민당의 패배는 지역 주민들이 민주당으로 변심한 결과였고, 민주당은 그 결과 전국적인 승리를 거두었다. 하지만 민주당에 대한 지지보다는 지역적 격차와 그 원인인 고이즈미의 자민당에 대한 반감이 선거에서 결정적인 역할을 한 것이었기에, 민주당에 대한 지방도시권 주민들의 지지는 매우 취약하였다.

지역 재분배 시스템에서 벗어나고자 했던 고이즈미의 실험은 대기업과 지방공동체를 연계하는 정치적 조정 메커니즘의 종식을 초래했다. 두 개의 서로 다른 지방경제성장 전략이 각기 다른 지역에서 효과를 거두었지만, 2000년대에 이들 지방화된 프로그램의 지역적 편차를 중재할 수 있는 중앙정치 차원의 조정 메커니즘은 작동하지 않게 되었다. 균형발전이라는 전후 지방경제정책의 핵심 이념은 자민당의 장기 집권 아래에서 생겨났고 발전했지만, 균형발전 이념에서의 이탈은 자민당 집권의 붕괴를 불러왔던 것이다.

2. 민주당 정권과 민관협동의 분권개혁

일본 정부는 지난 10년 동안 국가균형발전원칙이라는 전후 정치경제체제가 붕괴되면서 새로운 협동 프로그램을 도입했지만, 이는 시장 모델과 공동체 모델 사이에서 지역적 편차를 야기했다. 정부가 주요 대도시 외 지역에서 효과적인 지방 내부의 공동체 자원을 동원할 수 있는 방법을 제시했음에도, 이는 주요 대도시 지역에서 효과적이었던 시장개혁과 균형을 맞추는 대안이 될 수 없었다. 이 개혁 과정은 결국 두 차례의 선거에서 자민당의 패배로 끝이 났다.

민주당은 지역 격차를 포함한 고이즈미 시상개혁의 문제점을 수정하겠다고 강조했기 때문에, 민주당 주도의 연립정권은 고이즈미의 시장개혁을 뒤엎는 몇 개의 제도 변화와 정책 방침을 만들어 냈다. 하토야마 유키오(鳩山由紀夫) 내각은 지난 10년 동안 시장개혁과 대기업과의 조정을 이끌던 장이었던 경제재정자문회의를 대체하는 행정쇄신회의(行政刷新会議)를 만들었다. 행정쇄신회의는 경제재정자문회의와 비슷했지만, 민간인 참가자의 부류에는 큰 차이가 있었다. 하토야마 내각은 일본 게이단렌(経団連) 회장같이 대기업의 이익을 반영하는 민간인이 참여하는 것은 피했다. 대신에 전 돗토리(鳥取) 현의 지사였던 가타야마 요시히로(片山善博), 일본노동조합총연합회(日本労働組合総連合会, 약칭 렌고)의 회장인 고가 노부아키(古賀伸明), 도와홀딩주식회사의 CEO인 요시카와 히로카즈(吉川広和), 기코망기업의 CEO인 모기 유자부로(茂木友三郎) 등 지방 정치지도자나 노동세력, 게이단렌과는 다소 상이한 재계의 입장을 대변할 수 있는 지식인과 기업인들을 임명했다. 또 민주당 연립정권은 고이즈미 집권기에 단행됐던 우정개혁과 노동시장 개혁을 뒤엎으려고 했다.

민주당 연립정권은 '지방 주권'이라는 구호를 내걸고, 간 나오토(菅直人)와 후지이 히로히사(藤井裕久)의 지휘하에 지방 주민들의 세금부담을 증가시키지 않고 지방도시권에 재정지원을 강화하고자 하였다. 이것이 지방 재분배 메커니즘에 대한 고이즈미의 정책 방향과 민주당 연립정권이 가장 구별되는 점이었다. 하지만 민주당 연립정권이 규제와 보호라는 전후체제로 회귀

하려 했던 것은 아니다. 고이즈미 내각이 도입했던 지방협동 프로그램들도 하토야마 내각에서 단절되지 않았다. 민주당 연립정권은 시장 모델과 공동체 모델 프로그램을 계속했지만, 이 프로그램들을 실제로 실행하는 방식에는 변화가 있었다. 정부는 고이즈미 내각의 조급한 자세와는 달리, 도시개발과 공업 정책 등에 민간투자를 촉진함에는 조심스럽게 접근했다. 공동체 모델 프로그램에 대해서, 정부는 의욕적으로 지방공동체가 지방경제정책 과정에 참여하는 것을 계속 촉진하였다. 하지만 민주당 연립정권은 전략의 다양화가 전국적으로 끼칠 영향에 대해 종합적으로 고려했다. 시장 모델과 공동체 모델 프로그램 간에 균형을 맞추기 위한 종합적인 접근 방식에 대한 고려는 이미 자민당의 후쿠다 정권하에서 시작되었다. 후쿠다 내각은 2007년 도시재생 프로그램과 구조개혁 특구, 중심시가지 개발 계획의 일부 기관을 복합 본부로 병합하고, 전국적인 효과의 균형을 고려하면서 프로그램을 이끌었다. 민주당 연립정권은 이런 종합적인 고려를 따르고 있다.

앞서 언급했듯이 민주당 연립정권은 지방경제정책에서 국가균형발전 원칙을 회복하는 것이 목적은 아니었다. 그보다는 특정지방을 대상으로 한 지방 공공투자 대신 아동수당과 같은 보편적인 보호 메커니즘에 관심을 기울인다. 야마구치 지로(山口二郎)가 설명했듯이, 민주당 연립정권은 보편 복지 시스템을 강조하면서 사회민주주의 정권을 지향했다. 민주당 연립정권이나 새로운 국가정치지도자들이 복지국가와 유사한 보편적인 보호 메커니즘을 통해 시장과 지방사회를 묶을 수 있는 새로운 방법을 구축할 수 있다면, 일본에서 지방경제정책은 시장과 지방사회를 묶는 효력을 상실할 것이다(山口二郎 2007, 180-182). 하지만 이중 지방경제구조를 어떻게 조정할 수 있을지에 대한 의문은 여전히 남아있다. 이중 지방경제구조가 남아있기 때문에, 지방경제정책은 일본의 재분배 메커니즘에서 하나의 도구로 계속 작동할 것이다.

지방정책에 대한 고이즈미의 실험은 시장개혁만을 위한 것은 아니었다. 일본 정부 역시 지방 내부의 공동체 참여를 촉진할 수 있는 여러 가지 방법을 제공했다. 문제는 고이즈미 집권기의 정치적 리더십이 시장개혁과 시민참여 사이에서 조심스럽게 균형을 맞추는 일을 무시했다는 점이다. 고이즈미의 지방경제정책 개혁은 다나카의 지역 재분배 시스템을 극복하려는 노력으로 간주할 수 있는데, 2000년대 후반 고이즈미 개혁에 대한 반작용이 중앙 정치 영역에서 지배적인 것이 되었다. 하지만 일본은 정치·경제 시스템을 혁신하는 데서도 급격한 변화를 좀처럼 보여주지 않기 때문에, 전반적인 시스템을 급격하게 바꾸는 것은 예측하기 어렵다.

3. 기존 국가-사회 관계에 맞물린 민관협동 개혁

관과 민간의 협동은 다른 제도적·분석적 수준에서 거버넌스 이론의 주축이 되는 도구로 강조되어 왔다. 공공행정에서 거버넌스는 로더릭 로즈(R. A. W. Rhodes)가 주장했듯이 정부 서비스의 직접적인 제공에서 정부와 민간섹터 간에 총체적 재화의 상호 창조(interactive creation)로의 변화를 위한 핵심 분석 개념으로 대두되었다(Rhodes 2007, 1246-1247). 도시정치학에서, 지자체와 지방사회 파워엘리트 간 권력 구조의 집합과 지방사회정책과정에서 그들의 관여 양상은 클래런스 스톤(Clarence Stone)과 게리 스토커(Gerry Stoker)가 주장했듯이 지방 거버넌스의 성격을 결정짓는 요인으로 간주되었다(Stone 1989; Stoker 1998). 거버넌스 개념의 사용과 관계없이, 정부와 시장 행위자 간의 상호적인 정치·행정 과정은 선진국과 개도국 양쪽의 정치경제 영역에서 실험되어 왔다(Hall 1986; Hollingsworth, Schmitter, and Streeck 1994; Evans 1995). 1990년대 이후의 모든 지적 사조는 정책과정에서 민간섹터의 협력적인 참여가 좀 더 효과적인 통치 시스템을 만드는 데 가장 중요한 요인임을 강조한다. 지난 수십 년간 다국적기업이라는 떠오르는 권력과 소비자 운동과 같은 시민사회 운동의 증가를 동반한 세계화된 경제라는 새로운 환경과, 정통적인 정치 영역 밖의 환경운동이라는 환경 아래, 시장친화적 지적 사조와 사회친화적 지적 사조는 세계적인 민관협동의 구호 아래 민간섹터의 역할을 격려하고 다양한 제도적 수준에서 정부의 지배를 축소시키는 개혁을 환영해 왔다(Barnes, Newman, and Sullivan 2007, 185-204).

일본의 분권개혁에서 민관협동은 일본의 지방경제정책 시스템 변화 과정에서도 주도적인 슬로건이었다. 제2장에서 살펴봤듯이 지방분권추진위원회(地方分権推進委員会)가 권고로 시작한 이후 민관협동은 분권개혁의 핵심 원칙이었다(地方分権推進委員会 1996a). 2000년대 초반, 고이즈미 내각은 첫 번째 개혁과제로 민간섹터의 역할을 증대시키는 개혁을 통해 일본의 정치경제 시스템을 '사회 주도적' 시스템으로 변화시키고, 이러한 개혁 목표를 분권개혁으로 통합하겠다고 선언했다(内山融 2007, 179-182).

다케나카 헤이조(竹中平蔵)와 야시로 나오히로(八代尚宏) 같은 시장친화적 지식인과 사카모토 요시카즈(坂本義和)와 야마오카 요시노리(山岡義典)와 같은 사회친화적 지식인 양측 모두 다양한 정책 분야를 아우르는 민관협동 개혁을 동반한 일본 정치경제 시스템의 근본적인 변화에 대해 큰 기대를 갖고 있었다(竹中平蔵 2006; 八代尚宏 2003; 坂本義和 2005; 山岡義典 · 早瀬昇 · 石川両一 2001). 시장친화적 지식인들은 민관협동 개혁을 자유주의적 시장개혁의 일환으로 생각했다. 반대로 사회친화적 지식인들은 비정부기구의 활동 증가가 시민사회 그룹의 위상이 강화되는 증거이며, 민관협동 개혁이 그들의 역할과 능력을 강화할 것이라고 주장했다. 민관협동 개혁을 위한 새로운 프로그램을 이끄는 주요 민간섹터에 큰 차이점이 있기는 했지만, 두 개의 지적 사조는 분권개혁 과정의 민관협동개혁이 일본의 정치경제 시스템을 좀 더 다원적으로 변화시킬 것이라는 관점을 공유하고 있었다. 민간영역의 증가하는 역할은 전 민간섹터에 대한 정부의 통제 대신 다양한 사회적 이해관계를 반영하는 새로운 시스템을 이끄는 힘이 될 것으로 간주되었다(Furukawa 2003, 21–45).

하지만 제4장부터 6장까지에서 나온 내용들은 국가의 역할이 줄어든 것이 아니라 민관협동 개혁 아래에서 재조정되고 있음을 보여준다. 시장이나 사회가 주도하는 새로운 시대 대신, 민관협동개혁이 전후 일본에서 나타났던 국가-사회 관계를 재조정했던 것이다. 민관협동은 완전히 새로운 현상이 아니었다. 모든 정치 시스템은 특정한 형태로 사회와 관계를 맺고 있다. 따라서 모든 정치 시스템 모델은 국가-사회 관계에서 고유한 모델을 가진다(Kooiman 1993). 국가-사회 관계는 특정 정치 시스템에 기인한 긴 역사를 가지고 있는 것이다. 일본은 국가 우위 모델로 잘 알려져 있지만, 사실 일본의 정치 시스템은 민간섹터와 깊은 협력에 기반을 둔 조정의 역사를 보여준다. 일본의 정부와 민간과의 협력은 산업정책 분야뿐만 아니라(Okimoto 1989; Samuels 1987), 깊은 사회적 네트워크를 통해 보수적인 정치지도자와 지방공동체 그룹 간에 비공식적 조정 메커니즘으로도 작동해 왔다(Curtis 1983). 일본 정치·관료 지도자들은 민관협동 개혁에서 정부와 민간섹터 간의 이러한 관계를 재조정해 온 것이다.

일본 정부는 명령보다는 지도를 활용하면서 업계단체와 협력하여 산업정책을 수행해 왔다. 일본의 정책입안자들은 특정 산업 영역 안에서 정책 네트워크를 발전시켰는데, 이는 전체적인 투자를 계산하고 중소기업을 보호하는 관료적 지도를 향상시키는 데 도움이 되었다(寺西重郎 2003, 252–255). 기업과의 긴밀한 연계는 서구 유럽 국가의 조합주의와 유사하게 작동했다(Pempel and Tsunekawa 1979). 민간기업과 깊은 관계를 유지해 온 정부는 전통적으로 영역 간 조정이라는 기초 아래에서 서로 다른 이해관계의 균형을 유지해 왔다(大嶽秀夫 1999). 민간기업과의 유사한 영역 간 협력은 민관협동 개혁에서도 유지되었다. 각 정책 영역에서는 특정 산업 섹터가 적극적으로 참여했다. 지방도시개발정책에서는 대형 부동산 개발업자들이 도시재생 프로젝트의 수혜를 입었다. 민간기업의 투자를 유치하는 몇 개의 프로그램은 대규모 제조업체를 도왔으며, 대형 건설 비즈니스(제네콘)는 PFI 프로젝트 분야를 광범위하게 독점했다. 일본의 정치 시스템이 이미 민간기업과의 협력적 조정에 익숙해 있어서 시장친화적 민관협동 모델은 익숙하게 받아들여졌다.

다른 한편으로 일본은 지역사회의 유지와 발전을 위한 지역 주민들의 역동적인 활동으로 유명한 나라이다(Garon 1997). 중앙정부와 지자체가 공식적인 정책과정을 전반적으로 독점하고 있었지만, 지방공동체 그룹은 중앙·지방 정치인들과의 탄탄한 비공식 네트워크를 통해 국가와 지방 정책 영역에 지대한 영향을 끼쳐 왔다. 지방 상공업 기구와 전통적인 마을 조직은 전후 보수적인 자민당 정치인들과 강하게 연결돼 있었다. 지방 공동체는 보수적인 자민당 정치인들에게 정치적 지지를 보내주었고, 보수적 자민당 정치인들은 지방 발전을 위해 공공투자를 통한 특별한 배려로 보답하였다. 이런 보상적 메커니즘은 비공식적인 지방사회 네트워크 안에서 발달해 왔다(石川真澄·広瀬道貞 1989, 제3장). 이러한 지방사회 네트워크는 2000년대의 새로운 공동체 모델 프로그램에서도 시민 참여에서 계속 우월적인 위치를 차지할 수 있었다. 많은 연구자들이 새로운 시대를 맞아 전통적인 커뮤니티 조직과는 다른 비정부기구의 부상을 기대했지만(Tamura 2003, 161-178), 상공회의소나 전통 마을 자치조직을 통한 지방공동체 네트워크는 공동체 모델과 관련 있는 새로운 프로그램에서도 주요한 민간 파트너의 역할을 지속했다. 지방사회를 동원하는 것은 새롭지 않았지만, 공동체 모델과 관련 있는 새로운 프로그램은 지방사회에서 좀 더 공식화된 네트워크를 강화하는 데 일조한 것이다.

2000년대에 들어 지방경제정책 영역에서 민관협동 프로그램은 새로운 국가-사회 관계를 형성하려 히기보다는 기존 국가-사회 관계의 성격을 재조정하려 했다. 국가적 합의 대신, 조정 메커니즘의 지방화는 국가-사회 관계의 새로운 원칙이 되었다.

이러한 조정 메커니즘의 지방화는 분권의 자연적인 결과물이 아니었다. 그보다는 중앙정부가 지방경제정책 영역에서 전후 정치경제체제에 기반을 둔 국가적 고려 대신에 지방화된 방법을 제공한 것이었다. 전후 서로 다른 사회적 이해관계는 중앙 정치를 통해서 조정돼 왔다. 하지만 고이즈미 내각 아래에서 국가정치는 전후 정치경제체제를 해체했고, 이에 따라 중앙 정치는 서로 다른 이해관계를 전국적으로 조정하는 기능에 더 이상 집착하지 않았다. 고이즈미 정권은 주요 대도시에서 경제성장을 촉진할 수 있는 정책들을 입안했고, 이는 가장 효율적인 결과를 도출해 냈다. 다른 한편으로, 공동체 모델의 새로운 프로그램을 통해 지방공동체 그룹의 참여를 공식화하려 했다. 국토교통성과 경제산업성, 총무성의 중앙관료들은 새로워진 지방조정 시스템을 제공했는데, 이는 중심시가지개발계획의 시가지개발위원회나 산업클러스터 계획의 클러스터 협회, 그리고 지정관리자제도 같은 좀 더 공식화된 장을 제공함으로써 지방공동체 그룹을 증가시키는 방법을 통해 실행된 것이었다. 지방공동체 그룹들은 전통이 오래된 사회적 네트워크를 가지고 있었기 때문에 지방정책과정에 참여했다. 하지만 전국적 조정 시스템으로서의 중앙 정치의 역할은 없었기에, 지방공동체 그룹의 활발한 참여는 지방 수준에 묶여 있다고 볼 수 있다.

4. 새로운 파트너십을 육성하기 위한 국가개입의 변화

지방분권추진위원회가 구체적인 계획을 논의하기 시작한 이래 분권개혁의 핵심 목표는 지방정책과정에서 국가 우위를 벗어나는 것이었다(地方分権推進委員会 1996a). 후루카와 슌이치(古川俊一)와 같은 몇몇 연구자들은 일본이 지방 특유의 조건과 민간섹터 참여의 증가에 적합한 좀 더 자율적인 지방 정책 프로파일을 통해 중앙집권적 시스템에서 벗어난 것으로 간주한다(Furukawa 2003). 새로운 민관협동에 대한 높은 기대는 역설적으로 전후 국가간섭의 정도와 방식에 대한 과대평가에서 기인한다고 볼 수 있다. 정책과정에서 국가 우위는 일본 정치경제 시스템의 핵심적인 성격으로 간주되었다(Johnson 1982). 하지만 거품경제가 붕괴한 1990년대 이후 국가 우위에 대한 비판이 거세어졌다. 전후 고도경제성장과 부의 균형분배를 가능하게 한 것으로 여겨진 국가의 개입은 1990년대 이래 유연하지 못한 정치경제 시스템의 근원으로 비난받았다. 중앙집권적 메커니즘이 고도경제성장과 사회통합의 경로를 제공하기는 했지만, 더 효율적 혹은 더 다원적인 사회 발전을 이룩하는 데 이를 가로막는 장애물로 비난받기 시작한 것이다.

1990년대 이후 일본 개혁담론에서 국가 우위를 비판하는 개혁 지향성은 두 가지다. 자유시장경제 옹호론자들은 국가주도적 메커니즘이 시장 경쟁과 효율성을 방해한다고 주장한 반면, 시민사회 옹호론자들은 국가주도적 메커니즘이 정책과정에서 시민 그룹의 참여를 방해한다고 주장했다. 호소카와 모리히로(細川護熙), 무라야마 도미이치(村山富市) 내각과 같은 몇 개의 정치 연합이 보수적 정치인들과 진보적 정치인들 사이에서 개혁 풍조를 이끌고 있던 1990년대 중반, 두 개의 개혁 지향성은 협력적으로 공존하고 있었다. 국가 우위에서 벗어날 수 있는지에 대해 고민하던 두 관점은 서로 협력하였다. 예를 들어 렌고의 싱크탱크인 렌고총연(連合総研)이 개혁 플랜을 준비하는 데 협력했던 지식인 중에는 혼마 마사아키(本間正明), 시마다 하루오(島田晴雄)같이 고이즈미 준이치로의 브레인이 된 몇몇 지식인들이 포함되어 있다. 렌고총연은 미래의 개혁이 노동자와 서민의 삶을 강화해야 한다는 관점을 가지고 있었지만, 경제 · 사회 정책과정에서 국가의 개입을 줄이거나 없애야 한다는 점에서 시장 원리를 주장하는 지식인들과 합의점이 존재했다. 1990년대 후반 자민당 집권이 부활한 하시모토 류타로(橋本竜太郎) 내각 이전에는 시장친화적 개혁 지향과 사회친화적 개혁 지향 간에 국가의 개입에 대한 협력이 이뤄졌다. 고이즈미 내각 아래에서는 이 두 개의 관점이 첨예하게 대립했지만, 양자 모두 국가 우위를 줄여야 한다는 공통의 목표를 공유하고 있었다.

지방경제정책 분야에서도 국가 우위는 거센 비난을 받았다. 자유시장 옹호론자들은 규제와 보호의 전후 정치경제체제가 일본의 막대한 재정 적자와 일본 기업의 해외직접투자(FDI) 증가의 주요 원인이라고 보았다. 반대로 사회친화적 지식인들은 중앙정부의 지방경제정책 장악이 지방공동체 그룹의 참여 증가와 그 지역 특성에 맞는 정책 프로파일을 만드는 것을 막는 방해물이라고 간주했다(岡田知弘 2009, 121-128). 따라서 국가 우위는 시장친화적 관점과 사회친화적 관점 양측 모두의 공격을 받았다. 민관협동에 기반한 새로운 지방 프로그램은 이러한 국가 우위에 대한 비판의 맥락에서 도입된 것이다.

하지만 앞 장에서 살펴본 논의들은 민간섹터의 참여를 증진하기 위해 고안된 새로운 지방협동 프로그램들이 결국 지방경제정책 분야에 대한 국가 개입을 차단하지 못했음을 보여준다. 새로운 협동 프로그램의 도입은 정부의 역할을 축소하고 민간섹터의 참여를 늘릴 것으로 기대됐지만, 일본 정부는 국가주도적 정책 시스템에서 벗어나기 위한 도구로 간주돼 왔던 지방화된 방법을 위한 새로운 프레임을 짜는 과정에서 주도권을 유지했다. 이렇게 지방화된 프로그램들은 분권화 시대에서조차 중앙정부의 통제를 강화하는 데 일조했다. 분권개혁은 기관위임사무제도의 철폐와 국가보조금의 지방세로의 이전 같은 제도적 변화를 통해 지자체의 자율성과 능력을 촉진시키기 위한 시도였다. 하지만 민간섹터의 참여를 높이기 위한 새로운 지방 프로그램은 지방정부가 좀 더 자율적이 될 수 있을 것으로 기대한 정책 분야에서조차 중앙정부의 통제를 유지하는 방법이 되었는데, 그것은 새로운 협동 프로그램에 중앙정부가 좌우할 수 있는 새로운 국가보조금과 규칙이 제공됐기 때문이었다.

고이즈미 내각 아래에서 중앙정부는 새로운 지방 프로그램을 도입하는 핵심 주도자였다. 정책과정에서 중앙정부의 개입 증가를 전제로 민간섹터의 참여 증가를 상정한 지방 성장 전략이 도입되었다. 제4장에서 살펴보았듯이 고이즈미 그 자신도 집권 첫 달부터 도시재생 프로그램 실행 속도를 높이는 데 열정적이었다. 도시개발에서의 규제완화는 고이즈미의 강한 리더십 아래에서 신속하게 진전될 수 있었다. 게다가 2006년 개정 이후 중심시가지 개발계획은 국토교통성의 중앙관료들이 통제했다. 국토교통성의 중앙관료들은 중심시가지개발계획의 지방 프로젝트를 승인하고, 보조금을 지원하고, 평가까지 내렸다. 경제산업성의 장관인 히라누마 다케오(平沼赳夫)는 2002년 경제재정자문회의에서 구조개혁특구에 대한 논의를 이끌었다. 또 경제산업성과 국토교통성은 고이즈미 내각의 규제완화 개혁 방침에 따라 공업 시설 규제에 대한 몇몇 개의 법제 철폐 논의를 주도하고 있었다. 산업클러스터 계획은 제5장에서 살펴보았듯이 전적으로 경제산업성에 의해 틀이 짜였고, 경제산업성의 지방 사무소의 지도에 따라 실행되었다. 가타야마 도라노스케(片山虎之助)의 총무성은 2002년 경제재정위원회에서 삼위일체개혁과 지정관리자제도를 포함한 몇몇 개의 행정개혁의제를 도입했는데, 이 조치는 지방정책과정에서 중앙정부의 개입을 축소시킬 수 있었다. 하지만 중앙정부는 민간섹터와 지방이 스스로 원하는 것을 하도록 용인하지 않았다. 대신에 정부는 지방과 민간섹터에 적용할 수 있는 잘 짜인 계획을 제공했다. 정책의 지방화는 지방이 자율적인 정책 프로파일을 확보함을 의미하지 않았으며, 중앙정부는 지방이 지방경제정책 분야에서 국가주도적인 시스템에서 분리될 수 있는 경로를 지도했다. 일본 중앙정부는 민간섹터와의 밀접한 협력적 연계를 유지하면서 국가의 개입을 재조정했다.

국가의 개입은 민간섹터의 참여를 증진시킨다는 개혁에서조차 줄어들지 않았다. 민간섹터의 증가하는 활동성은 국가의 개입 축소로 연결되지 않았다. 국가와 사회는 동시에 서로의 능력을 강화할 수 있었다. 국가주도적 정책과정에 대한 과도한 믿음과 비판 모두 국가자율성에 대한 교조적 이해에서 기인하고 있으며, 이러한 이해는 정책과정에서 민간섹터의 역할을 증진하는 개혁을 오해하게 한다(Levy 2006, 1-30). 자유시장활동을 강화하고 시민참여를 증가시키는 변화는 국가 개입의 붕괴를 의미하지 않는다. 대신, 국가는 변화하는 시스템 속에서 자신의 역할을 재정립한다.

참고문헌

加茂利男·鶴田広巳·角田英昭·岡田知弘. 2009.『幻想の道州制—道州制は地方分権改革か』. 自治体研究社.
岡田知弘. 2008.『道州制で日本の未来はひらけるか: グローバル化時代の地域再生・地方自治』. 自治体研究社.
______. 2009.『一人ひとりが輝く地域再生』. 新日本出版社.
江川美紀夫. 2008.『日本型経済システム: 市場主義への批判』. 学文社.
建設政策研究所. 2000.『日本版PFIを問う: 新しい民活方式の狙い』. 自治体研究社.
______. 2002.『検証日本版PFI』. 自治体研究社.
______. 2004.『都市再生がまちを壊す: 現場からの検証』. 自治体研究社.
経団連. 1998.『提言「PFIの推進に向けて」: 市場原理を活用した社会資本整備と構造改革の実現』. 経団連.
経済産業省. 2002.『製造基盤白書』. 経済産業省.
______. 2004.『新産業創造戦略』. 経済産業省.
______. 2006.『産業クラスター第二期中期計画』. 経済産業省.
経済財政諮問会議. 2001.『経済財政運営及び経済社会の構造改革に関する基本方針(骨太の方針)』. 経済財政諮問会議.
谷沢淳一. 2007. "「丸の内」都市再生の戦略".『日本緑化工学会誌』33(2), 335-336.
関満博. 2006.『変革期の地域産業: モノづくり·まちおこしの「現場」から時代を読む』. 有斐閣.
関満博·佐藤日出海. 2002.『21世紀型地場産業の発展戦略』. 新評論.
光多長温·杉田定大. 1999.『日本版PFIガイドブック』. 日刊工業新聞社.
久繁哲之介. 2008.『日本版スローシティ: 地域固有の文化風土を活かすまちづくり』. 学陽書房.
構造改革特別区域推進本部. 2009.『構造改革特別区域経過いついて』. 構造改革特別区域推進本部.
宮木康夫. 2000.『第三セクターとPFI: 役割分担と正しい評価』. ぎょうせい.
宮本憲一. 2005.『日本の地方自治: その歴史と未来』. 自治体研究社.

規制改革委員会. 2002.『規制改革推進三ヶ年計画委員会』. 規制改革委員会.
橘木俊詔. 2006.『格差社会: 何が問題なのか』. 岩波書店.
今井照·松下圭一. 2008.『市民自治のこれまで·これから』. 公職研.
南保勝. 2008.『地場産業と地域経済—地域産業再生のメカニズム』. 晃洋書房.
内閣府 PFI推進室. 2008.『PFIアニュアルレポート(平成20年度)』. 内閣府 PFI推進室.
内務省地方局有志. 1980.『田園都市と日本人』. 講談社.
内山融. 2007.『小泉政権:「パトスの首相」は何を変えたのか』. 中央公論新社.
内仲英輔. 2006.『自治基本条例をつくる:「みたか市民の会」がめざしたもの』. 自治体研究社.
大嶽秀夫. 1999.『高度成長期の政治学』. 東京大学出版会.
大村昌弘. 2008.『日本には二つの国がある: 新·列島改造論』. 紀伊国屋書店.
大阪自治体問題研究所. 2008.『地方自治体と企業誘致』. 大阪自治体問題研究所.
渡辺治. 2007.『安倍政権論: 新自由主義から新保守主義へ』. 旬報社.
渡辺治 外. 2009.『新自由主義か新福祉国家か: 民主党政権下の日本の行方』. 旬報社.
都市再生本部. 2001a (05.18).『都市再生に取り組む基本的考え方』. 都市再生本部.
______. 2001b (06.14).『都市再生フロゼクト(第一次)』. 都市再生本部.
______. 2001c (08.28).『民間都市開発投資促進の為の緊急措置』. 都市再生本部.
______. 2001d (12.04).『都市再生フロゼクト(第三次)』. 都市再生本部.
______. 2006.『民間都市開発投資の促進の成果』. 都市再生本部.
島田文昭·藤波俊彦. 2006.『小泉発言録光と影』. あおば出版.
藤井信幸. 2004.『地域開発の来歴: 太平洋岸ベルト地帯構想の成立』. 日本経済評論社.
蓮見音彦·似田貝香門·矢沢澄子. 1997.『現代都市と地域形成: 転換期とその社会形態』. 東京大学出版会.
鈴木真実哉. 2007.『格差社会で日本は勝つ—「社会主義の呪縛」を解く』. 幸福の科学出版.
林宜嗣. 2006.『新·地方分権の経済学』. 日本評論社.
尾林芳匡·入谷貴夫. 2009.『PFI神話の崩壊』. 自治体研究社.
梶原拓. 2002.『自治体職員のための地域情報学』. ニューメディア.
民活プロジェクト研究会. 1987.『民間活力の導入: そのポリシーとプロジェクト』. 大成出版社.
柏木宏. 2007.『指定管理者制度とNPO: 事例研究と指定獲得へのマネジメント』. 明石書店.
白石克孝·富野暉一郎·広原盛明. 2002.『現代のまちづくりと地域社会の変革』. 学

芸出版社.
白鳥浩. 2009.『都市対地方の日本政治: 現代政治の構造変動』. 芦書房.
白川真澄. 2008.『格差社会を撃つ—ネオ・リベにさよならを』. インパクト出版会.
番場博之. 2006. "商業政策における振興調整政策の展開".『千葉商大論叢』43(3/4): 1-22.
福田敦・毒島竜一・小川雅人. 2008.『地域商業革新の時代』. 創風社.
福井県. 2009.『平成20年協業統計調査結果速報』. 福井県.
本間義人. 1996.『土木国家の思想: 都市論の系譜』. 日本経済評論社.
富山市. 2006.『富山市中心市街地活性化基本計画』. 富山市.
北山俊哉. 2006. "日本の地方自治の発展". 村松岐夫 編.『テキストブック地方自治』. 東洋経済新報社.
非営利組織評価研究会. 2008.『日本の未来と市民社会の可能性: NPO法一〇年目の評価と課題』. 言論NPO.
寺岡寛. 2001.『中小企業と政策構想: 日本の政策論理をめぐって』. 信山社出版.
寺西重郎. 2003.『日本の経済システム』. 岩波書店.
山家悠紀夫. 2007.『「痛み」はもうたくさんだ!: 脱「構造改革」宣言』. かもがわ出版.
山岡義典・早瀬昇・石川両一. 2001.『NPO非営利セクターの時代: 多様な協働の可能性をさぐる』. ミネルヴァ書房.
山口二郎. 2007.『ポスト戦後政治への対抗軸』. 岩波書店.
山口二郎・金子勝. 2009.『ポスト新自由主義: 民主主義の地平を広げる』. 七つ森書館.
山崎丈夫. 2009.『地域コミュニティ論: 地域分権への協働の構図』. 自治体研究社.
産業クラスター研究会. 2005.『産業クラスター研究会報告書』. 経済産業省.
三橋良士明・榊原秀訓. 2006.『行政民間化の公共性分析』. 日本評論社.
森田朗・田口一博・金井利之. 2008.『分権改革の動態』. 東京大学出版会.
上山信一・桧森隆一. 2008.『行政の解体と再生: ニッポンの"公共"を再構築する』. 東洋経済新報社.
上川竜之進. 2010.『小泉改革の政治学: 小泉純一郎は本当に「強い首相」だったのか』. 東洋経済新報社.
上村敏之・田中宏樹. 2006.『「小泉改革」とは何だったのか: 政策イノベーションへの次なる指針』. 日本評論社.
西尾勝. 1999.『未完の分権改革: 霞が関官僚と格闘した1300日』. 岩波書店.
______. 2007.『検証構造改革特区』. ぎょうせい.
西寺雅也. 2008.『自律自治体の形成: すべては財政危機との闘いからはじまった』.

公人の友社.
西川太一郎. 2008.『産業クラスター政策の展開』. 八千代出版.
石川真澄·広瀬道貞. 1989.『自民党: 長期支配の構造』. 岩波書店.
城塚健之. 2008.『官製ワーキングプアを生んだ公共サービス「改革」』. 自治体研究社.
細野助博. 2007.『中心市街地の成功方程式: 新しい公共の視点で考える"まちづくり"』. 時事通信出版局.
沼尻晃伸. 2002.『工場立地と都市計画: 日本都市形成の特質, 1905-1954』. 東京大学出版会.
小林敏樹. 2007. "改正中心市街地活性化法にもとづくタウンマネージメント組織の形成: 中心市街地活性化協議会の考察".『学術講演梗概集. F-1, 都市計画, 建築経済·住宅問題』, 243-246.
小野善康. 2006. "「新しい利権政治」としての構造改革: 効率と分配から見た市場主義とケインズ政策".『世界』752: 148-153.
岸幸生·荒木久司·小泉秀樹·渡辺俊一. 1995. "「まちづくり」運動における市街地像の変化過程: 名古屋市栄東地区と神戸市真野地区を対象として".『学術講演梗概集. F-1, 都市計画, 建築経済·住宅問題』, 675-676.
莽瀬信己. 2008. "企業立地と地域経済の活性化".『レファレンス』58(8): 53-72.
野口和雄. 2002.『まちづくり条例のつくり方: まちをつくるシステム』. 自治体研究社.
野田由美子. 2004.『民営化の戦略と手法: PFIからPPPへ』. 日本経済新聞社.
御手洗富士夫. 2006.『御手洗富士夫「強いニッポン」』. 朝日新聞社.
______. 2008. "今こそ平成版「所得倍増計画」を--ずり落ちる日本。「安心の国」をどうやって作るか".『文芸春秋』86(8): 158-167.
御厨貴. 2009.『変貌する日本政治: 90年代以後「変革の時代」を読みとく』. 勁草書房.
五十嵐敬喜·小川明雄. 2003.『「都市再生」を問う: 建築無制限時代の到来』. 岩波書店.
五十嵐文彦. 2006,『財務省支配の復活』. 光文社.
原田晃樹·松村享. 2006. "協働のツールとしての指定管理者制度: その可能性と制度上の課題".『四日市大学総合政策学部論集』5(1/2): 57-85.
有森隆. 2006.『「小泉規制改革」を利権にした男宮内義彦』. 講談社.
伊東維年. 1998.『テクノポリス政策の研究』. 日本評論社.
伊藤元重. 2008.『リーディングス格差を考える』. 日本経済新聞出版社.
伊藤正昭. 2000.『地域産業論』. 学文社.
______. 2003.『新版 地域産業論—産業の地域化を求めて』. 学文社.

二神恭一. 2008.『産業クラスターの経営学: メゾ·レベルの経営学への挑戦』. 中央経済社.
伊佐淳. 2008.『NPOを考える』. 創成社.
日本プロジェクト産業協議会. 1999.『次世代民活(PFI)事業に関する報告書』. 日本プロジェクト産業協議会.
日本立地センター. 1983.『工業立地法解説』. 日本立地センター.
______. 2008.『最近の企業立地の動向』. 日本立地センター.
日本中小企業学会. 2007.『中小企業のライフサイクル』. 同友館.
入谷貴夫. 2008.『第三セクター改革と自治体財政再建』. 自治体研究社.
自治·分権ジャーナリストの会. 2003.『「三位一体」改革とマニフェストが日本を変える: 「闘う知事」が語る! 国の補助金削減·地方へ税源移譲·地方交付税縮小』. 公人の友社.
猪口孝. 1983.『現代日本政治経済の構図: 政府と市場』. 東洋経済新報社.
田原総一朗·田中康夫. 2001.『脱「ダメ日本」宣言』. アスキー.
田中角栄. 1972.『日本列島改造論』. 日刊工業新聞社.
田中成之. 2004.『〈改革〉の技術: 鳥取県知事·片山善博の挑戦』. 岩波書店.
田中一昭. 2008.『官僚亡国論: 「官」にあって「官」と闘う』. 講談社.
藻谷浩介. 2007.『実測!ニッポンの地域力』. 日本経済新聞出版社.
早野透. 2012.『田中角栄: 戦後日本の悲しき自画像』. 中央公論新社.
佐高信. 2009.『小泉純一郎と竹中平蔵の罪』. 毎日新聞社.
佐藤誠三郎·松崎哲久. 1986.『自民党政権』. 中央公論社.
佐藤正平. 2010. "旧日銀岡山支店「ルネスホール」--企画から運営まで, 市民の手により近代遺産の保存·再生の道を切り拓く".『Re』31(4): 36-39.
竹内章悟. 2006. "テクノポリス構想発案の時代的背景とその後の推移".『国際地域学研究』9: 83-92.
竹中平蔵. 2006.『構造改革の真実: 竹中平蔵大臣日誌』. 日本経済新聞社.
中心市街地活性化本部. 2006.『中心市街地の活性化を計る為の基本的な方針』. 中心市街地活性化本部.
中野敏男. 2001.『大塚久雄と丸山真男: 動員、主体、戦争責任』. 青土社.
中田実. 2007.『地域分権時代の町内会·自治会』. 自治体研究社.
中川幾郎·松本茂章. 2007.『指定管理者は今どうなっているのか』. 水曜社.
中村隆英·宮崎正康. 2003.『岸信介政権と高度成長』. 東洋経済新報社.
地方分権推進委員会. 1996a.『中間報告』. 地方分権推進委員会.

______. 1996b.『第一勧告』. 地方分権推進委員会.

______. 2001.『地方分権推進委員会最終報告』. 地方分権推進委員会.

地域協働型マネジメント研究会. 2004.『指定管理者制度ハンドブック』. ぎょうせい.

池田健三郎. 2011.『「郵政」亡国論: 1枚の切手から見える“日本沈没”のシナリオ』. ワニブックス.

川瀬光義. 2007.『幻想の自治体財政改革』. 日本経済評論社.

浅野史郎. 2006.『疾走12年: アサノ知事の改革白書』. 岩波書店.

浅野史郎·北川正恭·橋本大二郎. 2002.『知事が日本を変える』. 文芸春秋.

青木栄一. 2006. “国 ·都道府県 ·市町村”. 村松岐夫 編.『テキストブック地方自治』. 東洋経済新報社.

晴山一穂. 2005.『自治体民間化: 「強い国家」「小さな政府」と公務の未来』. 自治体研究社.

青森商工会議所. 2007.『青森市中心市街地活性化協議会について』. 青森商工会議所.

青森市. 2006.『青森市中心市街地活性化基本計画』. 青森市.

清成忠男. 1986.『地域産業政策』. 東京大学出版会.

清水真人. 2005.『官邸主導: 小泉純一郎の革命』. 日本経済新聞社.

村野雅義. 2002.『小泉改革 vs. 田中角栄』. 新潮社.

総務省. 2004.『中心市街地の活性化に関する行政評価』. 総務省.

______. 2009a.『公共施設の指定管理者制度の道中状況などに関する調査結果』. 総務省.

______. 2009b.『平成21年全国消費実態調査』. 総務省.

出井信夫. 2005.『指定管理者制度』. 学陽書房.

______. 2008.『図説地方財政データブック: 平成20年度版』. 学陽書房.

土山希美枝. 2007.『高度成長期「都市政策」の政治過程』. 日本評論社.

坂本義和. 2005.『世界秩序と市民社会』. 岩波書店.

八代尚宏. 2003.『規制改革: 「法と経済学」からの提言』. 有斐閣.

______. 2009.『労働市場改革の経済学: 正社員「保護主義」の終わり』. 東洋経済新報社.

八田達夫. 2006.『都心回帰の経済学: 集積の利益の実証分析』. 日本経済新聞社.

片山善博. 2007.『市民社会と地方自治』. 慶応義塾大学出版会.

河藤佳彦. 2008.『地域産業政策の新展開: 地域経済の自立と再生に向けて』. 文真堂.

21世紀政策研究所. 2004.『企業誘致に向けた地方自治体の取り組み』. 21世紀政策研究所.

Andrews, Christina, and Michiel de Vries. 2007. "High Expectations, Varying Outcomes: Decentralization and Participation in Brazil, Japan, Russia and Sweden". *International Review of Administrative Sciences* 73(3): 424-451.

Andrews, Matt. 2003. "New Public Management and Democratic Participation: Complementary or Competing Reforms? A South African Study." *International Journal of Public Administration* 26: 991-1016.

Aoki, Masahiko. 1988. *Information, Incentives, and Bargaining in the Japanese Economy*. Cambridge: Cambridge University Press.

Bailey, Nick. 1994. "Towards a Research Agenda for Public-Private Partnerships in the 1990s". *Local Economy* 8(4): 292-306.

Barnes, Marian, Janet Newman, and Helen Sullivan. 2007. *Power, Participation and Political Renewal: Case Studies in Public Participation*. Bristol: Policy.

Brannan, Tessa, Peter John, and Gerry Stoker. 2007. *Re-energizing Citizenship: Strategies for Civil Renewal*. Basingstoke: Palgrave Macmillan.

Calder, Kent E. 1988. *Crisis and Compensation: Public Policy and Political Stability in Japan, 1949-1986*. Princeton: Princeton University Press.

Cheema, G. Shabbir, and Dennis A. Rondinelli. 2007. *Decentralizing Governance: Emerging Concepts and Practices*. Cambridge: Ash Institute for Democratic Governance and Innovation, John F. Kennedy School of Government, Harvard University.

Curtis, Gerald L. 1983. *Election Campaigning Japanese Style*. Tokyo: Kodansha International.

Dewit, A., and S. Steinmo. 2002. "The Political Economy of Taxes and Redistribution in Japan". *Social Science Japan Journal* 5(2): 159-178.

Doi, Takero. 2004. "A Missing Link in Decentralization Reform in Japan". PRI Discussion Paper Series. 04A-08.

Evans, Neil. 2002. "Machi-zukuri as a New Paradigm in Japanese Urban Planning: Reality or Myth?". *Japan Forum* 14(3): 443-464.

Evans, Peter B. 1995. *Embedded Autonomy: States and Industrial Transformation*. Princeton: Princeton University Press.

Friedman, Thomas L. 1999. *The Lexus and the Olive Tree*. New York: Farrar, Straus, Giroux.

Furukawa, Shunichi. 2003. "Decentralization in Japan". *Japan's Road to Pluralism: Transforming Local Communities in the Global Era*, edited by Shunichi Furukawa and Toshihiro Menju. Tokyo: Japan Center for International Exchange.

Gao, Bai. 2000. "Globalization and Ideology: The Competing Images of the Contemporary Japanese Economic System in the 1990s". *International Sociology* 15(3): 435-453.

Garon, Sheldon M. 1997. *Molding Japanese Minds: the State in Everyday Life*. Princeton: Princeton University Press.

Giguère, Sylvain, and Yoshio Higuchi. 2005. *Local Governance for Promoting Employment: Comparing the Performance of Japan and Seven Countries*. Tokyo: Japan Institute for Labour Policy and Training.

Gurr, Ted Robert, and Desmond S. King. 1987. *The State and the City*. Chicago: University of Chicago Press.

Hall, Peter A. 1986. *Governing the Economy: the Politics of State Intervention in Britain and France*. New York: Oxford University Press.

Harvey, David. 1989. *From Managerialism to Entrepreneurialism: the Transformation in Urban Governance in Late Capitalism*. Stockholm: Stockholm University.

Hiwatari, Nobuhiro. 2006. "Japan in 2005: Koizumi's Finest Hour". *Asian Survey* 46(1): 22-36.

Hollingsworth, Joseph Rogers, Philippe C. Schmitter, and Wolfgang Streeck. 1994. *Governing Capitalist Economies: Performance and Control of Economic Sectors*. New York: Oxford University Press.

Hood, Christopher. 1991. "A Public Management for All Seasons?". *Public Administration* 69(1): 3-19.

______. 1998. *The Art of the State: Culture, Rhetoric, and Public Management*. Oxford: Clarendon Press.

Imai, Ryosuke, and Kabashima Ikuo. 2008. "The LDP's Defeat in Crucial Single-seat Constituencies of the 2007 Upper House Election". *Social Science Japan Journal* 11(2): 277-293.

Ito, Minoru. 2004. "Hollowing-out of the Japanese Manufacturing Industry and Regional Employment Development". JIL Working Paper.

Johnson, Chalmers A. 1982. *MITI and the Japanese Miracle: the Growth of Industrial Policy, 1925-1975*. Stanford: Stanford University Press.

Keidanren. 1996. "An Attractive Japan: Keidanren's Vision for 2020". Policy Proposals, Keidanren.

______. 1998. "Proposal for Structural Reform to achieve an Affluent Society and a Vital Economy". Policy Proposals, Keidanren.

______. 2000. "2000: A Year for Decisive Structural Reforms and Laying the Groundwork for 21st Century Growth". New Year Message, by Chairman Takashi Imai, Keidanren.

______. 2003. "Envisioning A Vibrant, Attractive Nation in the Twenty-First Century". Policy Proposals, Keidanren.

Kooiman, Jan. 1993. *Modern Governance: New Government-Society Interactions*. London: Sage.

Levy, Jonah D. 2006. *The State after Statism: New State Activities in the Age of Liberalization*. Cambridge: Harvard University Press.

Lincoln, Edward. 2002. "ON JAPAN: Hollowing Out in Perspective". *Newsweek Japan* (August 28).

McCormack, Gavan. 2001. *The Emptiness of Japanese Affluence*. Armonk: M.E. Sharpe.

Muramatsu, Michio. 1986. "Center-Local Political Relations in Japan: A Lateral Competition Model". *Journal of Japanese Studies* 12(2): 303-327.

Muramatsu, Michio, and Ellis S. Krauss. 1987. "The Conservative Policy Line and the Development of Patterned Pluralism". *The Political Economy of Japan*, Vol. I. edited by Yamamura Kozo and Yasuba Yasukichi. Stanford: Stanford University Press.

Muramatsu, Michio, Farrukh Iqbal, and Ikuo Kume. 2001. *Local Government Development in Post-war Japan*. New York: Oxford University Press.

Newman, Janet. 2005. *Remaking Governance: Peoples, Politics and the Public Sphere*. Bristol: Policy Press.

Ogawa, Akihiro. 2009. *The Failure of Civil Society?: the Third Sector and the State in Contemporary Japan*. Albany: SUNY Press.

Okimoto, Daniel I. 1989. *Between MITI and the Market: Japanese Industrial Policy for High Technology*. Stanford: Stanford University Press.

Osborne, David, and Ted Gaebler. 1992. *Reinventing Government: How the Entrepreneurial Spirit is Transforming the Public Sector*. Reading, MA: Addison-Wesley Pub. Co.

Ozawa, Terutomo. 2003. "Japan's Dual Industrial Structure as a Welfare System". *Journal of Economic Issues* 37(2): 519-526.

Pekkanen, Robert. 2006. *Japan's Dual Civil Society: Members without Advocates*. Stanford: Stanford University Press.

Pempel, T. J. 1998. *Regime Shift: Comparative Dynamics of the Japanese Political Economy*. Ithaca: Cornell University Press.

Pempel, T. J., and Keiichi Tsunekawa. 1979. "Corporatism without Labor? The Japanese Anomaly". *Trends Toward Corporatism Intermediation*, edited by Phillip Schmitter and Gerhard Lehmbruch. London: Sage Publications.

PFI Promotion Office. 2008. *Japanese Policy and Implementation on PFI*. Cabinet Office.

Porter, Michael E. 1990. *The Competitive Advantage of Nations*. Basingstoke: Macmillan.

Pierre, Jon. 1999. "Models of Urban Governance: The Institutional Dimension of Urban Politics". *Urban Affairs Review* 34(3): 372-396.

Rhodes, R. A. W. 2007. "Understanding Governance: Ten Years On". *Organization Studies* 28(8): 1243-1264.

Rondinelli, Dennis A. 1981. "Government Decentralization in Comparative Perspective: Theory and Practice in Developing Countries". *International Review of Administrative Sciences* 47: 133-145.

Samuels, Richard J. 1983. *The Politics of Regional Policy in Japan: Localities Incorporated?* Princeton: Princeton University Press.

______. 1987. *The Business of the Japanese State: Energy Markets in Comparative and Historical perspective*. Ithaca: Cornell University Press.

Stevenson, Sandra M. 2003. *Understanding Local Government*. Newark: LexisNexis.

Stoker, Gerry. 1998. "Theory and Urban Politics". *International Political Science Review* 19(2): 119.

Stone, Clarence N. 1989. *Regime Politics: Governing Atlanta, 1946-1988*. Lawrence: University Press of Kansas.

______. 2005. "Looking Back to Look Forward: Reflections on Urban Regime Analysis". *Urban Affairs Review* 40(3): 309-341.

Tamura, Shigeru. 2003. "The Emergence of NPOs and the Implications for Local Governance". *Japan's Road to Pluralism: Transforming Local Communities in the Global era*, edited by Shunichi Furukawa and Toshihiro Menju. Tokyo: Japan Center for International Exchange.

Vogel, Steven K. 1996. *Freer Markets, More Rules: Regulatory Reform in Advanced Industrial Countries*. Ithaca: Cornell University Press.

______. 2006. *Japan Remodeled: How Government and Industry Are Reforming Japanese Capitalism*. Ithaca: Cornell University Press.

Yagi, Kinnosuke. 2004. *Decentralization in Japan*. Fujisawa: Graduate School of Media and Governance, Keio University.

찾아보기

[ㅂ]

[ㅅ]

[ㅇ]

[ㅊ]

[ㅋ]

[ㅌ]

[ㅍ]

[ㅎ]

Abstract

Decentralization Reforms and Public-Private Partnership in Contemporary Japan

Lee, Jung Hwan (Professor, Kookmin University)

Well known for its centralized local economic system under the national equity principle, Japan has experimented with transforming this regional redistribution system into a new local economic system of governance for more autonomous local economic growth over the past decade. This new local economic governance has been characterized by the increasing involvement of social actors, such as large private corporations and local communities, in policy processes.

This book reveals that new local economic growth strategies for the new local economic governance have operated under very different models in different regions of Japan, although all new local programs have been introduced under the banner of public-private partnership. New partnership programs in the local economic policy arena in the 2000s have moved toward the market model, in which local authorities pursue growth by attracting international business resources, in the major metropolitan areas around Tokyo, Osaka, and Nagoya, whereas they have moved toward the community model, in which local authorities purge growth by mobilizing local organizational resources, in the rest of Japan. The market model is embedded in market reform for deregulation that makes large private corporations' freer activities easy, whereas the community model is an attempt to strengthen the structure of endogenous networks among local authorities and local economic and social elites.

저자 소개

이정환

서울대학교 외교학과 학사, 석사

University of California Berkeley 정치학박사

국민대학교 일본학연구소 전임연구원

(현)국민대학교 국제학부 일본학전공 조교수

SNU일본연구총서

전후 일본의 보수와 표상
장인성 엮음

다문화사회 일본과 정체성 정치
권숙인 엮음

'관광'으로 읽는 홋카이도
관광산업과 문화정치
조아라 지음

월경의 아방가르드
나미가타 츠요시 지음, 최호영 · 나카지마 켄지 옮김

일본 민주당정권의 성공과 실패
박철희 외 지음

일본 국가기구의 변화와 연속성
엄석진 외 지음

일본의 집단적 자위권 도입과 한반도
박철희 엮음